LA DÉMOCRATIE EN ÉTAT D'URGENCE

Stéphanie Hennette Vauchez

LA DÉMOCRATIE EN ÉTAT D'URGENCE

Quand l'exception devient permanente

LE COMPTE À REBOURS

SEUIL

Ce livre est publié dans la collection
« Le Compte à rebours »
dirigée par Nicolas Delalande et Pierre Rosanvallon.

ISBN 978-2-02-149551-5

www.seuil.com

LA DÉMOCRATIE
EN ÉTAT D'URGENCE

Introduction

LE JOUR SANS FIN DE L'ÉTAT D'URGENCE

À la date du 15 novembre 2021, la France avait déjà vécu quarante-quatre des soixante-douze mois écoulés depuis le 13 novembre 2015 sous état d'urgence, et rien ne semblait indiquer que le mauvais génie retournerait dans la lampe à brève échéance. D'autant qu'aux états d'urgence avérés (face au terrorisme ou à la pandémie de Covid-19) s'ajoutent les états d'urgence supposés (tel « l'état d'urgence économique et sociale » proclamé successivement en 2016 et 2018 par les présidents Hollande et Macron) et les états d'urgence revendiqués (à l'instar de l'état d'urgence climatique). L'état d'urgence sature ainsi notre vie politique, sociale et démocratique, scandée depuis 2015 par le triptyque : proclamation, banalisation, normalisation des états d'urgence.

La *proclamation* renvoie, dans la funeste nuit des attentats du 13 au 14 novembre 2015, au geste présidentiel de mise en vigueur de ce régime d'exception qu'est l'état d'urgence prévu par la loi du 3 avril 1955 – votée autrefois pour faire face à la guerre d'Algérie. C'est encore, avec la loi du 23 mars 2020, la création rapide, dès le début de la crise pandémique liée au Covid-19, d'un cadre juridique nouveau : l'état d'urgence sanitaire. La *banalisation* désigne l'ancrage dans la durée de ces régimes juridiques qui confèrent aux autorités publiques – et, singulièrement, au pouvoir exécutif – des pouvoirs exorbitants du droit commun. L'état d'urgence antiterroriste de 2015 est ainsi resté en vigueur pendant près de deux années ; quant à l'état d'urgence sanitaire, il a encore été prolongé jusqu'au 31 juillet 2022 par la loi du 10 novembre 2021 – et rien n'empêche que l'opération soit renouvelée. L'état d'urgence sanitaire aura donc duré, *a minima*, un an et demi, peut-être davantage. La *normalisation*, enfin, marque l'intégration dans le droit commun de règles initialement spécifiques à l'état d'urgence. C'est ainsi que l'état d'urgence antiterroriste n'a été levé en 2017 qu'après que le Parlement eut voté la loi Sécurité intérieure et lutte contre le terrorisme (SILT), dont l'objet était de transposer, dans le droit commun, certaines mesures phares de l'état d'urgence. Or le même processus d'intégration des pouvoirs d'urgence au droit commun se profile à l'horizon en matière sanitaire. Non seulement ce nouvel « état d'urgence sanitaire » voté à titre temporaire en mars 2020 a bien vocation à devenir une forme juridique pérenne [1], mais on voit combien il est difficile à lever : en témoigne la multiplication des « régimes transitoires de sortie » et autres « régimes de gestion de crise sanitaire » qui, tout en réfutant l'appellation d'« état d'urgence », continuent d'allouer au pouvoir exécutif tous les pouvoirs qu'il confère (à l'exception des mesures de confinement), voire davantage (comme avec l'instauration du passe sanitaire) [2].

Mais on ne gouverne pas impunément par l'état d'urgence. Ni les standards de l'État de droit, ni le régime des droits et libertés, ni même la théorie ou la pratique démocratiques n'en ressortent indemnes. Cet essai se donne dès lors pour objet d'interroger ce que nous coûte cette permanence inédite du gouvernement par l'état d'urgence, dans un contexte où ce régime se voit mobilisé pour faire face à des risques ou des menaces dont on peine à voir le caractère ponctuel ou exceptionnel. Le terrorisme est aujourd'hui un risque de long terme [3], tout comme le risque pandémique (que certains avaient d'ailleurs annoncé [4]) ou le risque climatique, qui est en réalité déjà là. Il faut se poser la question de l'adéquation, pour y faire face, d'un régime censé permettre de répondre à des circonstances exceptionnelles. Or, alors même que le texte de la loi de 1955 relative à l'état d'urgence prévoit que ce dernier peut être actionné en cas de « péril imminent », c'est au contraire l'argument de la permanence de la menace terroriste qui, de 2015 à 2017, a justifié son maintien en vigueur. Cet argument est d'autant plus frappant qu'il est mondialisé : lorsque le Conseil d'État a justifié en janvier 2016 le refus du président François Hollande de mettre fin à l'état d'urgence

1. L'état d'urgence sanitaire créé par la loi du 23 mars 2020 était initialement temporaire et devait prendre fin le 1er avril 2021, date qui a ensuite été prolongée au 31 décembre 2021. Le projet de loi n° 3714 enregistré à l'Assemblée nationale le 21 décembre 2020 a pour objet de l'inscrire de manière permanente dans le Code de la santé publique.
2. Lois du 9 juillet 2020 (organisant la sortie de l'état d'urgence sanitaire) et du 5 août 2021 (relative à la gestion de la crise sanitaire).
3. Voir, par exemple, *Review of Australia's Counter-Terrorism Machinery*, janvier 2015, p. v : « we need […] to acknowledge that we have entered a new, long-term paradigm of heightened terrorism threat with a much more significant "home grown" element ».
4. Voir, par exemple, Michael Osterholm, « Preparing for the Next Pandemic », *Foreign Affairs*, vol. 84, n° 4, 2005, p. 24.

déclaré deux mois plus tôt, il l'a fait au motif que « même s'ils ont été de moindre ampleur que ceux du 13 novembre, des attentats se sont répétés depuis cette date *à l'étranger comme sur le territoire national* et que plusieurs tentatives d'attentat visant la France ont été déjouées[5] ».

L'âge de l'urgence

Cette permanence de l'état d'urgence n'est certes pas une spécificité française. Elle s'observe à l'échelle du monde, les attentats perpétrés sur le sol états-unien le 11 septembre 2001 constituant, à l'évidence, un moment de bascule. À l'époque, le vice-président Dick Cheney l'avait dit en ces termes : « La politique de sécurité intérieure n'est pas une réponse temporaire à une crise donnée. Nombre des initiatives que nous avons dû prendre deviendront permanentes dans la vie américaine [...]. J'y vois une nouvelle normalité[6]. » Depuis lors, la réponse américaine à ces attaques est volontiers lue comme ayant inauguré, bien au-delà des États-Unis, une nouvelle ère de l'état d'urgence mondial permanent[7]. Non pas, bien sûr, que le recours à ce type de mécanisme ait été inconnu auparavant ; entre 1985 et 1995, les Nations unies décomptaient pas moins de quatre-vingt-dix États dans lesquels un régime d'urgence avait été en vigueur[8]. Mais la manière dont la menace terroriste s'est hissée, au début du XXIe siècle, au sommet de l'agenda politique mondial a conforté la fréquence comme la légitimité de ce mode de gouvernement. Quant à la crise pandémique liée au Covid-19, elle a puissamment renforcé cette tendance à la gestion de crise par le recours aux pouvoirs exceptionnels : du Japon au Maroc, du Portugal ou de la Serbie à la Malaisie, des régimes d'urgence ont été activés dans plus de cent pays[9].

5. CE, ord., 27 janvier 2016, n° 396220 (souligné par nous).
6. Cité dans Ian Zuckerman, « One Law for War and Peace ? Judicial Review and Emergency Powers Between the Norm and the Exception », *Constellations : An International Journal of Critical Democratic Theory*, n° 4, 2006, p. 522 (nous soulignons et traduisons).
7. Kim Scheppele, « The Migration of Anti-Constitutional Ideas : The Post-9/11 Globalization of Public Law and the International State of Emergency », dans Sajit Choudhry (dir.), *The Migration of Constitutional Ideas*, Cambridge, Cambridge University Press, 2006, p. 354.
8. Conseil économique et social, 26 juin 1995, Doc. E/CN.4/Sub.2/1995/20.
9. https://www.icnl.org/coronavirus-response#regional.

Dans neuf États sur dix, c'est la Constitution elle-même qui prévoit un dispositif spécifique en cas de crise majeure, sous des appellations diverses, qui vont de l'« état de danger » (Hongrie) à l'« état d'alarme » (Espagne), en passant par l'« état d'urgence » (Ghana), ou d'autres labels encore. Et lorsqu'il n'existe pas de régime constitutionnel d'urgence (comme en Belgique, en Italie, en Norvège, au Japon ou aux États-Unis), il y est toujours possible de gouverner au moyen de législations exceptionnelles – à l'instar du célèbre *Patriot Act* américain voté en 2001 au lendemain des attaques du 11-Septembre mais aussi, plus récemment, des lois votées en 2020 dans un grand nombre de pays pour faire face à l'épidémie de Covid-19. En réalité, les gouvernements préfèrent souvent cette dernière option, y compris lorsque existent des dispositions constitutionnelles prévoyant explicitement un régime d'exception [10]. Cela tient parfois au fait que des précédents historiques de mauvaise mémoire ont entaché la formule des pouvoirs de crise prévus dans les Constitutions, comme en Allemagne ou en Inde [11]. D'autres fois, c'est en raison d'une stratégie du « profil bas », qui permet d'échapper soit à des mécanismes de contrôle, soit à une trop grande saillance politique, que l'option de la législation d'exception est privilégiée. Face à la pandémie de Covid-19, de nombreux pays ont ainsi activé des pouvoirs d'urgence *en dehors* des dispositifs constitutionnels existants. C'est le cas en Asie du Sud-Est (Corée du Sud, Taïwan, Vietnam, Singapour, et à Hong Kong…), mais aussi ailleurs [12]. En France, que ce soit face à la crise terroriste de 2015 ou pandémique de 2020, le choix a toujours été d'actionner un régime législatif d'état d'urgence plutôt que les régimes constitutionnels de l'état de siège ou des pleins pouvoirs présidentiels prévus par la Constitution [13]. Au total, on voit donc depuis deux décennies se multiplier, *a minima* sur ces questions centrales du terrorisme et de la santé publique,

10. Christian Bjørnskov, Stefan Voigt, « Why Do Governments Call a State of Emergency ? On the Determinants of Using Emergency Constitutions », *European Journal of Political Economy*, vol. 54, 2018, p. 110 : « countries not having an emergency constitution are significantly more likely to declare a state of emergency than those having one ».
11. Matthias Jestaedt, « The German Reticence Vis-à-Vis the State of Emergency », dans Pierre Auriel, Olivier Beaud, Carl Wellman (dir.), *The Rule of Crisis : Terrorism, Emergency Legislation and the Rule of Law*, Cham, Springer, 2018, p. 241 ; https://verfassungsblog.de/category/debates/covid-19-and-states-of-emergency-debates.
12. Eugénie Mérieau, « Pouvoirs de quarantaine et contentieux du confinement : quelques leçons d'Asie (le refus de l'état d'urgence) », *Revue des droits et libertés fondamentaux*, nº 48, 2020 [en ligne] ; et plus généralement, le site : https://verfassungsblog.de/tag/covid-19.
13. Voir *infra*, annexes, p. 131-139.

des réponses gouvernementales d'un format nouveau, fondées sur des règles spécialement édictées pour faire face à ces situations exceptionnelles. John Ferejohn et Pasquale Pasquino voient dans la multiplication de ces « pouvoirs d'urgence » (*emergency powers*, indépendamment du dispositif juridique précis qui les fonde) un nouveau modèle de gestion de crise [14].

Il n'en reste pas moins que les expériences françaises récentes de l'état d'urgence méritent qu'on s'y attarde, tant leurs effets sont radicaux. Elles se sont en effet insérées dans un cadre politique et institutionnel structurellement marqué par un fort déséquilibre des pouvoirs, qui n'en a été qu'aggravé : la verticalité du pouvoir présidentiel en sort renforcée. Le Parlement est historiquement minoré ; les contre-pouvoirs sont étouffés. La démocratie elle-même est malmenée et, avec elle, les droits et libertés subissent des attaques et des remises en cause notoires, sinon inédites. Rarement, d'ailleurs, la France n'aura autant clignoté au tableau de bord des organisations et institutions, nationales et internationales, chargées de la protection des droits humains. Depuis l'ONU jusqu'au Conseil de l'Europe, les mises en garde solennelles face à diverses initiatives législatives se sont multipliées (loi SILT, loi Sécurité globale…). En France, la CNCDH (Commission nationale consultative des droits de l'homme) ou le Défenseur des droits n'ont eu de cesse d'alerter sur les dangers de l'état d'urgence. D'importants segments de la société civile sont en émoi et pointent à répétition les restrictions et menaces multiples pesant sur les libertés : liberté associative, liberté de manifestation, liberté d'expression, liberté religieuse… Le bilan n'est pas bon. Ainsi, même si elle n'est pas le seul pays où les pouvoirs d'urgence ont tendance à devenir une nouvelle normalité politique, la France a bien un problème avec l'état d'urgence.

Le gouvernement par l'urgence

Reste à trouver les mots pour le dire, pour décrire et analyser ce nouveau modèle de gouvernement. Opération complexe, assurément, puisque, état hybride situé aux confins de l'État de droit et de l'état d'exception, l'état d'urgence emprunte à l'un comme à

14. John Ferejohn et Pasquale Pasquino, « The Law of Exception : A Typology of Emergency Powers », *International Journal of Constitutional Law*, vol. 2, 2004, p. 210, p. 216.

l'autre. Ce faisant, il contribue au brouillage des contours de chacun voire, en cascade, au brouillage de distinctions plus fondamentales qui organisent notre lecture politique du monde, à l'instar de l'opposition entre démocratie et dictature, ou entre démocratie et autoritarisme. C'est pourquoi cet essai propose, en prenant appui sur les expériences françaises récentes de l'état d'urgence de 2015 et 2020, de prendre au sérieux la banalisation contemporaine du recours aux pouvoirs d'urgence et d'interroger la nouvelle normalité politique – ou le nouveau paradigme de gouvernement – qu'elle dessine : l'état d'urgence permanent. Quelle importance faut-il prêter au fait que nous ayons vécu plus de la moitié du temps sous état d'urgence depuis novembre 2015 – et qu'est-ce que cela signifie au juste ? Où en sommes-nous, en termes de libertés et de démocratie, après ces expériences inédites : ont-elles changé la donne, ou suffit-il d'attendre sagement que la parenthèse se referme pour que tout redevienne « comme avant » ? Le retour au *statu quo ante* est-il seulement possible ? Les états d'urgence n'ont-ils pas taillé des coups de canif irréparables dans la trame démocratique ? Quelles leçons tirer de cette permanence inédite du gouvernement par l'urgence ? Pour répondre à ces questions, il faut se saisir pleinement du droit, car l'état d'urgence, c'est d'abord cela : un régime juridique matériellement intangible. On ne « voit » pas l'état d'urgence, on ne le rencontre pas, du moins pas directement. Il joue pourtant un rôle déterminant dans notre environnement sociopolitique, qu'il façonne, encadre et conditionne. À cet égard, le fait qu'il devienne un réflexe de gouvernement face aux situations de crise, un mode classique de gestion des crises (le terrorisme hier, la pandémie aujourd'hui, le climat demain ?), doit être posé comme un sujet au cœur du débat public.

Pour penser ce jour sans fin de l'état d'urgence[15] et son (in) adéquation aux menaces qui justifient sa mise en œuvre, il faut d'abord le saisir et le caractériser. Nombreux sont les auteurs et commentateurs à avoir puisé, pour le comprendre et l'analyser, dans la riche littérature historique et théorique sur l'état d'exception. Au sens que lui prête Carl Schmitt, et largement revisité par Giorgio Agamben, l'état d'exception devenu permanent

15. Stéphanie Hennette Vauchez, Serge Slama, « Le jour sans fin de l'état d'urgence », *Dalloz actualité*, juin 2017 ; voir aussi l'annexe « Chronique du jour sans fin de l'état d'urgence (2015 … ?) », p. 127-129.

constituerait le prisme analytique auquel il faudrait lire cette répétition des états d'urgence et leur installation, en bonne place, parmi les modes de gouvernement contemporain. Les formules sont efficaces et l'analogie tentante ; à ceci près que l'état d'urgence n'emporte pas la *suspension* de l'ordre juridique à laquelle s'articule le modèle schmittien de l'état d'exception [16]. De même, l'état d'urgence n'entraîne nullement cet état d'anomie que décrit Agamben [17] – cet état d'une société sans règles, sans organisation naturelle ou légale. Bien au contraire : l'état d'urgence, c'est d'abord et avant tout un régime juridique – et pleinement juridique –, c'est-à-dire un régime défini par des règles de droit, matérialisé par des règles de droit, renforcé par des contrôles et interprétations juridictionnels. L'état d'urgence tel qu'on le caractérise ici a précisément pour spécificité cette manière scrupuleuse et insistante de s'attacher à respecter les règles de droit ; il existe aujourd'hui un droit de l'état d'urgence. De sorte qu'à l'anomie agambienne caractéristique de l'état d'exception, entendue comme dérèglement ou chaos consécutifs à l'absence de règles, il faut opposer l'« hypernomie » contemporaine de l'état d'urgence permanent, faite d'un surcroît de production normative. C'est là, dans cet hyperjuridisme qui tranche avec les régimes d'exception brutaux d'autrefois, que se situe la spécificité de notre rapport à l'état d'urgence au moment présent. Or le présupposé dichotomique entre norme et exception sur lequel repose une large part de la littérature sur l'état d'exception peine à décrire cette réalité spécifique du droit et de la politique aujourd'hui [18], ne serait-ce que parce qu'elle idéalise ou réifie tant la norme (l'État de droit) que l'exception (le régime d'urgence). Est-ce à dire que les craintes qu'elle exprime sur un état d'exception aujourd'hui devenu permanent seraient infondées ou exagérées ? Certainement pas, car la pérennisation de l'exception emporte avec elle de lourdes conséquences.

16. Carl Schmitt, *La Dictature* [1921], Paris, Seuil, 2000 ; Id., *Théologie politique* [1922], Paris, Gallimard, coll. « Bibliothèque des Sciences humaines », 1988.
17. Giorgio Agamben, *Homo Sacer II*. 1 : *L'État d'exception* [2003], Paris, Seuil, 2016, p. 196.
18. Mathieu Carpentier, *Norme et Exception. Essai sur la défaisabilité en droit*, Bayonne, Institut universitaire Varenne, 2014, p. 8, pour qui Carl Schmitt confond l'exception comme situation de fait et l'exception normative.

L'État de droit contaminé par l'état d'urgence permanent

Cet essai considère que le plus grand danger charrié par ces expériences contemporaines est celui d'un état d'urgence permanent qui prend appui sur les formes et les mots du droit. En d'autres termes, le risque même que le gouvernement de l'exception fait peser sur la démocratie n'est plus tant celui d'un état d'exception permanent, entendu comme suspension ou dérogation généralisées au droit et au fonctionnement classique de l'ordre juridique, que son contraire. Car loin de se présenter comme extérieures ou dérogatoires par rapport aux exigences de l'État de droit, les expériences récentes de l'état d'urgence revendiquent le fait de s'y nicher en plein cœur ; l'état d'urgence permanent cherche à dissimuler la logique de l'exception en revêtant les habits de l'État de droit. Gouvernants et juges n'ont pas manqué une occasion de justifier le recours à l'état d'urgence précisément par le fait que, contrairement aux états d'exception brutaux, autoritaires et incontrôlés de jadis, il correspondrait à la forme moderne, démocratique en quelque sorte, du gouvernement en situation de crise ; dans les mots d'un ancien ministre de l'Intérieur (et futur Premier ministre) : « L'état d'urgence, ce n'est pas un état d'exception. Il est *constitutif* de l'État de droit[19]. » Certes, il resserre le gouvernement autour de la décision exécutive (c'est même là son objet) ; mais il le fait dans le respect de l'État de droit ; certains nous disent même que « l'état d'urgence est un ami sur lequel les libertés peuvent avoir besoin de compter[20] ».

C'est donc précisément parce qu'il s'affirme comme pleinement et intensément juridique, mobilisant au passage les formes comme la rhétorique de l'État de droit, que l'état d'urgence permanent constitue un danger ; d'où la nécessité de mettre à l'écart le modèle de l'état d'exception comme suspension de l'ordre juridique pour le penser et évaluer ce qu'il charrie : relégation massive des libertés, esquive généralisée des modes démocratiques de contrôle, etc. Le coût est élevé et il paraît difficile, ou naïf, d'espérer un simple retour en arrière, au « monde d'avant » dans lequel triomphait le grand récit de l'État de droit. L'état d'urgence permanent n'est pas une parenthèse qui, en dernier ressort, se referme. Le fait

19. Bernard Cazeneuve, *Le Monde*, 20 juillet 2016 (souligné par nous).
20. Bernard Stirn, « Lutte contre le terrorisme, état d'urgence et État de droit », Discours de rentrée, IEP Aix-en-Provence, 21 septembre 2016.

qu'il se soit imposé comme une nouvelle forme de la normalité politique est d'ailleurs corroboré par la place qu'il se taille d'ores et déjà dans la réflexion sur les crises de demain. Il n'est pas anodin, de ce point de vue, que le secrétaire général de l'ONU, António Guterres, ait récemment invité les États à déclarer un « état d'urgence climatique » jusqu'à ce que soit atteinte la neutralité carbone[21] ; plus de trente pays l'ont devancé ou pris au mot.

Il importe dès lors d'interroger les conditions et les effets de ce discours selon lequel le gouvernement par l'état d'urgence serait compatible avec l'État de droit ; je soutiens au contraire ici que l'état d'urgence permanent, même revêtu des formes, des mots et des habits de l'État de droit, n'a pas pour autant été maîtrisé ou domestiqué par lui. Bien plutôt, il semble avoir contaminé et subverti, de l'intérieur, le cadre de l'État de droit au sein duquel il est réputé s'être conformé. L'état d'urgence permanent appliqué au nom de l'État de droit est, en somme, plus dangereux encore que l'état d'exception permanent fondé sur sa suspension assumée ; voilà la thèse du présent essai.

21. https://news.un.org/fr/story/2020/12/1084422.

Chapitre 1

L'ÉTAT DE DROIT OU LA DOMESTICATION DE L'EXCEPTION

La question du format et des modalités de la réponse du pouvoir politique aux situations de crises graves est ancienne. Volontiers saisie au prisme de l'état d'exception, on en trouve trace dès l'Antiquité. C'est principalement autour de l'idée de suspension et/ou de dérogation à la norme qu'a historiquement été pensée la manière dont un ordre juridique peut traiter l'exception : face aux circonstances exceptionnelles, l'État organise la suspension temporelle de l'ordre normal des choses pour confier le pouvoir à un dictateur temporaire chargé de faire face à la crise. La littérature théorique et historique appréhende les différents mécanismes et expériences constitutionnels qui organisent ou éprouvent le rapport du politique aux situations de crise sous un prisme binaire, structuré autour de deux lectures possibles de la formule de saint Thomas d'Aquin *necessitas non habet legem* : celle qui considère qu'il appartient à la norme de prévoir l'exception (nécessité fait loi) et celle qui, au contraire, estime que celle-ci ne saurait être ni prévue ni régulée *in abstracto* et *a priori* (la nécessité n'a pas de loi).

De manière de plus en plus nette depuis l'avènement de la modernité politique cependant, ce modèle de l'état d'exception a été mis à mal par un autre type de gouvernement censé le réduire sinon le dompter : celui de l'État de droit. Articulé à l'idée que l'État se soumet au droit, ce modèle charrie avec lui l'idée que les sphères où domine l'arbitraire décisionnel ont vocation à être réduites, cantonnées, voire supprimées. L'État de droit s'est construit en opposition à l'idée d'exception, avec pour mission de la domestiquer. Il l'a ainsi parfois annulée, emportant la suppression de juridictions d'exception ou des mécanismes divers par lesquels certaines séries d'actes juridiques jouissaient d'une immunité juridictionnelle. Il l'a parfois plus modestement encadrée, exigeant que là où elle était irréductible, elle devrait tout de même opérer sous contraintes juridiques accrues : maintien des formes et procédures, soumission au contrôle du juge, respect des droits individuels – d'où l'apparition d'outils tels que la *Rule of Law Checklist* élaborée par la commission de Venise du Conseil de l'Europe pour guider les États dans la mise en œuvre de pouvoirs d'urgence[1]. L'État de droit, c'est donc l'État *soumis* au droit, l'action publique contrainte par le respect de la séparation des pouvoirs et l'exigence de la garantie des droits individuels. La progression inéluctable de ce modèle, aujourd'hui dominant en démocratie, a eu pour effet de délégitimer l'exception, jugée contraire à la démocratie et à l'État de droit, dans le sens où *toute* l'action de l'État doit être soumise au droit.

C'est ce grand récit de l'État de droit comme horizon ultime du processus de civilisation des mœurs juridiques que l'état d'urgence permanent vient briser. En revendiquant sa pleine conformation aux exigences de l'État de droit, il brouille la distinction nette que ce dernier avait cru pouvoir établir entre norme et exception. On ne trouve pas de meilleure illustration de ce brouillage que dans les jeux discursifs qu'il autorise de la part des régimes autoritaires. Rappelons les propos de Recep Tayyip Erdoğan qui, déclarant l'état d'urgence en 2016 après une tentative de coup d'État, soulignait que, face à la menace, la Turquie ne faisait que recourir aux mêmes outils que la France[2]. En sens inverse, le regard posé par nombre de pays sur la manière dont la Chine a fait face au Covid-19 en janvier 2020 a reposé sur une opposition tranchée, teintée d'orientalisme selon Eugénie Mérieau[3], entre les réponses que pouvaient apporter démocraties et dictatures à une situation telle que la pandémie. En particulier, le confinement généralisé de la population a d'abord été lu comme une mesure propre à un régime autoritaire ou dictatorial, qu'aucune démocratie digne de ce nom n'oserait envisager. Et pourtant, dès le mois de mars et dans un spectaculaire retournement des choses, les autorités italiennes puis, dans leur sillage, une très large part du

---

1. Commission de Venise, *Rule of Law Checklist*, 11-12 mars 2016 : https://venice.coe.int/webforms/documents/?pdf=CDL-AD(2016)007-e ; et la mise à jour pandémique : Conseil de l'Europe, *Respecting Democracy, Rule of Law and Human Rights in the Framework of the COVID-19 Sanitary Crisis. A Toolkit for Member States*, 7 avril 2020, SG/Inf(2020)11.
2. « La Turquie va suspendre la Convention européenne des droits de l'homme dans la mesure où cela ne contrevient pas à ses obligations internationales, tout comme la France l'a fait sous l'article 15 de la Convention » après les attentats de novembre 2015 : https://www.lemonde.fr/europe/article/2016/07/21/la-turquie-derogera-a-la-convention-europeenne-des-droits-de-l-homme-pendant-l-etat-d-urgence_4972830_3214.html.
3. Eugénie Mérieau, « Le prisme orientaliste de la gestion du coronavirus par l'Occident », *AOC*, 6 juillet 2020.

monde, s'y résolvaient. Or le fait que les réponses des gouvernements du monde face à la pandémie aient ainsi « largement [enjambé] les typologies classiques entre régimes politiques » (nombre de démocraties libérales comme la France, l'Italie ou l'Espagne adoptant *in fine* les mêmes solutions de confinement généralisé que la Chine autoritaire) ne doit pas être pris à la légère. De tels retournements font en effet peser « un danger réel sur la démocratie, non pas comme régime fondé sur l'action des dirigeants mais comme idée d'un pouvoir exercé par le peuple et pour le peuple »[4]. La banalisation de l'état d'urgence permanent comme mode de gouvernement, y compris dans les pays réputés démocratiques et libéraux, contribue à brouiller et diluer les catégories les plus fondamentales du politique : démocratie, autoritarisme, liberté et contrainte, etc.

L'état d'exception : la suspension du droit ?

Dans un ouvrage important, l'historien du droit François Saint-Bonnet a recensé et analysé de très nombreuses théorisations et expériences historiques de l'état d'exception[5]. Ce dernier apparaît bien présent dans la tradition politique occidentale, sous la forme d'un paradoxe existentiel (ou d'un « pacte suicidaire[6] ») : l'État pour garantir sa survie en toute circonstance doit aménager le mécanisme de sa propre destruction ou suspension. Ces analyses prennent appui sur différents modèles historiques parmi lesquels on trouve de manière récurrente des références à la dictature romaine antique[7]. Dans ce modèle, le Sénat pouvait requérir des consuls qu'ils désignent, en situation de crise et pour une période de six mois, un dictateur. Celui-ci disposait de tous pouvoirs pour assurer, en contradiction avec le principe collégial du gouvernement, le rétablissement de l'ordre et l'éradication du danger (invasion, insurrection) : suspension des droits et procédures en vigueur, recours à la force militaire… Une fois sa mission accomplie, il remettait le

4. Samuel Hayat, « La démocratie à l'épreuve du coronavirus », https://samuelhayat.wordpress.com/2020/03/23/la-democratie-a-lepreuve-du-coronavirus.
5. François Saint-Bonnet, *L'État d'exception*, Paris, PUF, 2001, coll. « Léviathan ».
6. David Dyzenhaus, « L'état d'exception », dans Michel Troper, Dominique Chagnollaud, *Traité international de droit constitutionnel*, Paris, Dalloz, t. I, p. 742.
7. Voir *infra*, le texte de Thibaud Lanfranchi « Dictature et état d'exception sous la République romaine » dans la partie « Rebonds et explorations », p. 195-209.

pouvoir et assurait ainsi la restauration du *statu quo ante*. Pas moins de soixante-seize dictateurs auraient ainsi été nommés entre 501 et 202 av. J.-C., l'institution tombant ensuite en désuétude pendant plus d'un siècle avant d'être ressuscitée puis pervertie.

Par la suite, les modèles historiques successifs de l'état d'exception ont certes pu se passer de la figure du dictateur, mais ils conservaient l'idée d'une suspension du droit ou d'un écart à la norme[8]. Ce fut le cas lors de la suspension de l'*habeas corpus* votée par le Parlement britannique pendant la révolution de 1689, qui nourrit les réflexions sur l'exception des grands juristes britanniques William Blackstone ou Albert Venn Dicey. C'est aussi le cas de l'état de siège, modèle français qui connaît une large diffusion à travers le monde et dont la formalisation scande l'histoire politique française depuis la Révolution. C'est surtout au XIXe siècle qu'il est défini par des règles juridiques. Celles-ci font de l'état de siège un régime applicable non seulement dans des lieux physiquement assiégés, mais aussi en situation de risque pour la sécurité nationale, indépendamment de toute situation de guerre. Le juriste et député Théodore Reinach systématise cette dualité en distinguant entre état de siège réel et état de siège fictif, le premier renvoyant au sens militaire du terme (l'hypothèse de places fortes attaquées par l'ennemi), le second à un sens plus politique de la notion, destiné à faire face au risque de sédition[9]. Mais qu'il soit déclenché en réaction à la guerre ou à la sédition, l'état de siège est toujours articulé à l'idée d'une suspension des modes « normaux » de gouvernement au profit de l'autorité militaire à qui revient la charge du pouvoir. Ce régime est notamment façonné par les importantes lois du 9 août 1849 et du 4 avril 1878. La première vise à encadrer le pouvoir accordé à l'autorité publique pour réprimer une insurrection – enjeu apparu en pleine lumière lors des journées révolutionnaires de juin 1848. La seconde (qui fait suite à l'état de siège proclamé en 1871 lors de la Commune de Paris, mais demeuré en vigueur pendant plusieurs années) vient encadrer ses conditions de mise en œuvre ; elle confie notamment au Parlement le pouvoir de déclarer l'état de siège pour une durée déterminée. Au XXe siècle, ce modèle de l'état de siège demeure crucial. On y fait à nouveau recours à

8. Bernard Manin, « Le paradigme de l'exception », *La Vie des idées*, 15 décembre 2015.
9. Théodore Reinach, *De l'état de siège. Étude historique et juridique*, Paris, F. Pichon, 1885.

l'occasion de la Première Guerre mondiale, y compris dans des formes douteuses : le 4 août 1914, le président de la République Raymond Poincaré déclare l'état de siège par décret, alors même que la loi de 1878 avait précisément réservé cette compétence au Parlement ; et la loi votée le lendemain annonce que l'état de siège est en vigueur « pour la durée de la guerre », en contradiction avec l'exigence selon laquelle la durée d'un tel régime doit être déterminée à l'avance. L'état de siège reste en vigueur jusqu'au 12 octobre 1919 : cet épisode contribue à ce qu'il soit désormais assimilé à l'état de guerre. Ce dernier modifie par ailleurs la manière d'appréhender la légalité, avec l'apparition, dans la jurisprudence administrative, de la notion des « circonstances exceptionnelles », sous l'empire desquelles le juge administratif décide de fermer les yeux sur certaines violations manifestes de la loi [10]. Le grand juriste Maurice Hauriou commente ainsi la jurisprudence du Conseil d'État : « Les lois de garanties individuelles sont faites pour les temps normaux et il est nécessaire de les suspendre, au moins partiellement, dans les temps anormaux où le salut de l'État passe avant les convenances individuelles [11]. » Au total, l'idée de suspension du droit est donc centrale dans les modèles historiques et juridiques de l'état de siège et de l'état de guerre.

Elle est également au cœur de l'idée schmittienne de l'état d'exception, élaborée au lendemain de la Première Guerre mondiale. Cette théorie peut se lire tout entière comme une réponse à la crise parlementaire allemande qui se termine par la chute de Weimar et l'avènement du IIIe Reich [12]. Carl Schmitt fait de la notion d'état d'exception le fer de lance de sa critique de l'État de droit, du parlementarisme et du positivisme juridique – en un mot, de l'ordre juridique et politique libéral auquel il reproche sa prétention vaine à vouloir imposer un contrôle effectif de tous les pouvoirs publics par le droit. La norme, pour Schmitt, n'est faite que pour la normalité ; et c'est parce qu'il se prive des moyens d'action lui permettant d'éradiquer ses ennemis que l'État de droit libéral contient en germe les termes de sa propre destruction. Il juge alors nécessaire et inéluctable que le souverain dispose du pouvoir de décider la

10. CE, 28 juin 1918, *Heyriès*, nº 63412.
11. Maurice Hauriou, cité dans François Saint-Bonnet, *L'État d'exception*, *op. cit.*, p. 9.
12. Marie Goupy, *L'État d'exception, ou l'Impuissance autoritaire de l'État à l'époque du libéralisme*, Paris, CNRS Éditions, 2016.

suspension de l'ordre juridique – pouvoir dans lequel il situe, par ailleurs, l'essence de la souveraineté (« Est souverain celui qui décide de l'exception[13] »). C'est donc au seul souverain qu'il appartient de décider de l'exception, qui est dès lors essentiellement indéterminable : elle ne peut être ni prévue, ni anticipée, ni, *a fortiori*, définie par la règle juridique. En outre, dès l'instant où il décide de l'exception, le souverain jouit d'une autorité illimitée. Une fois l'ensemble de l'ordre juridique suspendu, le souverain décide en toute autonomie ; il est alors, littéralement et effectivement, « au-dessus » des lois. En ce sens, l'état d'exception schmittien exhibe les limites du droit, en ce qu'il illustre à la fois son impuissance en situation extrême et la nécessité d'en sortir pour permettre sa restauration ultérieure.

Ce modèle d'un état d'exception étroitement articulé à l'idée de suspension de l'ordre juridique perdure en théorie, mais, en pratique, il est tombé en désuétude. En Allemagne, le précédent weimarien a engendré un puissant tabou autour de cette formule[14], tout comme en Italie où la crainte d'abus au sortir de l'expérience fasciste a mené à ce que la Constitution de 1947 fasse l'économie d'un tel dispositif. En France, la IVe République a soigneusement évité de recourir à l'état de siège et à ses connotations militaires, notamment face à la guerre d'Algérie qu'il fallait précisément éviter de qualifier comme telle. La Constitution de la Ve République l'a bien repris à son compte, mais il n'a jamais été utilisé. Celle-ci crée, il est vrai, un tout autre régime d'exception qui, dans une forme de synthèse entre la figure du dictateur et l'idée de suspension du droit, confère au président de la République la possibilité de déclarer qu'il y a lieu pour lui d'exercer les pleins pouvoirs « lorsque les institutions de la République, l'indépendance de la Nation, l'intégrité de son territoire ou l'exécution de ses engagements internationaux sont menacés d'une manière grave et immédiate et que le fonctionnement régulier des pouvoirs publics constitutionnels est interrompu » (article 16 de la Constitution de 1958). L'expérience unique de mise en œuvre de cet article par le général de Gaulle en 1961, au lendemain du putsch des généraux en Algérie, a mis en lumière la faiblesse des garanties apportées par la Constitution (réunion de plein droit du Parlement, impossibilité de dissoudre l'Assemblée) : de Gaulle a exercé

13. Carl Schmitt, *Théologie politique*, *op. cit.*, p. 23.
14. Matthias Jestaedt, « The German Reticence Vis-à-Vis the State of Emergency », art. cité.

les pleins pouvoirs sans entraves jusqu'en septembre, soit bien au-delà de la durée effective d'une menace sur les institutions de la République. Et cette disposition constitutionnelle fait aujourd'hui figure d'anomalie, souvent critiquée et tombée, *de facto*, en désuétude : non seulement il n'y a plus été recouru depuis 1961, mais l'hypothèse de son activation en 2015 ou en 2020 est apparue inadaptée et incongrue [15]. Le pouvoir a préféré, face aux crises terroriste ou pandémique, mettre en œuvre des états d'urgence législatifs.

Comment comprendre que ces régimes constitutionnels d'exception soient tombés en désuétude, que ce soit, en France, l'état de siège ou les pleins pouvoirs de l'article 16 ou, à l'étranger, la multitude des exemples convergents d'une préférence donnée, face à telle ou telle crise, à des régimes législatifs *ad hoc* ? La montée en puissance, à partir des années 1970, du paradigme de l'État de droit y est pour beaucoup. Elle est liée à l'idée que la démocratie s'honore de répondre à des situations exceptionnelles par les solutions du droit commun. Les contributions théoriques à la question de l'état d'exception formulées dans la seconde moitié du XXe siècle font d'ailleurs le pari de cette possible domestication de l'exception par le droit, à l'instar de la théorie de la dictature constitutionnelle élaborée par le politiste américain Clinton Rossiter dans les années 1940 (et qui connut un regain d'intérêt après le 11 septembre 2001), par laquelle il affirme à la fois la nécessité et la possibilité pour un système constitutionnel de prévoir et d'encadrer l'hypothèse de la dictature constitutionnelle : « Le pouvoir peut être responsable, […] un gouvernement fort peut être un gouvernement démocratique, et une dictature peut être démocratique [16]. »

L'État de droit : la fin de l'exception ?

Le concept d'État de droit qui se consolide et est débattu en Allemagne, en France et au Royaume-Uni à partir du XIXe siècle [17]

15. Olivier Beaud, « La surprenante invocation de l'article 16 », blog *Jus Politicum*, 23 mars 2020 [en ligne].
16. Clinton Rossiter, *Constitutional Dictatorship : Crisis Government in the Modern Democracies*, Princeton, Princeton University Press, 1948, p. 314 (nous traduisons) ; voir aussi Mathieu Carpentier, « État d'exception et dictature », *Tracés*, nº 20, 2011, p. 75.
17. Luc Heuschling, *État de droit, Rechtsstaat, Rule of Law*, Paris, Dalloz, 2002 ; Carlos-Miguel Herrera, « Quelques remarques à propos de la notion d'État de droit », *L'Homme et*

est longtemps demeuré cantonné au champ de la théorie du droit. Il repose à titre principal sur l'idée d'une limitation de la puissance de l'État par le droit : l'État agit avec les moyens du droit et il est assujetti à ce dernier. Il repose à la fois sur des méthodes d'assujettissement de l'État au droit et sur l'affirmation de certaines valeurs supérieures, d'un droit supérieur à l'État[18]. Au fil du XXe siècle, cette idée se traduit sous la forme de mécanismes juridictionnels de contrôle de la loi. Surtout, cette idée de limitation du pouvoir place en son cœur l'objectif de protection des libertés individuelles ; il s'agit de permettre une « opposition au pouvoir fondée sur le droit[19] », d'où l'ambivalence relative du concept d'État de droit, dont le programme formel (soumission de l'État au droit) repose sur un soubassement matériel (le respect des droits). Le statut du concept se trouve bouleversé dans le dernier quart du XXe siècle, lorsqu'il se diffuse à l'échelle du monde et quitte le champ du droit pour investir, bien plus largement, celui de la politique en s'affirmant comme le paradigme dominant des régimes démocratiques[20].

Ce basculement capital a contribué à imposer l'idée selon laquelle l'exception devait se soumettre au droit : à mesure que l'État de droit s'affirme comme la norme démocratique, toute idée d'exception lui apparaît antinomique. Non pas que les régimes d'exception disparaissent, puisque de nombreuses Constitutions continuent de les prévoir. Mais l'idée de suspension du droit qui sous-tend la théorie comme la pratique des régimes d'exception est désormais porteuse d'un coût politique élevé qui peut expliquer le fait que, même lorsqu'ils sont explicitement prévus par la Constitution, ils tendent à ne pas être mobilisés. De ce point de vue, la préférence donnée à des législations dites d'exception est ambivalente : la nécessité de recourir à des pouvoirs d'urgence demeure, mais elle se décline désormais plus volontiers dans des formes juridiques classiques, ou normalisées. Le régime d'exception n'est plus caractérisé par les pleins pouvoirs d'un dictateur – fût-il temporaire –, mais il tend à être soumis à des principes supérieurs et à des mécanismes de contrôle. Si elle peut

la Société, nº 113, 1994, p. 89 ; et sur la France : Marc Loiselle, *Le Concept d'État de droit dans la doctrine juridique française*, thèse pour le doctorat en droit, Paris-2, 2000.

18. D'où la critique du concept émanant de ceux qui, dans le sillage de Hans Kelsen, identifient l'État au droit et réfutent, de ce fait, l'idée d'un droit supérieur à l'État : Michel Troper, « Le concept d'État de droit », *Droits*, nº 15, 1992, p. 51.
19. Claude Lefort, *L'Invention démocratique*, Paris, Fayard, 1981.
20. Jacques Chevallier, *L'État de droit*, Paris, Montchrestien, 2003, p. 115.

bien sûr méconnaître certaines exigences de l'État de droit (auquel cas elle doit pouvoir être sanctionnée), il est désormais attendu de la législation d'exception qu'elle réponde aux garanties et aux exigences de l'État de droit : application des règles ordinaires, maintien en vigueur des droits individuels et procédures de garantie.

La mise en parallèle de la gestion de deux périodes contemporaines de crise politique en France est révélatrice de cette évolution. Si, dans les années 1960, le général de Gaulle pouvait encore affirmer, sans être sérieusement contesté, que l'État était fondé à traiter les situations exceptionnelles par des régimes d'exception – comme il le fit notamment en créant la Cour de sûreté de l'État dans le sillage d'attentats perpétrés par l'OAS pour juger les personnes ayant porté atteinte à l'État[21] –, la situation s'est présentée sous un jour bien différent au lendemain des attentats de janvier 2015, où le Premier ministre insista au contraire sur le fait qu'il appartenait au gouvernement de « prendre des mesures exceptionnelles, [mais] *pas* des mesures d'exception[22] ». Tout un travail de domestication de l'exception par le modèle de l'État de droit avait opéré entretemps. On en trouve une traduction concrète, par exemple, dans des documents tels que le programme commun des partis socialiste et communiste de 1972, ou la Charte des libertés rédigée par les soutiens de François Mitterrand en 1976, qui prévoyaient justement la disparition des régimes d'exception. C'est d'ailleurs en ces termes que Robert Badinter, devenu ministre de la Justice en 1981, justifiait la suppression de la Cour de sûreté de l'État : « Je le dis donc très simplement mais fermement : les principes du droit commun, sauf pour la commodité ou les arrière-pensées des gouvernants, permettent de faire face à toutes les situations en matière d'atteinte à la sûreté de l'État[23]. » L'État de droit est ici envisagé comme le cadre au sein duquel doivent être pensées et ancrées toutes les réponses et actions de l'État, y compris face à des situations de grave danger. « Le droit commun est désormais vu et mobilisé contre l'exception en droit », écrit la politiste Vanessa Codaccioni[24]. On observe un mouvement comparable à l'échelle internationale. Ici aussi, la

21. Vanessa Codaccioni, *Justice d'exception. L'État face aux crimes politiques et terroristes*, Paris, CNRS Éditions, 2015.
22. Manuel Valls, AN, 13 janvier 2015 (nous soulignons).
23. Robert Badinter, AN, 17 juillet 1981, cité par Vanessa Codaccioni, *Justice d'exception, op. cit.*, p. 260.
24. *Ibid.*, p. 260.

Rule of Law devient progressivement la référence, un cadre dans lequel toute l'action de l'État doit s'inscrire. En 1982, un rapport des Nations unies prenant pour point de départ le constat d'une tendance à la violation des droits humains dans les situations d'état d'urgence aboutit à une série de recommandations visant à mettre ces régimes en conformité avec l'État de droit[25]. En 2005 (soit quelques années après le 11 septembre 2001 et le tourbillon de législations et régimes d'exception qui s'en est suivi), les Nations unies créent le mandat de Rapporteur spécial sur la promotion et la protection des droits de l'homme et des libertés fondamentales dans la lutte antiterroriste – là encore, dans l'objectif d'affirmer l'exigence du respect de l'État de droit[26]. D'ailleurs, quelques semaines seulement après l'éclatement de la crise pandémique en 2020 et face au nouveau pic mondial de lois et régimes spéciaux qui l'a accompagné[27], une douzaine de rapporteurs spéciaux de l'ONU sont intervenus pour attirer l'attention des gouvernements sur les risques que ceux-ci faisaient courir à l'État de droit. Ces différents mouvements illustrent bien la téléologie propre au modèle de l'État de droit, pensé comme un puissant mouvement de transformation des rapports du droit et de la politique venant soumettre celle-ci au respect de celui-là. Or c'est précisément ce grand récit de l'État de droit que l'état d'urgence permanent vient écorner. Certes, l'état d'urgence s'incarne dans les formes requises par l'État de droit et dissimule ainsi la pénétration en son sein de la logique de l'exception ; mais il prend appui sur de multiples jeux de formes et jeux de mots qu'il importe dès lors de décrypter et de déjouer.

---

25. Rapport de Mme Nicole Questiaux, « Study of the Implications for Human Rights of Recent Developments Concerning Situations Known as States of Siege or Emergency », E/CN.4/Sub.2/1982/15, 27 juillet 1982.
26. Voir *infra*, la conversation avec Fionnuala Ní Aoláin dans la partie « Rebonds et explorations », p. 161-179.
27. À la date du 10 mai 2020, quatre-vingt-dix-neuf États avaient déclaré, sous une forme ou une autre, un régime de pouvoirs d'urgence : Christian Bjørnskov, Stefan Voigt, « This Time is Different ? On the Use of Emergency Measures During the Corona Pandemic », *Institute of Law and Economics*, *Working Paper Series*, nº 36, University of Hamburg, 2020.

Chapitre 2

QUAND L'ÉTAT D'URGENCE REVÊT LES HABITS DE L'ÉTAT DE DROIT

C'est donc en partie du fait de la consécration du paradigme de l'État de droit que, loin de se présenter comme parenthèse ou exception à la norme juridique, l'état d'urgence permanent cherche désormais à apparaître comme un régime *juridique* à part entière. De fait, le gouvernement par l'état d'urgence se caractérise même par un souci constant du droit, de ses formes et de ses procédures, parfois jusqu'à l'obsession. Loin d'être le règne de la pure décision politique fondée sur la suspension du droit, il s'affirme comme pleinement juridique, et ce dans toutes ses dimensions (définition, prolongation, application, disparition de l'état d'urgence). Or cette dimension pleinement juridique de l'état d'urgence permanent joue un rôle capital dans sa normalisation. Coulé dans les formes du droit, l'état d'urgence n'a plus rien d'exceptionnel[1] : dès lors qu'il est mis en forme juridique, il paraît bien en effet avoir été dompté par le droit. Produit du droit, l'état d'urgence permanent est-il pour autant toujours un État de droit ? Rien n'est moins sûr. L'analyse attentive des opérations concrètes à travers lesquelles opère la mise en œuvre des états d'urgence fait apparaître la multiplicité des points d'arrimage et de contact du régime d'exception à l'ordre juridique dans lequel il s'insère, ainsi que la manière dont il brouille les frontières entre droit commun et régime d'exception.

Déclarations de l'état d'urgence

L'état d'urgence permanent est d'abord un cadre juridique : c'est par l'adoption ou la mise en œuvre de régimes juridiques

1. On ajuste ici la formule de Michel Troper, « L'état d'exception n'a rien d'exceptionnel », dans *Le Droit et la Nécessité*, Paris, PUF, 2011, p. 99.

spécifiques – et non par la seule décision politique, comme dans le modèle schmittien – que l'on réagit aux circonstances : du *Patriot Act* américain, modèle qui a essaimé dans de nombreux pays, aux très nombreuses lois spécialement votées pour faire face au Covid-19, ce modèle a largement été privilégié à l'échelle du monde face aux fléaux du terrorisme et de la pandémie. Ce schéma nourrit aussi l'histoire française de l'état d'urgence. La première loi du 3 avril 1955 constituait une réponse circonstancielle à la situation insurrectionnelle apparue en Algérie à partir de la Toussaint rouge ; mais elle fut ensuite appliquée à d'autres contextes [2], dont les attaques terroristes de 2015 en dernier lieu. Si la loi de 1955 n'avait pratiquement pas été modifiée depuis son adoption, cette dernière mise en œuvre a été l'occasion d'un profond *aggiornamento* du texte. Et face à la pandémie de Covid-19, un tout nouveau texte (la loi du 23 mars 2020) est venu créer un nouvel état d'urgence, sanitaire celui-là.

Le choix français de régimes d'état d'urgence taillés à la mesure du terrorisme ou de la pandémie est d'autant plus frappant que le gouvernement disposait d'autres options. En matière sanitaire par exemple, il existait déjà un régime juridique applicable en cas de crise grave, fondé sur de très larges pouvoirs échus au ministre de la Santé, habilité à prendre « *toute mesure* proportionnée aux risques courus [...] afin de prévenir et limiter les conséquences des menaces possibles sur la santé de la population [3] ». C'est d'ailleurs sur ce fondement qu'ont été édictées, dès la fin du mois de janvier 2020, les mesures de rapatriement et de mise à l'isolement des Français se trouvant à Wuhan, berceau présumé de l'infection de Covid-19 [4], ainsi que les arrêtés interdisant dans des lieux fermés les rassemblements de plus de cinq mille, puis mille, puis cent personnes [5]. Le gouvernement aurait par ailleurs pu recourir à l'état d'urgence « classique » de la loi du 3 avril 1955, activable en cas de « calamité nationale », une qualification qui aurait parfaitement pu englober l'hypothèse pandémique. Mais tant la genèse que l'histoire des mises en application de ce régime révèlent que la référence à l'hypothèse de la calamité nationale y est purement instrumentale (il s'agissait avant tout, en 1955, d'accréditer l'idée que l'état

2. Voir *infra*, annexes, p. 134-139.
3. Art. L. 3131-1 Code de la santé publique (souligné par nous).
4. Voir par exemple l'arrêté du 30 janvier 2020.
5. Arrêtés des 4, 9 et 13 mars 2020 d'interdiction des rassemblements.

d'urgence n'était pas motivé uniquement par la situation insurrectionnelle algérienne ; et, de fait, toutes les expériences postérieures de mise en œuvre de ce régime ont pris appui sur l'autre hypothèse visée par le texte, celle du « péril imminent résultant d'atteintes graves à l'ordre public »). Reste que les options offrant au pouvoir exécutif les coudées franches ne manquaient pas, de sorte que l'on peut considérer, avec Stéphanie Renard, qu'il fallait « oser », dans ce contexte, « créer dans l'urgence une police de l'état d'urgence sanitaire en plus de la police des "menaces sanitaires appelant des mesures d'urgence" et de l'état d'urgence applicable aux calamités publiques »[6]. Il fallait oser, en effet, ajouter encore une corde à l'arc gouvernemental ; c'est bien le choix que privilégia le gouvernement, en présentant dès le 18 mars 2020 un projet de loi visant à ajouter à ces différents dispositifs existants un nouveau régime juridique : l'état d'urgence sanitaire.

L'un des premiers indices du brouillage que réalise l'état d'urgence permanent tient au cadre même dans lequel il apparaît. En effet, les lois de 1955 et de 2020 ont beau être des lois de circonstance, elles présentent cette spécificité d'aller bien au-delà des événements précis auxquels elles réagissent ; elles créent chacune un régime juridique certes circonstanciel (guerre d'Algérie, pandémie de Covid) mais aussi pérenne, qui survit aux épisodes de sa mise en application. D'emblée, l'état d'urgence s'ancre dans le droit commun et, ce faisant, l'altère. En second lieu, ce cadre juridique pérenne ne cesse d'être adapté à l'évolution des circonstances auxquelles il est censé répondre, un peu à la manière d'un jeu dont on modifierait les règles en cours de partie, ou d'une « association [où], à chaque fois qu'un individu veut adhérer, [on change] la règle fixant les conditions d'adhésion[7] ». Au cours des deux années pendant lesquelles elle fut maintenue en vigueur de 2015 à 2017, la loi du 3 avril 1955 fut ainsi considérablement enrichie. Nombre de ces dispositions n'y figuraient pas avant sa « mise à jour » face aux attentats du 13 novembre 2015 : c'est le cas par exemple du pouvoir du préfet de prononcer la fermeture administrative des lieux de culte, d'ordonner des contrôles d'identité, fouilles de sacs et de véhicules en dehors

---

6. Stéphanie Renard, « L'état d'urgence sanitaire : droit d'exception et exceptions au droit », *Revue des droits et libertés fondamentaux*, chron. n° 13, 2020 [en ligne].
7. Olivier Beaud, Cécile Guérin-Bargues, *L'État d'urgence. Une étude constitutionnelle, historique et critique*, Issy-les-Moulineaux, LGDJ, 2018, p. 50.

de toute réquisition du procureur de la République ou d'interdire à « toute personne cherchant à entraver, de quelque manière que ce soit, l'action des pouvoirs publics » de séjourner dans tout ou partie du département[8]... À telle enseigne que le régime juridique de l'état d'urgence est devenu beaucoup plus rigoureux, du point de vue des libertés, qu'il ne l'était au moment de son adoption dans le contexte de la guerre d'Algérie[9].

Prorogations

Non seulement le cadre juridique *ad hoc* dans lequel s'incarne l'état d'urgence permanent a tendance à s'ancrer durablement dans le droit, mais il tend aussi à s'appliquer de plus en plus longtemps. L'état d'urgence proclamé en France en 1961 à la suite du putsch des généraux comme celui mis en vigueur au lendemain des attaques terroristes de 2015 sont tous deux demeurés en vigueur pendant deux années, peu ou prou. En Irlande ou en Égypte, les problématiques sécuritaires ont justifié des états d'urgence plus longs encore, qui se sont étendus sur plus de cinquante ans, de 1939 à 1995 dans le premier cas, et de manière presque constante de 1958 à 2011 dans le second (cet état d'urgence quasi permanent comptant d'ailleurs parmi les motifs de révolte du peuple menant à la révolution de 2011) ; en Israël, l'état d'urgence est en vigueur depuis 1948[10]. Dans le cas des états d'urgence antiterroristes, leurs promoteurs ont beau jeu de souligner que la guerre contre le terrorisme n'est pas terminée et que la menace perdure, ce qui soulève la question de l'adéquation de ce type de réponse à ce fléau[11]. Et tout se passe de la

8. Ce pouvoir du préfet sera ultérieurement jugé inconstitutionnel : CC, 9 juin 2017, nº 2017-635 QPC.
9. Ce qui n'est pas peu dire, pour un régime forgé dans le but de faire face à une guerre coloniale, dans un contexte politique et constitutionnel où la protection des libertés était bien moindre, en principe, qu'aujourd'hui. Cela étant, la loi du 3 avril 1955 n'est pas le seul régime d'exception qui a trouvé à s'appliquer en Algérie à cette époque, puisqu'elle a été suivie de peu par la très dure loi des pouvoirs spéciaux du 16 mars 1956 : voir Arlette Heymann-Doat, *Les Libertés publiques et la Guerre d'Algérie*, Paris, LGDJ, 1972.
10. Suzie Navot, « Emergency as a State of Mind : The Case of Israël », dans Pierre Auriel, Olivier Beaud, Carl Wellman (dir.), *The Rule of Crisis*, *op. cit.*, p. 205 : « what may have emerged as a pragmatic temporary solution in 1948 became a systemic and permanent mechanism [...]. Emergency powers [...] are one of the constitutional characteristics of the Israeli regime ».
11. François Saint-Bonnet, « De l'inadéquation du concept d'état d'exception pour penser le terrorisme. Réflexions sur l'État moderne », dans Rafaëlle Maison, Olga Mamoudy (dir.),

même manière face à la pandémie mondiale de Covid-19 : non seulement nombre des états d'urgence déclarés en 2020 étaient encore en vigueur plus d'un an plus tard (c'était le cas en France, mais aussi en Italie, en Espagne ou en Argentine), mais encore tous les acteurs politiques et juridiques peinent à se défaire de l'idée que, tant que l'épidémie sera là, les gouvernements devront continuer de pouvoir recourir aux pouvoirs d'urgence.

Formellement, cet ancrage dans la durée des états d'urgence repose sur un jeu de prorogations multiples. Le *Patriot Act* américain voté le 26 octobre 2001 après les attentats du 11 Septembre constitue de ce point de vue un modèle : alors qu'il contenait initialement une clause dite de revoyure (*sunset clause*) prévoyant que ses dispositions prendraient fin le 31 décembre 2005, une loi votée quelques mois avant cette date en rendait permanentes la très grande majorité des dispositions et prolongeait la durée de validité des autres[12], une opération qui se renouvela périodiquement jusqu'à leur expiration récente en mars 2020 (sur laquelle plane une incertitude). Loin d'être isolé, ce schéma est emblématique de ce que l'on observe en matière de législations antiterroristes depuis 2001 dans de très nombreux pays (Royaume-Uni, Canada…). L'exemple français ne dépareille pas, où les clauses de revoyure échouent presque systématiquement à faire obstacle à la pérennisation des états d'urgence. La déclaration de l'état d'urgence par le président Hollande dans la nuit du 13 au 14 novembre 2015 a ainsi fait l'objet de pas moins de six lois de prorogation ; et on en dénombre déjà presque autant pour l'état d'urgence sanitaire[13]. Ce processus correspond en tous points à ce que la Rapporteuse spéciale de l'ONU sur la promotion et la protection des droits de l'homme et des libertés fondamentales dans la lutte antiterroriste, Fionnuala Ní Aoláin, qualifie d'état d'urgence dissimulé : « En premier lieu, la promulgation initiale d'une loi portant adoption de mesures d'urgence expressément limitées dans le temps, avec peut-être une clause d'extinction, est suivie par la transposition dans la législation ordinaire de pouvoirs exceptionnels identiques ou équivalents, mais sans que figure le mot "urgence" dans l'intitulé. C'est une approche juridique plutôt fallacieuse, qui permet

---

Autour de l'état d'urgence français. Le droit politique d'exception, Bayonne, Institut universitaire Varenne, 2018, p. 11.

12. Relatives, notamment, à diverses technologies de renseignement et de surveillance.

13. Voir *infra*, l'annexe « Les votes relatifs aux états d'urgence », p. 151-152.

en réalité un recoupement complet et indéniable entre une loi de situation d'urgence et une loi ordinaire, alors que l'intitulé et l'illusion d'un processus législatif régulier ont pour effet de camoufler en législation ordinaire des mesures exceptionnelles [14]. »

Arrimé à l'ordre juridique, l'état d'urgence permanent tend à s'entremêler toujours plus étroitement avec le droit commun. C'est ainsi que les lois dites de prorogation des états d'urgence vont souvent au-delà de cet objet strictement temporel et incluent des amendements et modifications du droit commun. En France, la 3e loi de prorogation de l'état d'urgence proclamé en 2015 comprenait un titre entier dont l'objet n'avait aucun rapport avec le régime d'urgence, mais ajoutait nombre de dispositions pérennes au Code pénal, au Code de procédure pénale et au Code de la sécurité intérieure, dans le but de renforcer la législation antiterroriste (suppression des mécanismes de réduction de peine en cas d'infractions à caractère terroriste, légalisation de la vidéosurveillance permanente des personnes en détention provisoire pour des faits de nature terroriste – régime de détention de Salah Abdeslam –, création d'un délit de séjour sur une zone étrangère où opèrent des groupes terroristes, etc.) [15]. Pareillement, la loi du 11 mai 2020 qui prolongeait l'état d'urgence sanitaire jusqu'au 10 juillet de la même année modifiait diverses dispositions du Code de la santé publique, à l'instar de celles gouvernant le régime juridique de l'isolement et de la quarantaine ou de celles permettant la création des fichiers SI-DEP et Contact Covid contenant les données de santé relatives aux personnes infectées et à leurs contacts qui, s'ils ne peuvent exister qu'« aux seules fins de lutter contre la propagation de l'épidémie de Covid-19 et pour la durée strictement nécessaire à cet objet », continueront d'exister au-delà de l'état d'urgence sanitaire. Toutes ces modifications du droit existant débordent le strict cadre de l'état d'urgence à l'occasion duquel elles sont adoptées et ont vocation à lui survivre. Plus qu'un ajout temporaire et extérieur au droit commun, l'état d'urgence est donc profondément imbriqué dans ce dernier, avec lequel il s'entremêle selon des logiques complexes et parfois illisibles.

---

14. Fionnuala Ní Aoláin, « Rapport de la Rapporteuse spéciale sur la promotion et la protection des droits de l'homme et des libertés fondamentales dans la lutte antiterroriste, concernant les difficultés que présentent pour les droits de l'homme les états d'urgence dans le contexte de la lutte contre le terrorisme », document A/HRC/37/52, 1er mars 2018, point 30.
15. Loi nº 2016-987 du 21 juillet 2016.

Applications

Cette dimension éminemment juridique de la pratique contemporaine des états d'urgence (un régime dûment juridiquement défini et prolongé) se double par ailleurs d'un surcroît de production normative : loin de mener à une situation de suspension ou de disparition de l'ordre juridique, l'état d'urgence permanent prend au contraire appui sur « toujours plus » de droit [16]. À telle enseigne que, tout comme on parle de droit bancaire, de droit de la famille ou de droit de la copropriété, on peut désormais parler d'un droit de l'état d'urgence : touffu, nourri, complexe, il a ses experts, ses avocats spécialisés, ses commentateurs et ses critiques.

En France, les trois premiers états d'urgence déclarés en lien avec la guerre d'Algérie (1955, 1958, 1961) demeurent peu connus dans leurs déclinaisons concrètes. L'historienne Sylvie Thénault évoque plus de mille mesures (couvre-feux, saisies de journaux, perquisitions, interdictions de séjour et internements...) prises au cours du premier état d'urgence déclaré entre avril et décembre 1955 [17] ; et elle estime que, durant le troisième (1961-1963), il s'est essentiellement agi pour le pouvoir de cibler des partisans de l'Algérie française reconvertis, après l'indépendance, à l'antigaullisme [18]. Mais si ces premiers exemples restent flous, il est assez clair que les états d'urgence suivants ont été d'un usage modéré : en Nouvelle-Calédonie, en 1985, seules quelques interdictions de manifestation et de séjour ont été prononcées ; un rapport sénatorial s'alarmait néanmoins de la « gravité des atteintes portées par le régime de l'état d'urgence à l'exercice des libertés publiques [19] ». En 2005, l'état d'urgence déclenché face aux émeutes urbaines a essentiellement été le cadre juridique de mesures de couvre-feu, la seule autre mesure ordonnée ayant été une unique perquisition [20].

---

16. Voir *infra*, l'annexe « Les applications historiques de l'état d'urgence », p. 134-139.
17. Sylvie Thénault, « L'état d'urgence (1955-2005). De l'Algérie coloniale à la France contemporaine : destin d'une loi », *Le Mouvement social*, nº 218, 2007, p. 63.
18. Sylvie Thénault, « État d'urgence, 1955 : une loi pour l'Algérie, une loi coloniale ? », dans Rafaëlle Maison, Olga Mamoudy (dir.), *Autour de l'état d'urgence français*, *op. cit.*, p. 67.
19. Sénat, Rapport nº 193 par M. Jacques Larché, 24 janvier 1985, p. 10.
20. Paul Cassia, *Contre l'état d'urgence*, Paris, Dalloz, 2016, p. 19.

Les états d'urgence récents diffèrent très largement de ce point de vue. Entre 2015 et 2017, ce ne sont pas moins de dix mille mesures qui ont été prises sur le fondement de la loi du 3 avril 1955 (plus de sept cents mesures d'assignation à résidence, plus de quatre mille ordres de perquisition administrative, des milliers d'arrêtés prescrivant contrôles d'identité et fouilles de bagages dans l'espace public, des centaines de mesures individuelles ou collectives interdisant des manifestations…). Même chose sous l'état d'urgence sanitaire : non seulement il est vite devenu quasiment impossible de recenser l'ensemble des mesures nationales et locales prises sur le fondement direct du nouveau régime (mesures successives de confinement et de couvre-feu avec évolution des motifs dérogatoires de déplacement autorisé, catégories d'établissements faisant l'objet de fermeture administrative, mesures de quarantaine, mesures de limitation kilométrique des déplacements…), mais le nombre des mesures parallèles d'adaptation du droit est encore plus vertigineux. Elles résultent notamment des habilitations massives dont a bénéficié le gouvernement pour exercer le pouvoir législatif : pas moins de cent ordonnances ont été prises, aménageant des pans entiers du droit, de la procédure pénale (suspension de délais, interruption des cours d'assises…) au droit du travail (dérogation aux règles relatives au temps de travail hebdomadaire ou à la consultation des instances représentatives du personnel), en passant par le droit de la copropriété (adaptation des délais et procédures), de la fonction publique (aménagement des concours de recrutement) ou le droit de l'environnement (aménagement des délais de l'enquête publique ou du contrôle technique).

L'état d'urgence permanent est donc un régime *intensément* juridique. Il génère une production presque sans limites de règles nouvelles, parfois jusqu'à la fuite en avant : était-il seulement possible d'adapter le droit à la crise sanitaire, jusques et y compris dans le détail des délais de la validation au moyen d'un vote par correspondance des assemblées générales de copropriété ? L'ambition de prévoir et résoudre toutes les difficultés suscitées, quel que fût le nombre des lois, décrets, ordonnances pris dans ce but, n'était-elle pas illusoire ? Et que penser de la foultitude de décrets, parfois moqués, qui ont pu traduire la finesse de l'immixtion gouvernementale dans les détails les plus triviaux de la vie sociale – à l'instar des décrets faisant la part des commerces essentiels et non essentiels[21], de celui précisant que les remontées mécaniques des stations de sports d'hiver demeureraient closes[22] ou encore de celui autorisant la vente des sapins de Noël[23] ?

Le souci du droit par l'exemple : le décret-Kleenex du 11 mai 2020

On peut illustrer cet intense « souci du droit » par l'exemple et s'intéresser à l'enchaînement des événements juridiques qui ponctua la journée du 11 mai 2020, ce jour où le gouvernement s'est littéralement mis à courir après le droit d'une manière qui illustre parfaitement l'importance qu'il prête à la bonne mise en forme juridique de l'état d'urgence. L'état d'urgence sanitaire proclamé depuis le 23 mars était toujours en vigueur, mais le président de la République avait promis la levée du confinement généralisé de la population le 11 mai. S'engageait alors un travail de définition du régime applicable au déconfinement. Toute une série de lieux (plages) ou établissements (restaurants, bars, cinémas, théâtres…) étaient ainsi maintenus fermés ; le port du masque devenait obligatoire pour toute personne âgée de plus de onze ans dans les transports, les événements rassemblant plus de cinq mille personnes demeuraient interdits. De surcroît, le gouvernement avait annoncé que tout déplacement dans un rayon supérieur à 100 kilomètres autour du domicile serait interdit. Or, par une lecture précautionneuse de la loi du 23 mars 2020, le gouvernement considérait qu'une telle mesure de restriction à la liberté d'aller et venir ne pouvait être édictée sur son fondement. Il avait donc veillé à ce que la loi de prorogation de l'état d'urgence sanitaire couvre cette hypothèse. Las ! Le texte adopté au Parlement le 9 mai 2020 faisait l'objet d'un recours devant le Conseil constitutionnel et ne pouvait dès lors être immédiatement promulgué. Le Conseil constitutionnel avait beau avoir accepté de travailler en urgence absolue pour examiner la loi en moins de quarante-huit heures (week-end inclus), il ne rendrait sa décision que le lundi 11 mai en fin de journée. Le

21. Voir la liste des commerces autorisés à ouvrir telle que fixée par le décret du 19 mars 2021 : https://www.gouvernement.fr/mesures-renforcees-la-liste-des-commerces-autorises-a-ouvrir.
22. Décret du 9 décembre 2020.
23. Décret du 18 novembre 2020.

gouvernement publiait donc au *Journal officiel* du 11 mai un premier décret nº 2020-545 détaillant le régime du déconfinement à l'exclusion de l'interdiction des déplacements au-delà de 100 kilomètres. D'application immédiate, ce décret était également éphémère : son article 28 disposait en effet de manière singulière qu'il ne serait applicable que les 11 et 12 mai 2020 ! Le Conseil constitutionnel ayant finalement rendu sa décision le 11 mai au soir, la loi pouvait être promulguée au *Journal officiel* du 12 mai, dans un numéro où figurait également un second décret nº 2020-548, identique à celui de la veille mais incluant cette fois l'interdiction des déplacements au-delà de la limite des 100 kilomètres… Cet épisode est, à maints égards, caractéristique de la brutalité du gouvernement par l'état d'urgence, ne serait-ce que parce qu'il révèle que le régime du déconfinement (et notamment cette règle des 100 kilomètres) avait été décidé et annoncé par l'exécutif bien avant que la loi permettant une telle mesure soit votée (on trouve d'ailleurs encore trace de la mise à disposition par le ministère de l'Intérieur de l'attestation de déplacement dérogatoire correspondante, dès le 10 mai 2020[24]…). En outre, le fait que le décret nº 2020-545 ait eu une durée de vie limitée aux 11 et 12 mai signifie nécessairement que le gouvernement avait fait le pari (ou obtenu des garanties ?) que le Conseil constitutionnel se serait prononcé avant – et que la loi pourrait être promulguée. Reste que cet épisode illustre bien le souci du droit sous état d'urgence, quand bien même il aurait poussé le gouvernement à inventer le droit jetable (ou, dans les mots de Serge Slama, le droit-Kleenex[25]).

Par-delà l'intense production de règles juridiques, leur éventuelle contestation en justice génère enfin la production d'une jurisprudence qui, à son tour, poursuit ce processus de développement d'un authentique droit de l'état d'urgence. Environ mille des dix mille mesures prises entre 2015 et 2017 sur le fondement de l'état d'urgence ont été contestées en justice, soit environ 10 % de l'ensemble. Ces requêtes ayant donné lieu à autant d'arrêts et jugements en ont fait une expérience inédite : jamais, par le passé, un tel corpus jurisprudentiel de l'état d'urgence n'avait été produit. L'état

24. https://www.interieur.gouv.fr/Actualites/L-actu-du-Ministere/Deconfinement-Declaration-de-deplacement.
25. https://twitter.com/combatsdh/status/1259725309974401030.

d'urgence sanitaire a confirmé cette mobilisation significative du juge puisque, entre mars 2020 et mars 2021, le Conseil d'État a été saisi de plus de huit cents recours dirigés contre les textes mettant en œuvre l'état d'urgence sanitaire – des mesures de couvre-feu et de confinement à celles ordonnant la fermeture des lieux de culte, des salles de sport, des remontées mécaniques, des librairies ou des salles de spectacle… en passant par l'interruption des procédures de demande d'asile, l'instauration de la visioconférence lors des audiences en cour d'assises, l'interdiction des locations saisonnières ou l'exigence d'une attestation de déplacement dérogatoire.

Normalisation

Ce brouillage de la norme et de l'exception se donne encore à voir dans les circonvolutions qui accompagnent la levée des états d'urgence et aboutissent souvent à sa normalisation au moins partielle, plutôt qu'à sa disparition. La normalisation est l'opération par laquelle l'état d'urgence, en tant que régime exceptionnel, prend formellement fin au moment même où les pouvoirs dans lesquels il s'incarne sont intégrés au droit commun. Les cas de la loi SILT de 2017 ou des lois « organisant » ou « gérant » la sortie de la crise sanitaire[26] sont ici des cas d'école.

L'état d'urgence antiterroriste déclaré en novembre 2015 avait déjà été prorogé à cinq reprises lorsque Emmanuel Macron accéda à la présidence de la République en 2017 ; le candidat Macron avait d'ailleurs écrit, dans son livre de campagne, que « [sa] prorogation sans fin […] pose plus de questions qu'elle ne résout de problèmes. Nous ne pouvons vivre en permanence dans un régime d'exception. Il faut donc revenir au droit commun […]. Nous avons tout l'appareil législatif permettant de répondre, dans la durée, à la situation qui est la nôtre[27] ». Pourtant, une sixième prorogation fut encore votée le 11 juillet 2017, pour quatre mois, le temps, indiquait le projet de loi signé par le Premier ministre Édouard Philippe, d'organiser la « sortie maîtrisée » de l'état d'urgence. En fait de sortie, on sait ce qu'il advint : l'état d'urgence prit en effet formellement fin

26. Lois du 9 juillet 2020, 31 juillet 2021 et 5 août 2021 ; voir *infra*, l'annexe « Chronique du jour sans fin de l'état d'urgence (2015 … ?) », p. 127-129.
27. Emmanuel Macron, *Révolution*, Paris, XO éditions, 2016, p. 184.

le 1er novembre par l'effet mécanique de l'expiration du dernier délai législatif de prorogation, mais le 30 octobre 2017 (c'est-à-dire la veille), la loi SILT était promulguée, qui faisait entrer quatre des mesures phares de l'état d'urgence dans le droit commun. Au moment même où l'état d'urgence était enfin levé, ce nouveau texte en normalisait une large part du contenu, aboutissant à ce que le gouvernement dispose désormais en tout temps de pouvoirs dont il ne jouissait auparavant que dans le cas exceptionnel où un régime d'état d'urgence était en vigueur. Peut-on alors parler de retour à la norme ?

Cet épisode a démontré combien il est difficile de sortir d'un état d'urgence ; et la suite n'a fait que confirmer ce constat. Car la prochaine crise n'a pas manqué d'appeler, elle aussi, « son » état d'urgence : en mars 2020, un peu plus de deux années seulement après que l'état d'urgence antiterroriste eut pris fin, la pandémie de Covid-19 qui saisissait et stupéfiait le monde conduisit au vote de la loi du 23 mars 2020 qui créait un tout nouvel état d'urgence sanitaire, aussitôt mis en application pour une première durée de deux mois. À partir de cette date, le scénario du jour sans fin de l'état d'urgence se répétait et se renouvelait tout à la fois. On rejouait bien sûr le jeu maîtrisé des prorogations successives (une première loi du 11 mai 2020 prorogeait l'état d'urgence jusqu'au 10 juillet[28]). Mais on y ajoutait cette fois un tour de passe-passe d'une nouvelle facture, réalisé d'abord par la loi du 9 juillet 2020 « organisant la sortie de l'état d'urgence » : alors même que l'état d'urgence à plein régime créé en mars devait prendre fin le lendemain, cette loi maintenait en vigueur nombre des pouvoirs qu'il avait précisément pour objet d'allouer au gouvernement : interdiction ou réglementation de la circulation des personnes, interdiction des manifestations et rassemblements sur la voie publique, mesures administratives de fermeture de différents types d'établissements recevant du public (commerces, salles de spectacle, écoles…), etc. La « sortie de l'état d'urgence » évoquée par le titre de la loi n'était donc au mieux qu'un horizon dessiné par le texte, mais aucunement une réalité. Au contraire, son objet même était bien de créer (encore !) un nouveau régime juridique applicable, un état d'urgence innommé qui en vint progressivement à être désigné sous le nom, diablement oxymorique, de « régime transitoire de sortie » ! Ce dernier se situe quelque part entre le plein état d'urgence sanitaire

28. Sauf à Mayotte et en Guyane, où il perdure jusqu'au 30 octobre.

qui prenait fin et le retour à l'état antérieur du droit qui n'avait pas eu lieu. La figure de l'interrupteur (on est soit sous état d'urgence, soit hors état d'urgence) cédait ainsi la place à celle du variateur (on est plus ou moins sous état d'urgence) : la loi du 9 juillet créait un brouillage inédit des catégories, officialisant une sorte de « tiers état » entre le droit commun (la norme) et l'état d'urgence (l'exception).

Ce brouillage s'est révélé durable et inefficace. Durable, parce que plus d'un an plus tard, nous sommes toujours sous « régime transitoire de sortie »[29]. Inefficace parce que la pérennité de ce « tiers état » qui demeure un régime d'exception, fût-il innommé, n'a aucunement empêché que l'état d'urgence plein et entier dans sa version « loi du 23 mars 2020 » ait dû être remis en vigueur à plusieurs reprises entretemps. Il est d'ailleurs ironique que ce soit au moment même où le gouvernement s'apprêtait à solliciter la prolongation du régime transitoire résultant de la loi du 9 juillet 2020 que la reprise de l'épidémie conduisait le président de la République à déclarer de nouveau le plein état d'urgence sanitaire à compter du 17 octobre, d'abord pour une durée initiale d'un mois mais finalement prorogé à deux reprises par le législateur, pour finalement durer jusqu'au... 1er juin 2021. Et, de nouveau, cet état d'urgence sanitaire n'a été levé que moyennant un basculement dans un (nouveau) régime transitoire, issu de la loi du 31 mai 2021, vite aggravé, d'une part, par la loi du 5 août 2021 prescrivant la généralisation du « passe sanitaire » et vite dépassé, d'autre part, par la nécessité de remettre en vigueur l'état d'urgence sanitaire plein et entier (version loi du 23 mars 2020) dans de larges portions du territoire (Guyane, Réunion, Martinique, Guadeloupe, Saint-Martin, Saint-Barthélemy, Polynésie française). Bref, en dépit de marginales variations d'intensité, l'état d'urgence sanitaire est bien en vigueur depuis mars 2020. Plus encore, il n'a en réalité jamais été levé depuis sa mise en œuvre initiale, ce qui valide pleinement l'hypothèse de la normalisation tendancielle des états d'urgence, tant on ne sait plus, en matière sanitaire, faire la part entre la norme et l'exception.

Production d'un cadre juridique définissant le régime d'exception, jeu de prorogations multiples de sa durée, adoption de règles et mesures d'application, génération d'une jurisprudence examinant leur légalité, organisation et accompagnement de la sortie de vigueur

---

29. Voir *infra*, l'annexe « Chronique du jour sans fin de l'état d'urgence (2015 ... ?) », p. 127-129.

de l'état d'urgence : au total, l'état d'urgence permanent est bien un mode de gouvernement intrinsèquement et intensément juridique. Une telle analyse implique de distinguer entre l'état d'urgence permanent dont traite le présent essai d'une part, et le modèle de l'état d'exception tel qu'analysé notamment par Giorgio Agamben, d'autre part. Agamben décrit l'état d'exception comme un état d'anomie, « ni intérieur, ni extérieur à l'ordre juridique[30] ». Une telle analyse contraste nettement avec la nôtre, qui détaille au contraire les multiples opérations par lesquelles l'état d'urgence permanent se coule dans les formes du droit ; d'où cette idée d'« hypernomie » de l'état d'urgence permanent, entendue comme un état d'intense production de règles juridiques destinées à permettre de faire face aux circonstances, ce qui s'oppose à l'hypothèse de l'anomie.

Il ne s'agit pas pour autant de rejeter totalement l'analyse de Giorgio Agamben. D'abord, parce qu'il y a bien dans l'état d'urgence permanent l'idée d'une nouvelle normalité, qui fait écho à ses analyses sur cet état d'exception qui aurait aujourd'hui « atteint son plus large déploiement planétaire » et serait devenu « la condition normale »[31]. Ensuite parce que, comme le montre Marie Goupy, le fait que le paradigme de l'état d'exception auquel s'intéresse Agamben ne se rencontre jamais dans la réalité ne suffit pas à invalider sa pertinence, notamment lorsqu'il est saisi comme discours[32]. Cet appel à prêter attention au discours de l'exception est d'ailleurs tout à fait utile. Pour mesurer ce que l'intense production de règles nouvelles au sein et dans le sillage de l'état d'urgence permanent fait au cadre plus large dans lequel elles s'inscrivent, il faut prêter attention non plus seulement aux formes dans lesquelles il se coule, mais aux mots dans lesquels il s'exprime. Or, comme discours juridique, l'état d'urgence permanent favorise des glissements de sens qui aboutissent à quelque chose comme un « piège du droit », une subversion par l'intérieur du cadre de l'État de droit au sein duquel l'état d'urgence permanent revendique son inscription.

30. Giorgio Agamben, *Homo Sacer II.* 1 : *L'État d'exception*, *op. cit.*, p. 196.

31. *Ibid.*, p. 251 et p. 178. Cf. Michael Hardt, Antonio Negri *Multitude. Guerre et démocratie à l'âge de l'empire*, Paris, 10/18, 2006, p. 20 : « L'état d'exception est devenu permanent et généralisé : l'exception est devenue la règle et elle étend son emprise tant sur les relations internationales que sur le territoire national. »

32. « L'état d'exception en tant qu'anomie ou suspension du droit n'existe jamais factuellement » : Marie Goupy, « L'état d'exception, une catégorie d'analyse utile ? Une réflexion sur le succès de la notion d'état d'exception à l'ombre de la pensée de Michel Foucault », *Revue interdisciplinaire d'études juridiques*, vol. 79, nº 2, 2017, p. 97.

Chapitre 3

QUAND L'ÉTAT D'URGENCE JOUE AVEC LES MOTS DU DROIT

L'idée que l'état d'urgence serait compatible avec l'État de droit, voire indispensable à sa préservation, forme le cœur du discours juridique produit pour le légitimer. Qu'il s'agisse des acteurs politiques qui recourent à l'état d'urgence ou des acteurs juridiques chargés de contrôler leur action, tous affirment la nécessité (et donc la possibilité) de sa mise en conformité avec l'État de droit. Mais ce discours repose sur un jeu avec les mots du droit qui participe du brouillage entre droit d'exception et droit commun. Comment, en effet, penser une exception qui ne dit plus son nom et revendique au contraire sa pleine inscription dans le paradigme de l'État de droit ? On peut ici parler d'un « piège du droit » : tout se passe comme si la mise en conformité formelle des pouvoirs d'urgence devenait le seul enjeu, les questions de fond soulevées par l'existence et la banalisation du gouvernement par l'état d'urgence étant quant à elles toujours esquivées. Il importe de déconstruire ce discours de la compatibilité, car en réalité c'est davantage l'État de droit qui s'adapte à l'état d'urgence permanent, plutôt que l'inverse.

Le souci du droit

Les structures élémentaires de l'état d'urgence permanent sont pleinement juridiques : c'est par la loi qu'il est défini, prorogé, mis en application, levé, et l'ensemble des acteurs juridiques et politiques qui président à ces opérations manifestent, de ce point de vue, un authentique souci du droit. Ce dernier se manifeste encore dans les discours de justification qui accompagnent chacun des textes qui encadrent le régime de l'état d'urgence permanent. Ceux-ci font souvent appel à une notion fondamentale de l'État de droit : la sécurité juridique. C'est en effet en son nom que l'état d'urgence permanent génère une production si intense de règles juridiques. Ce fut largement le cas en 2015 lorsque l'état d'urgence de la loi de 1955 fut mis en application : il s'est en effet aussitôt agi, par une loi du 20 novembre 2015, de la « moderniser » afin de l'adapter aux standards contemporains de l'État de droit[1]. En mars 2020, c'est encore une même logique de sécurité juridique qui a présidé à la fabrication du nouveau régime d'état d'urgence sanitaire : la seule autorité du ministre de la Santé faisant usage des pouvoirs spéciaux qui sont les siens en cas de « menace sanitaire grave » est apparue trop fragile ou trop étroite pour fonder des mesures aussi générales, massivement restrictives des libertés, et inédites que le confinement généralisé de la population. C'est d'ailleurs un décret du Premier ministre qui prescrivit *in fine* cette mesure extrême[2]. Mais, lui-même pris sur le fondement de la vieille théorie juridique des circonstances exceptionnelles, il apparut trop fragile à son tour, le discours gouvernemental insistant quelques jours plus tard sur la nécessité de doter les mesures prises pour lutter contre la pandémie de fondements juridiques plus solides. D'où le projet de loi créant l'état d'urgence sanitaire, présenté comme offrant « une base légale consolidée » et un cadre juridique « sécurisé »[3].

Il y a, dans cette logique de la sécurité juridique par la définition de régimes d'exception, une première occasion de souligner la manière dont le droit peut opérer comme un piège. De quelle sécurité juridique est-il en effet vraiment question ? Notion centrale de l'État de droit, la sécurité juridique est d'abord en principe celle des citoyens, qui peuvent légitimement attendre de l'action de l'État qu'elle respecte tant les délais et les procédures que leurs droits fondamentaux, et que l'ordre juridique demeure toujours lisible et prévisible afin qu'ils soient prémunis contre toute solution arbitraire. Mais, lorsque le pouvoir recourt, face à un nombre sans cesse croissant de menaces, au gouvernement par l'état d'urgence, lorsqu'il maintient durablement les régimes d'exception en vigueur, prend

1. Diverses dispositions de cette loi de 1955 adoptée avant même l'entrée en vigueur de la Vᵉ République paraissaient méconnaître grossièrement les standards contemporains, à l'instar de la référence aux commissions consultatives auxquelles était confié l'examen des demandes de retrait des mesures fondées sur l'état d'urgence qui devait précéder toute contestation en justice, ou des dispositions relatives au contrôle de la presse.
2. Décret nº 2020-260 du 16 mars 2020.
3. Voir notamment les rapports parlementaires des 19 et 20 mars 2020 sur le projet de loi d'urgence pour faire face à l'épidémie de Covid-19.

vigoureusement appui sur eux et peine à y mettre fin, la sécurité juridique est invoquée en un tout autre sens : ce n'est plus de la sécurité juridique des citoyens qu'il s'agit, mais de la sécurité juridique de l'édifice de l'état d'urgence. Emblématique de ce point de vue est la formulation employée par le Premier ministre Édouard Philippe lui-même pour justifier l'état d'urgence sanitaire : le confinement mérite mieux qu'un décret[4]. Il s'agit bien ici de renforcer la sécurité juridique des mesures rendues nécessaires par les circonstances exceptionnelles, plutôt que celle des citoyens.

Plus largement, les discours politiques qui, depuis 2015, ont proliféré sur le thème de l'état d'urgence convergent bien souvent autour de l'idée de sa pleine compatibilité avec l'État de droit. Parfois, certains vont même jusqu'à affirmer qu'il serait nécessaire à la protection de celui-ci. La chose n'a, en réalité, rien d'évident. Au lendemain des attentats de janvier 2015 (auxquels il ne fut pas répondu par le recours à un état d'urgence), le Premier ministre déclarait d'ailleurs : « À une situation exceptionnelle doivent répondre des mesures exceptionnelles. Mais je le dis aussi avec la même force : *jamais des mesures d'exception* qui dérogeraient aux principes du droit et des valeurs[5]. » L'analyse des discours politiques et parlementaires tenus sur cette question au cours de la période 2015-2017, qu'a menée la juriste Véronique Champeil-Desplats, montre que ceux-ci oscillent entre l'idée minimale d'une pleine compatibilité de l'état d'urgence avec l'État de droit et l'affirmation, plus maximaliste, de la nécessité du premier pour le second. Pour n'extraire de son étude que des citations de Manuel Valls, on lit ainsi que l'état d'urgence est présenté comme « s'inscri[vant] pleinement dans l'État de droit », mais aussi que « la force de notre droit, c'est notamment l'état d'urgence », ou encore que « l'état d'urgence n'est pas contraire à l'État de droit. C'est une modalité d'application de l'État de droit ». De ce point de vue, l'hypothèse de la constitutionnalisation de l'état d'urgence, envisagée (puis abandonnée) en 2015[6],

4. « Il nous a semblé que les mesures que nous prenons, qui immobilisent l'ensemble du pays, méritaient un cadre plus respectueux de notre vie démocratique qu'un simple arrêté ministériel », déclaration d'Édouard Philippe devant le Sénat, 19 mars 2020.
5. Discours du 13 janvier 2015, AN (nous soulignons).
6. Voir le projet de loi constitutionnelle de protection de la nation, qui visait notamment à donner un cadre constitutionnel au régime de l'état d'urgence. Ce projet a finalement été abandonné, après que son second volet (la déchéance de nationalité pour les personnes condamnées pour terrorisme) eut suscité une intense polémique.

s'inscrivait parfaitement dans ce discours de la domestication de l'exception par l'État de droit : « Inscrire dans la Constitution ce régime dérogatoire et provisoire, c'est conforter notre démocratie[7]. » Cette idée fut poussée à son paroxysme par un membre éminent du Conseil d'État qui décrivit l'état d'urgence comme « un ami sur lequel les libertés peuvent avoir besoin de compter[8] ». Une telle inversion, dans l'ordre du discours, des rapports entre la norme et l'exception mérite la plus grande attention. Car, en réalité, à la faveur de ce tournant discursif qui présente l'état d'urgence permanent comme une des formes de l'État de droit, tout débat sur le fond des pouvoirs et pratiques qu'il légalise est systématiquement esquivé et ce, au moyen d'une série de glissements de sens et jeux de mots qu'il importe de déconstruire.

L'enjeu de la mise en conformité formelle des états d'urgence à l'État de droit est en effet devenu primordial ; l'idée ici développée de « souci du droit », caractéristique de l'état d'urgence jusques et y compris dans ses formes les plus extrêmes (voir l'épisode du décret-Kleenex du 11 mai 2020), illustre bien ce point. Mais cette mise en conformité opère aussi par l'évitement de toute mise en débat de ces mesures dérogatoires : nombre des dispositions emblématiques des états d'urgence échappent en effet le plus souvent à toute réelle discussion de fond. Que ce soit au Parlement ou devant le juge, le plus souvent la question n'est pas de savoir s'il est légitime de consentir telle ou telle restriction administrative aux libertés (liberté d'aller et venir, de culte, de manifestation…). Elle porte plutôt sur la formalisation des garanties procédurales encadrant ces pouvoirs reconnus à l'administration. Ainsi, dès lors qu'elle est limitée dans le temps ou dans l'espace, ou qu'elle peut être contestée devant le juge, ou encore que les critères encadrant l'exercice du pouvoir en cause paraissent suffisamment précis et objectifs, la mesure est le plus souvent réputée respecter les exigences de l'État de droit. C'est une sorte de fuite en avant par le droit. La réponse apportée par le gouvernement français aux questions qui lui avaient été posées, à l'automne 2017, par la Rapporteuse spéciale de l'ONU sur la promotion et la protection

7. Véronique Champeil-Desplats, « Aspects théoriques : ce que l'état d'urgence fait à l'État de droit », dans Stéphanie Hennette Vauchez (dir.), *Ce qui reste(ra) toujours de l'urgence*, Clermont-Ferrand, Institut universitaire-Varenne, 2018, p. 40-41.
8. Bernard Stirn, « Lutte contre le terrorisme, état d'urgence et État de droit », art. cité.

des droits de l'homme et des libertés fondamentales dans la lutte antiterroriste est emblématique : alors qu'elle l'interrogeait sur le projet de loi SILT (dont l'objet était de faire entrer dans le droit commun certaines mesures phares de l'état d'urgence de 1955), le gouvernement français réfuta toute lecture de cette loi comme « normalisant » l'état d'urgence au motif, expliquait-il, que même si elle s'« inspire » de l'état d'urgence, « la loi prévoit de nombreuses garanties supplémentaires ». En particulier, détaillait-il, les mesures prévues par la loi SILT sont « limitées dans leur finalité à la seule prévention du terrorisme » et sont « plus restreintes et encadrées notamment par le contrôle du juge »[9]. La réponse du gouvernement se situait donc sur le seul terrain formel, comme si le fait que la loi conditionne l'usage des pouvoirs qu'elle attribue aux autorités administratives à quelques conditions (la lutte contre le terrorisme) et contrôles (juridictionnels) suffisait à résoudre la question de fond relative au fait de savoir ce qui justifie qu'on puisse doter, en 2017, ces autorités de pouvoirs et compétences fortement restrictifs des libertés individuelles, et dont elles ne disposaient jusque-là qu'à titre exceptionnel, lorsqu'un état d'urgence était formellement déclaré. La chose est encore plus étonnante avec le recul, puisqu'un rapport faisant le bilan de dix-huit mois d'application de la loi SILT a établi que certaines des mesures visées ont été appliquées « en dehors du cadre légal » (et notamment, à d'autres fins que la lutte contre le terrorisme). C'est entre autres le cas des périmètres de protection, mesure par laquelle tout préfet peut interdire ou réglementer l'accès et la circulation à certaines zones géographiquement délimitées : le rapport documente le fait que de telles zones sont parfois définies dans le cadre d'opérations classiques de maintien de l'ordre public, sans aucun lien avec la lutte contre le terrorisme – comme à Notre-Dame-des-Landes[10]. Ici encore, d'importants glissements de sens sont à l'œuvre, l'encadrement juridique étant davantage mis au service de la justification de l'état d'urgence permanent qu'à celui des garanties offertes aux citoyens par l'État de droit : multiplier

9. Mission permanente de la France auprès de l'office des Nations unies, Réponse du gouvernement français à la communication de la Rapporteuse spéciale, 27 novembre 2017, doc. HP/cda/2017-3297096, § 9 et 19.
10. Sénat, Rapport de Marc-Philippe Daubresse au nom de la mission de suivi et de contrôle de la loi SILT, 26 février 2020, p. 25 et 26.

les conditions et les contrôles encadrant la consécration de pouvoirs exorbitants permet au gouvernement, lorsqu'il est interrogé, de justifier ces derniers, fût-ce en recourant à des arguments purement formels ou cosmétiques. Mais le mal est fait, puisque les nouveaux pouvoirs ont été votés, dans un cadre juridique qui assure leur compatibilité formelle avec l'État de droit. Au-delà, qui se soucie de la manière dont ils sont ensuite exercés ?

C'est parfois encore sur d'authentiques jeux de mots, proches du camouflage, que prospère l'état d'urgence permanent pour affirmer son ancrage au cœur de l'État de droit [11]. La technique n'est pas nouvelle. L'avocat Raphaël Kempf a souligné la permanence d'un mode de justification par l'oxymore, établissant un parallèle entre la justification des « lois scélérates », destinées à réprimer les anarchistes à la fin du XIXe siècle et celle de divers textes plus contemporains. Il rappelle ainsi la manière dont le ministre de l'Intérieur Christophe Castaner avait présenté la loi dite « anti-casseurs » de 2019 comme protégeant la liberté fondamentale de manifester (alors même qu'elle imposait un très net durcissement de son régime [12]), ou dont, quelques années plus tôt, le garde des Sceaux Jean-Jacques Urvoas avait expliqué que la loi relative au renseignement de 2015 avait pour finalité « d'adapter » le principe du contradictoire aux exigences de la sécurité nationale (alors même qu'elle avait précisément pour objet de créer une procédure spéciale qui en faisait l'économie) [13]. Mais, en deçà des discours de justification et au cœur même de l'état d'urgence permanent, les catégories mêmes dans lesquelles s'énoncent les pouvoirs d'urgence normalisés par la loi SILT sont emblématiques de ces jeux de mots. Pour faire entrer quatre des mesures phares de la loi de 1955 dans le droit commun, cette loi prenait le soin de rebaptiser chacune des mesures concernées, comme si le fait de ne pas faire pénétrer le vocabulaire de l'état d'urgence dans le droit commun suffisait à maintenir une distinction de fond entre les deux.

11. Günter Frankenberg, *Political Technology and the Erosion of the Rule of Law : Normalizing the State of Exception*, Cheltenham, Edward Elgar, 2014, p. 26 (*semantic camouflaging*).
12. Loi du 10 avril 2019 visant à renforcer et garantir le maintien de l'ordre public lors des manifestations.
13. Raphaël Kempf, *Ennemis d'État. Les lois scélérates, des anarchistes aux terroristes*, Paris, La Fabrique, 2019.

Les jeux de mots de SILT

Depuis la loi SILT, le préfet n'a plus besoin que l'état d'urgence soit déclaré pour pouvoir assigner des personnes à résidence, fermer des lieux de culte, ordonner des perquisitions ou des zones de protection et de sécurité. À ceci près que ces mesures ont été renommées (voir tableau). Derrière les appellations nouvelles, les pouvoirs sont toutefois demeurés les mêmes. Certains ont même, depuis, été étendus : c'est le cas de la fermeture administrative des lieux de culte. Cette mesure, intégrée à la panoplie de l'état d'urgence par la 4e loi de prorogation de juillet 2016, fut reconduite par la loi SILT « aux seules fins de la lutte contre le terrorisme ». Mais la loi confortant les principes républicains du 24 2021 en fait une disposition pleinement pérenne, et désormais détachée de la seule lutte contre le terrorisme...

Appellation dans la loi d'état d'urgence de 1955	Appellation dans la loi SILT
Assignation à résidence	Mesure individuelle de contrôle administratif et de surveillance (MICAS)
Perquisition administrative	Visite et saisie [14]
Fermeture administrative de lieu de culte	*Idem*
Zone de protection et de sécurité	Périmètre de sécurité

C'est enfin parfois par le silence qu'opère le jeu avec les mots du droit. Ainsi, alors que le président de la République avait pris le 14 octobre 2020 en Conseil des ministres un décret remettant en vigueur le plein état d'urgence sanitaire [15], il ne prononça jamais le mot (ni, donc, ne l'annonça) lors de son intervention télévisée du soir même, se bornant à évoquer une mesure de couvre-feu [16]. En d'autres

14. C'est la seule des quatre mesures de l'état d'urgence normalisées par la loi SILT qui ait été un tant soit peu modifiée dans son régime, puisque si l'initiative de la « visite » est toujours celle de l'autorité administrative, elle doit désormais être autorisée par le juge judiciaire.
15. Décret nº 2020-1257 du 14 octobre 2020.
16. https://www.france.tv/france-2/journal-20 h 00/1987881-edition-du-mercredi-14-octobre-2020.html.

termes, la remise en vigueur d'un état d'urgence est devenue si banale ou anodine qu'elle ne mérite même plus que le chef de l'État le signale à la population. On touche là au stade ultime de la banalisation : le gouvernement par l'état d'urgence permanent est devenu si normal qu'il ne vaut plus même la peine de le mentionner. S'il est si vital de traquer et déconstruire tous ces glissements de sens et ces jeux de mots, c'est parce que, au fond, ils contribuent à invisibiliser le processus par lequel c'est en fait l'État de droit qui s'adapte à la logique de l'exception et non l'inverse : plus qu'elle n'est domptée par lui, l'exception vient en réalité se loger au sein même de l'État de droit.

Le retournement de l'État de droit

Malgré tous les discours officiels sur la compatibilité de l'état d'urgence avec l'État de droit, c'est un processus inverse qui est à l'œuvre : l'état d'urgence imprime des modifications profondes sur l'État de droit, par toute une série de requalifications et de redéfinitions qui travestissent les mots du droit.

Requalifications

On peut illustrer ce point en s'appuyant sur la réinterprétation que propose le juriste Bernard Harcourt de la notion d'« illégalismes » développée par Michel Foucault[17]. Dans un ouvrage où il entend montrer que le paradigme de la guerre anti-insurrectionnelle autrefois mis en œuvre par les États-Unis au Vietnam, en Irak ou en Afghanistan caractérise désormais le mode de gouvernement intérieur aux États-Unis, Harcourt souligne le rôle du droit dans ce nouvel âge où le gouvernement déploie les moyens de la guerre contre ses propres citoyens[18]. Pour ce faire, il souligne le rôle crucial joué par une armée de consultants et d'experts juridiques, qui ont élaboré la multitude de mémoires et de notes ayant servi de fondement à la production de règles et de catégories juridiques nouvelles (à l'instar du combattant ennemi). Mises bout à bout, ces règles

---

17. Michel Foucault, *La Société punitive. Cours au Collège de France (1972-1973)*, Paris, EHESS-Gallimard-Seuil, 2013.
18. Bernard Harcourt, *The Counterrevolution : How Government Went at War With Its Own Citizens*, New York, Basic Books, 2018.

constituent le socle du modèle contre-insurrectionnel qui a contaminé l'exercice du pouvoir au sein même de la société américaine. La grande nouveauté de ce mode de gouvernement résiderait d'ailleurs là, dans le rôle décisif du droit, plus encore que dans le fond ou la substance des mesures adoptées ; ainsi, à propos des assassinats extrajudiciaires, Harcourt souligne qu'au-delà de leur généralisation c'est le fait même qu'ils aient été coulés dans les formes du droit qui est exceptionnel. Et l'on pourrait multiplier les exemples : *torture memos*[19] et techniques d'interrogation approfondies, pratique des détentions sans jugement inaugurée à Guantánamo…

Pour désigner la dimension juridique de cette forme d'état d'urgence qu'est le modèle contre-insurrectionnel, Harcourt recourt à la notion de « légalismes », à travers laquelle il inverse la formule utilisée par Foucault pour décrire la manière dont la société bourgeoise du XIXe siècle avait progressivement transformé nombre de pratiques populaires subversives ou déviantes (carnavals, débauche, bals…) en illégalismes. Le droit et la légalité étant des champs de pouvoir où se négocie sans cesse la frontière entre le légal et l'illégal, ce vocabulaire permet de saisir comment des pratiques autrefois jugées illégales sont requalifiées comme des formes légales de pouvoir. Or le droit joue ici un rôle de premier plan : outil de rationalisation et de légitimation par l'aseptisation de la décision politique, il permet de parer des atours de la légalité ce qui était hier encore illégal. On voit bien qu'il s'agit là d'un mécanisme central aux états d'urgence (« les gardiens transforment leurs propres illégalismes en légalismes[20] ») : assignations à résidence, perquisitions administratives, fichage de données autrefois prohibées car sensibles… nombreuses sont les pratiques qui, juste en amont de l'état d'urgence déclaré en 2015, étaient illégales et ne le sont plus aujourd'hui. Certaines de ces requalifications sont très brutales, sans que l'on y prête suffisamment attention : ce qui s'est donné à voir, par exemple à la faveur du recours, par nombre de préfets, à la surveillance de l'espace public par drones en 2020.

---

19. Les *torture memos* sont des documents remis à la CIA, au ministère de la Défense et au chef de l'État entre 2002 et 2005. Ils fournissent le mode d'emploi détaillé de diverses techniques destinées à faire parler les terroristes : privation de sommeil, *waterboarding*, insultes… Ces mémos ont généré une vive controverse relative au recours à la torture par l'antiterrorisme américain ; en 2009, le président Obama a décidé que les agents américains impliqués ne seraient pas poursuivis, *Le Monde*, 16 avril 2009.
20. *Ibid.*, p. 226 (nous traduisons).

Légalismes, illégalismes : la surveillance de l'espace public par drones

C'est d'abord dans le cadre des opérations de contrôle du respect du confinement au printemps 2020 que la question de la légalité du recours à la surveillance de l'espace public au moyen de drones s'est posée : dans de nombreuses villes (Paris, Ajaccio, Metz, Montpellier, Limoges, Rennes[21]...), ces engins ont été utilisés. Diffusant par haut-parleur les consignes de confinement aux personnes récalcitrantes, ils pouvaient aussi orienter les patrouilles au sol en vue de leur verbalisation. Saisi d'un recours formé par La Quadrature du Net, le Conseil d'État a rendu une première ordonnance établissant clairement l'illégalité de la pratique : aucun texte n'autorise de tels drones à filmer l'espace public, d'autant que lesdits films peuvent non seulement permettre à la police d'identifier des personnes et capter des images d'espaces privés[22]. Le juge enjoignait ainsi aux autorités de cesser sans délai le recours à ces engins. À Paris, la préfecture n'en fit toutefois rien ; elle se mit même à recourir aux drones pour surveiller non plus le confinement, mais les manifestations sur la voie publique qui avaient repris à la faveur du déconfinement.

La même association de défense des libertés numériques saisit de nouveau le Conseil d'État. Une nouvelle fois, le préfet de police fut censuré et se vit enjoindre par le juge de cesser cette pratique[23]. Si la loi Sécurité globale est, depuis, venue donner un cadre légal à cette pratique[24], on a bien ici un exemple flagrant de la manière dont les autorités franchissent les frontières de la légalité. Fascinant de ce point de vue est le courrier adressé par le ministre de l'Intérieur à la CNIL (Commission nationale de l'informatique et des libertés) après avoir été informé que l'agence indépendante envisageait à son tour de sanctionner l'usage de drones par le gouvernement en dehors de tout cadre légal. On y lit que « l'utilisation de drones constitue désormais une nécessité opérationnelle indéniable », de sorte qu'« il est indispensable qu'une éventuelle sanction ne soit pas assortie d'une injonction de cesser l'usage

21. https://www.laquadrature.net/2020/04/01/covid-19-lattaque-des-drones.
22. CE, 18 mai 2020, n° 440442, 440445.
23. CE, 22 décembre 2020, n° 446155.
24. Le Conseil contitutionnel a toutefois censuré la loi sur ce point, jugeant qu'elle encadrait insuffisamment le recours aux drones au regard des menaces sur la vie privée : CC, 20 mai 2021, n° 2021-817 DC.

de drones selon les modalités actuelles tant qu'un cadre légal adapté ne sera pas mis en œuvre »[25]. Spectaculaire illustration en actes de ce jeu des légalismes – opérations par lesquelles le droit commun, méconnu par celui qui est chargé de l'appliquer, est sommé de s'adapter à la logique même des justifications de sa méconnaissance.

Ce jeu sur les légalismes illustre bien la spécificité de l'état d'urgence permanent : loin d'être un régime politique gouverné, dans une situation de suspension du droit, par la pure décision du souverain (comme le concevait Carl Schmitt), il introduit le pouvoir de la décision dans le droit, en la contraignant à adopter la forme juridique. Certes, il n'a pas fallu attendre l'émergence de ce paradigme de l'état d'urgence permanent pour avoir la preuve que la forme du droit permet tout, y compris la règle inique. Dans son travail sur le rôle de la magistrature sous Vichy, magnifiquement intitulé *Une exception ordinaire*, l'historien Alain Bancaud avait déjà souligné la contribution déterminante du droit à la normalisation de l'exception. Pour lui, l'une des particularités du régime antisémite de la Collaboration n'était pas « d'être a-juridique », mais au contraire « d'abuser du droit et de la justice »[26]. Loin d'avoir été une parenthèse ou une aberration sur le plan juridique, le régime de Vichy avait au contraire « [fonctionné] au droit et à la justice », « même énormément, jusqu'à la caricature, jusqu'à l'écœurement »[27]. Mais le régime de Vichy était advenu à une époque où la tradition républicaine n'avait pas, tant s'en faut, répudié le droit d'exception. Celui-ci s'exprima même à plein à la Libération, le « rétablissement de la légalité républicaine » ayant largement recouru à des lois, procédures et juridictions d'exception[28]. Ce n'est donc pas, de ce point de vue, une spécificité de l'état d'urgence permanent que de permettre la légalisation d'actes, pratiques et procédures autrefois illégaux, y compris pour les plus graves d'entre eux.

25. Gérald Darmanin, courrier publié dans *Mediapart*, 8 mai 2021.
26. Alain Bancaud, *Une exception ordinaire. La magistrature en France 1930-1950*, Paris, Gallimard, 2002, p. 172.
27. Alain Bancaud, « Vichy et les traditions judiciaires », dans CURAPP (éd.), *Questions sensibles*, Paris, PUF, 1988, p. 171, p. 172-173.
28. Anne Simonin, *Le Déshonneur dans la République. Une histoire de l'indignité 1791-1958*, Paris, Grasset, 2008.

Procéder à de tels légalismes au sein de l'État de droit, voire en son nom, est en revanche plus nouveau. L'état d'urgence permanent revendique sa pleine inscription au cœur de l'État de droit ; mais comment un tel cadre peut-il accueillir en son sein des règles permettant la détention extrajudiciaire (Guantánamo), la privation extrajudiciaire de liberté (que ce soit sous la forme ciblée de l'assignation à résidence ou sous celle, généralisée, du confinement), la généralisation de la surveillance, etc. ? C'est ainsi qu'il faut comprendre l'analyse de Bernard Harcourt sur la spécificité du modèle contre-insurrectionnel, qui réside tout autant dans le fait que les exécutions extrajudiciaires aient pu être juridiquement autorisées que dans le fait même qu'elles puissent avoir lieu. La mise en compatibilité formelle de telles expressions du pouvoir politique avec les cadres et les standards de l'État de droit amène à s'interroger sur un possible renversement de ce dernier, qui s'en trouve largement redéfini.

Cette mécanique des légalismes imprime en effet sa marque sur l'État de droit, dont la substance et les contours sont profondément altérés. Décrivant le cas américain, Harcourt souligne que les juristes de l'administration présidentielle et du Congrès ont autant contribué à rapprocher du droit les stratégies contre-insurrectionnelles qu'à conformer le droit à ce modèle contre-insurrectionnel[29]. Le droit français de l'état d'urgence peut lui aussi être lu à ce prisme. Prenons l'exemple de l'assignation à résidence, mesure phare de l'état d'urgence entre 2015 et 2017. La première loi de prorogation du 20 novembre 2015 lui dessinait un cadre juridique particulièrement rigoureux, l'assignation à résidence (une mesure prise par l'autorité administrative en l'absence de toute procédure ou garantie judiciaires) pouvant être prononcée à l'encontre de « toute personne à l'égard de laquelle il existe des raisons sérieuses de penser que son comportement constitue une menace pour la sécurité

29. Bernard Harcourt, *The Counterrevolution*, *op. cit.*, p. 229. Après avoir expliqué la manière dont l'administration Obama se heurta à l'opposition du Congrès à sa volonté de poursuivre un des conspirateurs des attaques du 11 Septembre devant une juridiction de droit commun plutôt que devant une juridiction militaire, il écrit : « Formellement, l'État de droit a triomphé : un texte adopté selon les règles classiques de la procédure législative, signé par le président des États-Unis, a acquis force de loi et est entré en application. Rien de tout cela ne méconnaît l'État de droit ou ne transgresse les frontières du libéralisme juridique. Au contraire, c'est le changement qui a été rendu légal. Et si ceci paraît circulaire, c'est que cela l'est en effet : il y a ici un effet retour perpétuel. Les pratiques contre-insurrectionnelles ont été rendues légales et, *simultanément, la justice s'est conformée au paradigme contre-insurrectionnel* » (nous soulignons et nous traduisons).

et l'ordre publics », pour une durée pouvant aller jusqu'à douze heures par jour. Saisi d'une question prioritaire de constitutionnalité portant sur cette mesure, le Conseil constitutionnel jugea peu après que la ligne de partage entre mesures *restrictives* de liberté (susceptibles d'être prises par des autorités de police administrative) et mesures *privatives* de liberté (nécessitant, aux termes de la Constitution, l'intervention du juge judiciaire) était justement située à douze heures par jour[30], et validait ce faisant la constitutionnalité de la mesure. Cette interprétation très opportune de catégories juridiques générales (mesures privatives/restrictives de liberté) illustre de manière éclatante le mécanisme des légalismes décrit par Bernard Harcourt : dans le mouvement même où la mesure d'exception est accommodée au droit commun, le droit commun est modifié pour accommoder la règle d'exception.

Redéfinitions

S'il s'affirme comme pleinement juridique, l'état d'urgence permanent n'en conserve pas moins la substance de l'exception. Comment la caractériser ? Un de ses traits principaux réside dans la conception agonistique du gouvernement : la lutte contre un ennemi constitue en effet la logique profonde de l'état d'urgence, mécanisme dont se dotent les ordres politiques et juridiques pour assurer leur autodéfense. L'ennemi peut, classiquement, être extérieur. Mais, un peu à la manière dont, historiquement, l'état de siège a été façonné pour affronter non seulement l'armée étrangère ennemie mais aussi la sédition interne, l'état d'urgence est aujourd'hui largement mobilisé pour se confronter à des ennemis intérieurs : le terroriste qui naît et grandit dans le pays qu'il attaque, le virus qui circule au sein du corps social. L'état d'urgence apparaît ainsi comme un mode de gouvernement qui repose sur la désignation d'un ennemi. Il n'est pas anodin, de ce point de vue, que la montée en puissance des états d'urgence dans la pratique contemporaine du pouvoir ait coïncidé avec un regain d'intérêt pour la théorie du droit pénal de l'ennemi élaborée par Günther Jakobs[31]. Dans des textes destinés à décrire et expliquer certaines inflexions du droit allemand de l'antiterrorisme

30. CC, 22 décembre 2015, Décision n° 2015-527.
31. Günther Jakobs, « Aux limites de l'orientation par le droit : le droit pénal de l'ennemi », *Revue des sciences criminelles*, n° 1, 2009, p. 7-18 ; et Dominique Linhardt, Cédric Moreau

au milieu des années 1980, ce pénaliste allemand a conceptualisé des fragments d'un droit pénal d'exception qui permet des formes radicales de sanction de l'ennemi, qu'il différencie du coupable. Tout d'abord parce que ce dernier n'est déclaré tel que lorsqu'il est avéré qu'il a commis telle ou telle infraction, tandis que l'ennemi peut être mis hors d'état de nuire de manière *préventive* et à raison non pas tant de sa culpabilité que de sa dangerosité. Ensuite parce que les sanctions qu'il encourt sont fondées et justifiées par l'idée qu'il se serait lui-même soustrait aux valeurs communes de la communauté politique : c'est bien alors sa neutralisation qui doit être poursuivie. Si cette doctrine du droit pénal de l'ennemi a fait écho, dans de nombreux pays, aux évolutions imprimées au droit de l'antiterrorisme à la fin du XXe siècle et plus encore après le 11 septembre 2001, elle permet d'éclairer nombre de dispositifs juridiques. Pour ce qui est du droit français, on peut ainsi songer au projet avorté relatif à la déchéance de nationalité des personnes coupables de crimes (ou délits ?) constituant une atteinte grave contre la nation[32] : toute l'idée était bien ici de traduire en droit la manière dont le terrorisme place son auteur au ban de la communauté politique dont il ne peut plus être membre, perdant ainsi la qualité de citoyen. La question sensible du retour en France des nationaux partis en zone de combat irako-syrienne soulève des problèmes comparables : le refus et les réticences de nombreux gouvernements, dont le gouvernement français, d'organiser ces retours peuvent être lus, au moins en partie, au prisme de cette logique selon laquelle l'adhésion au djihad emporterait une (auto-)exclusion de la communauté politique.

Mais toute la question est ici de savoir comment et par qui est définie la ligne de démarcation entre l'ami et l'ennemi, et comment on passe de l'un à l'autre. Entre 2015 et 2017, le fait que nombre des mesures prises sur le fondement de l'état d'urgence aient aussi été dirigées contre des militants politiques réputés appartenir à « la mouvance contestataire radicale » fournit une illustration accablante du caractère flou de ces distinctions. L'état d'urgence, mobilisé dans un cadre spécifique (la lutte contre le terrorisme), peut aisément être

---

de Bellaing, « La doctrine du droit pénal de l'ennemi et l'idée de l'antiterrorisme. Genèse et circulation d'une entreprise de dogmatique juridique », *Droit et Société*, nº 97, 2017, p. 615.

32. Voir le projet (abandonné) de loi constitutionnelle de protection de la nation déposé en décembre 2015, dans le cadre duquel l'Assemblée nationale élargira la déchéance aux crimes et délits, le Sénat ne retenant cette option que pour les crimes.

dirigé vers d'autres objectifs[33], ce qui révèle l'instabilité de la catégorie même de l'ennemi. Cette instabilité a été poussée à l'extrême sous l'état d'urgence sanitaire après que le chef de l'État a qualifié le virus « d'ennemi », désignant ainsi un organisme dont la circulation dans l'espace social passe par chacun d'entre nous, ce qui pouvait aboutir à faire de tout un chacun un « sujet virus[34] » potentiellement contaminant et qu'il fallait dès lors circonscrire et isoler.

33. Stéphanie Hennette Vauchez, Maria Kalogirou, Nicolas Klausser, Cedric Roulhac, Serge Slama, Vincent Souty, « L'état d'urgence au prisme du contentieux : analyse transversale de corpus », dans Stéphanie Hennette Vauchez (dir.), *Ce qui reste(ra) toujours de l'urgence*, *op. cit.*, p. 233.
34. Arié Alimi, *Le Coup d'état d'urgence. Surveillance, répression et libertés*, Paris, Seuil, 2021.

Chapitre 4

LA RELÉGATION DES DROITS ET LIBERTÉS

L'état d'urgence est un régime de restriction des libertés : une telle affirmation est si peu contestable qu'elle compte parmi les éléments mêmes de sa définition. Mais, au-delà de la formule, il faut décortiquer ce régime de restrictions pour en prendre la pleine mesure. L'état d'urgence permanent apporte aux libertés des restrictions de forte intensité, dont certaines sont parfois irréversibles ; il favorise l'inversion des modèles gouvernant le régime normal des droits et libertés ; il produit des effets de contamination, à mesure que sa logique se diffuse dans toutes les ramifications de l'ordre juridique et politique.

Restrictions

Chacun a pris la mesure du caractère massif et inédit des restrictions permises par l'état d'urgence sanitaire. C'est bien sûr le confinement généralisé de la population, décidé dans un grand nombre de pays, qui l'incarne de la manière la plus absolue. Une telle mesure est évidemment inédite ; elle s'apparente à l'assignation à résidence simultanée de millions de personnes [1]. En outre, de durs régimes de couvre-feux locaux ou nationaux (qui, en réalité, sont des mesures de confinement partiel) ont souvent pris le relais ; en France, un couvre-feu a ainsi été en vigueur sans discontinuer d'octobre 2020 à juin 2021 ! Mais si le confinement est sans doute la mesure la plus marquante du point de vue des restrictions aux libertés, elle n'est pas la seule, loin de là. Partout, on a vu apparaître des mesures de réglementation (ou d'interdiction) de la circulation des personnes, de fermeture d'établissements, d'interdiction des

---

1. Paul Cassia, « Le confinement : 67 millions de privations arbitraires de la liberté de circuler », « Le blog de Paul Cassia » sur *Mediapart*, 13 mai 2020 ; un raisonnement rejeté par le Conseil d'État : CE, 22 décembre 2020, n° 439800.

rassemblements et manifestations, d'isolement et de quarantaine, de réquisitions et de contrôle des prix, de fichage des personnes infectées ou à risque. Le premier confinement du printemps 2020 a en outre eu des conséquences en cascade, telle que la suspension de la célébration des mariages ou de l'enregistrement des demandes d'asile. On a aussi vu nombre de déclinaisons (ou surenchères ?) locales restreindre encore davantage le petit interstice d'une heure de liberté quotidienne préservé par la définition nationale du confinement : arrêtés interdisant la position statique, les crachats (à Marcq-en-Barœul), le fait de s'asseoir sur un banc (à Biarritz et Béziers), l'accès à une multiplicité d'espaces spécifiquement visés (bords de rivières, parcs, jardins, forêts, sentiers de randonnée, plages, etc.), le jogging à certaines heures (à Paris)… Bien au-delà de la seule liberté d'aller et venir, ce sont un très grand nombre de droits et libertés qui ont été affectés, annulés ou significativement restreints : liberté de culte, liberté d'entreprendre, liberté de réunion, liberté de manifestation, liberté de travailler, liberté d'accéder à la culture, droit à l'instruction, droit au recours… la liste pourrait être prolongée. Et elle est loin d'être théorique, comme en témoigne le tragique destin juridique des mesures prises en France au sujet des soins mortuaires, d'une facture et d'une rigueur inédites et tardivement annulées par le juge, mais bien après qu'elles ont produit des conséquences irréversibles.

Le tragique destin juridique des mesures funéraires

Dans les premières semaines de la pandémie, diverses mesures ont eu pour objet de proscrire toute visite familiale au chevet des malades du Covid-19, y compris lorsqu'ils étaient mourants. Plus avant, ce sont encore les conditions mêmes de la gestion des décès qui ont été redéfinies : en raison du caractère possiblement infectieux des dépouilles mortelles, un décret du 1er avril 2020 rendait impossible l'accès des familles aux malades et aux corps des défunts, interdisait les opérations de toilette mortuaire, les soins de conservation, la récupération des affaires des malades (ou seulement, à l'hôpital, dans des sacs estampillés « Déchets d'activités de soin à risque infectieux »), l'ensemble de ces mesures ne venant que précéder, le cas échéant, des cérémonies funéraires elles aussi redéfinies et réduites au strict minimum. Comme l'ont attesté un certain nombre de témoignages, les conditions de la mort de nombreuses personnes pendant l'épidémie ont causé des drames psychologiques de grande ampleur ; elles ont aussi constitué, pour l'historien Stéphane Audoin-Rouzeau, « un saut anthropologique sans précédent dans le traitement qui est fait au corps[2] ». Dans ce contexte, l'annulation par le juge, en décembre 2020, des dispositions de ce décret du 1er avril prend un tour à la fois tragique et dramatique. Le Conseil d'État juge alors que « le gouvernement n'a apporté [...] aucun élément de nature à justifier de la nécessité d'imposer de façon générale et absolue, à la date où elles ont été édictées, les restrictions prévues par les dispositions attaquées[3] ». Il conclut que le décret attaqué viole le droit au respect de la vie privée et familiale. Tragique décision qui n'est certainement pas de nature à soulager l'épreuve, voire le traumatisme, que les conditions du décès de leurs proches auront causés à de nombreuses personnes depuis mars 2020. Les restrictions aux libertés ne sont pas toujours réparables.

La chose est donc entendue : les mesures prises face à la pandémie de Covid-19, en France comme dans de nombreux autres pays, ont été d'une rigueur inédite en temps de paix (et peut-être même en temps de guerre)[4]. En France, la CNCDH a décrit les restrictions aux libertés décidées en 2020 comme étant « d'une ampleur jamais égalée, tant par leur généralisation à l'ensemble des droits et libertés que par leur étendue[5] ». Dans tous les pays où un confinement généralisé de la population a été mis en œuvre, il a semblé que le vieux principe libéral (« la liberté est la règle et la restriction de police, l'exception[6] ») s'était inversé : de manière très abrupte et tangible, la liberté a paru devenir l'exception (droit de ne sortir de chez soi que pour des motifs limitatifs, restrictions quant à la durée de la sortie voire à la distance au domicile qu'il était possible d'accomplir...), tandis que la restriction (le confinement) était érigée en principe. Cette inversion s'est matérialisée

2. Interview à *Mediapart*, 11 avril 2020.
3. CE, 22 décembre 2020, nº 439804.
4. *The Economist*, « Democracy Index 2020 : In Sickness and in Health ? », 2021, p. 6.
5. CNCDH, 26 mai 2020, Avis sur la prorogation de l'état d'urgence sanitaire et les libertés.
6. CE, 10 août 1917, *Baldy*, nº 59855.

dans les attestations de déplacement dérogatoire dont il convenait de se munir pour toute « sortie »[7]. En réalité, si l'état d'urgence sanitaire et le confinement généralisé de la population qui l'a d'emblée incarné illustrent si bien la restriction aux libertés que véhicule un état d'urgence, c'est parce qu'ils apparaissent, au premier abord, comme le symbole par excellence de la mesure de restriction massive, globale, applicable à tous.

Mais le caractère universel de l'état d'urgence sanitaire relève largement du leurre : chaque semaine supplémentaire passée sous état d'urgence sanitaire nous a fait prendre conscience du caractère massivement inégalitaire de ses effets. Il l'est en tant que tel : être confiné dans un appartement bourgeois ou dans des conditions de logement précaires et dégradées sont assurément deux expériences sans commune mesure. Plus l'état d'urgence s'ancre dans la durée, plus il pèse lourdement sur certains groupes de la population. C'est le cas des femmes, auxquelles échoit la plus grande part du soin aux enfants (déscolarisés), aux malades ou aux personnes âgées, de même que l'organisation générale de la vie domestique et pour lesquelles l'enfermement au domicile est allé de pair avec une exposition accrue au risque de violences domestiques[8]. Les réponses à la pandémie ont aussi pesé plus lourd sur certains groupes ethniques et sociaux. Les populations pauvres et/ou étrangères, surreprésentées dans les emplois dits de première ligne (emplois de caisse, de livraison, d'enlèvement des ordures...), ont été plus durement affectées par le virus[9]. Les populations enfermées ont été exposées à des risques spécifiques de contamination et d'angoisse, qu'il s'agisse, sur des registres différents, des personnes âgées placées dans des établissements d'hébergement et de prise en charge, d'étrangers en situation de rétention administrative ou de détenus en prison. À l'échelle mondiale, les confinements

---

7. Le dispositif est en réalité resté rare. En Europe, de telles attestations n'ont guère eu cours qu'en Italie, en France, et en Grèce ; en Espagne, il fallait un document justificatif quel qu'il soit. Il est cependant demeuré pérenne bien au-delà des épisodes de confinement général, par exemple en France et aux Pays-Bas où il a été maintenu lors du couvre-feu national : https://dutchreview.com/news/coronavirus-news/the-dutch-curfew-declaration-form-all-you-need-to-know.

8. UN Women, *From Insights to Action : Gender Equality in the Wake of Covid 19*, 2020.

9. Voir par exemple Boston University Center for Antiracist Research, 2020 : https://covidtracking.com/race, ou Government of the United Kingdom, *Coronavirus (COVID-19) Related Deaths by Ethnic Group, England and Wales, 2 March 2020 to 10 April 2020*, 2020.

ont causé des déplacements forcés de population et accru l'exposition à la pauvreté.

Le fait d'avoir impliqué de graves restrictions des libertés *pour tous*, fût-ce de manière différenciée, constitue-t-il une spécificité de l'état d'urgence sanitaire ? Par contraste, les états d'urgence sécuritaires semblent de prime abord ne concerner que les personnes représentant une menace pour l'ordre et la sécurité publics. On rétorque d'ailleurs souvent aux voix critiques qui alertent sur les risques de ces mesures que, n'ayant « rien à se reprocher », elles n'ont aucune raison de s'en émouvoir ou de s'inquiéter de leur pérennisation. Il ne faut pourtant pas s'y tromper, cette distinction est aussi un leurre : même s'ils affectent directement un nombre plus limité de personnes, les états d'urgence sécuritaires produisent des dégâts comparables. En France, c'est bien au-delà des quelque quatre mille perquisitions administratives ordonnées ou des sept cent cinquante mesures d'assignation à résidence édictées (pour ne prendre que deux des mesures les plus emblématiques de la loi de 1955) que l'état d'urgence de 2015-2017 a imprimé sa marque à l'ordre politique et juridique.

Deux exemples illustrent particulièrement bien la gravité des restrictions aux libertés permises par l'état d'urgence et l'importance qu'elles ont pour toute la population, indépendamment du cercle précis de celles et ceux qu'elles affectent directement : la prolongation automatique des détentions provisoires décidée en mars 2020, d'une part, et la dégradation générale du régime juridique de la liberté de manifestation depuis 2015, d'autre part. La première révèle non seulement la mise à l'écart de la règle fondamentale selon laquelle on ne peut priver quiconque de liberté sans intervention d'un juge, mais encore la difficulté qu'il y a eu à obtenir un contrôle juridictionnel effectif de cette mesure exorbitante votée dans la précipitation, en mars 2020, par le législateur. La seconde est au carrefour de problématiques théoriques fondamentales (le rôle de la défiance en démocratie) et de tensions politiques majeures (maintien de l'ordre, violences policières) ; mais la pente prise par le droit français et par ses acteurs politiques ne cesse de susciter la condamnation des instances internationales de protection des droits humains [10].

10. Voir *infra*, l'annexe « États d'urgence et restrictions aux libertés », p. 140-147.

Inversions

Ces restrictions des libertés produisent des effets cumulatifs. L'ancrage permanent de l'état d'urgence aboutit à la fragilisation et à la redéfinition du modèle libéral censé gouverner, dans l'État de droit, le régime des droits et libertés fondamentaux. La sécurité tend dès lors à l'emporter sur la liberté, et la prédiction des troubles à l'ordre public se substitue à leur prévention.

La montée en puissance du paradigme sécuritaire au cœur du droit des libertés a une histoire longue, qui remonte notamment à l'apparition, dès 1986, d'un droit de l'antiterrorisme [11], et qui connaît des pics notables sous l'état d'urgence. L'état d'urgence sécuritaire a été marqué par l'adoption de cinq lois renforçant la lutte contre le terrorisme, auxquelles s'ajoutent trois autres sous l'état d'urgence sanitaire. À la faveur de ce mouvement, l'idée selon laquelle « la sécurité est la première des libertés » se banalise dans les esprits. Cette formule, dont Manuel Valls usa avec abondance au cours de l'état d'urgence de 2015-2017, a partie liée avec la consécration répétée, depuis la loi du 21 janvier 1995 d'orientation et de programmation relative à la sécurité, de la « sécurité » comme « droit fondamental ». Mais, outre le fait qu'elle désigne un droit impossible (comment garantir à tous et en tous moments un « droit » à la sécurité ?), elle repose sur un glissement problématique du droit révolutionnaire à la *sûreté* (tel qu'énoncé dans la Déclaration des droits de l'homme et du citoyen de 1789), qui désignait avant tout la protection de l'individu contre les arrestations et détentions arbitraires et limitait, ce faisant, l'action de l'État, vers une conception chimérique et partielle de la *sécurité*, dépourvue de substance matérielle ou sociale et qui s'apparente davantage à la notion de « sûreté de l'État » développée sous le Consulat et l'Empire napoléonien [12]. Plus encore, ce nouveau modèle sécuritaire qui gouverne une large part de l'activité du législateur repose sur une technique de « transfert de légitimité » de l'antiterrorisme vers d'autres secteurs, ce qui justifie

11. Parmi de nombreuses références, voir Julie Alix, « La lutte contre le terrorisme, entre prévention administrative et répression pénale », dans Marc Touillier (dir.), *Le Code de la sécurité intérieure, artisan d'un nouvel ordre ou semeur de désordre ?*, Paris, Dalloz, 2017, p. 150 ; Julie Alix, Olivier Cahn (dir.), *L'Hypothèse de la guerre contre le terrorisme*, Paris, Dalloz, 2017 ; et Pauline Le Monnier de Gouville, « De la répression à la prévention », *Les Cahiers de la Justice*, 2017/2, p. 220.
12. Vincent Sizaire, *Sortir de l'imposture sécuritaire*, Paris, La Dispute, 2016.

alors, pêle-mêle, des dispositions nouvelles en matière de lutte contre les incivilités, de contrôle des migrations, de lutte contre la délinquance, de vidéosurveillance, de fichiers de police, etc., autant de terrains sur lesquels la politique et les outils juridiques répressifs ont été démultipliés au fil du temps, de la répression de l'occupation des cages d'escalier aux rave-parties, en passant par les mesures d'interdiction de stade visant les supporters de foot... Cette escalade culmine sans aucun doute avec la loi Sécurité globale de 2021 qui repose sur l'idée d'un continuum de sécurité liant la délinquance ordinaire au terrorisme et au crime organisé, fortement critiquée par les organisations et institutions de défense des droits humains et utilement décortiquée par les spécialistes [13].

Avec l'état d'urgence permanent, l'affermissement du paradigme sécuritaire ne se traduit plus seulement par le durcissement de l'arsenal pénal, mais passe aussi par un droit administratif aux tonalités répressives [14]. Sous l'état d'urgence sanitaire par exemple, bien que la plupart des mesures prises aient une origine administrative en raison de leurs auteurs (Premier ministre, ministre de la Santé, préfets, etc.), leur tonalité les rapproche considérablement de mesures pénales : interdiction de sortir de son domicile, fermeture des établissements recevant du public, mesures de quarantaine... Cette tonalité pénale est en outre entretenue par la rigueur du mécanisme de sanction de la violation des règles de l'état d'urgence créé par la loi du 23 mars 2020 : alors que la violation d'un décret n'est habituellement sanctionnée que par une amende de 38 euros, ce dispositif est apparu impropre à faire respecter les règles édictées face à la pandémie [15]. La loi créant l'état d'urgence sanitaire prévoyait donc que l'amende en cas de violation des mesures prises serait portée à 135 euros, que toute récidive dans les quinze jours ferait encourir une nouvelle amende de 200 euros (au titre d'une contravention de 5e classe, inscrite au casier judiciaire) et, surtout, qu'une troisième violation réitérée dans les trente jours caractérisait

---

13. Défenseur des droits, Avis nº 20-06 du 17 novembre 2020 ; CNCDH, Avis nº 2020-16 du 26 novembre 2020 ; voir aussi le film réalisé par Karine Parrot et Stéphane Elmadjian, *Sécurité globale, de quel droit ?*, 2021 : https://kparrot.gitlab.io/securite-globale-de-quel-droit.
14. Maxence Chambon, « Une redéfinition de la police administrative », dans Julie Alix, Olivier Cahn (dir.), *L'Hypothèse de la guerre contre le terrorisme*, *op. cit.*, p. 133.
15. Déjà, l'état d'urgence de 2015-2017 avait opéré selon un mécanisme de sanctions aggravées en cas de violation des mesures prises sur le fondement de la loi de 1955, prévoyant des sanctions allant de six mois d'emprisonnement à 45 000 euros d'amende.

un nouveau délit passible de six mois de prison et de 3 750 euros d'amende. Il s'agit donc d'un dispositif marqué par une sévérité remarquable [16]. Il a en outre été appliqué avec vigueur, comme l'attestent les chiffres fournis par le ministère de la Justice qui recense, début août 2020, « 857 condamnations visant le délit de réitération à plus de trois reprises dans un délai de trente jours des règles liées à la lutte contre le Covid-19 », sachant que « dans 48 % de ces condamnations, une peine d'emprisonnement a été prononcée » pour une « durée moyenne d'emprisonnement ferme [...] de 5 mois » [17]. Il faut ici rappeler que ce rigoureux dispositif de sanction concerne en principe toutes les mesures ordonnées dans le cadre de l'état d'urgence sanitaire – c'est-à-dire non seulement le fait d'organiser un rassemblement festif de personnes ou d'ouvrir un bar, mais aussi le « simple » défaut de port du masque ou le non-respect des gestes barrières [18]. À la lecture statistique de ces chiffres, il faut ajouter l'interrogation plus dynamique sur la variabilité de la mise en application des règles, des données ayant révélé un taux de sur-verbalisation dans certains départements, à l'instar de la Seine-Saint-Denis [19].

Cette tonalité pénale du régime de l'état d'urgence sanitaire avait d'ailleurs été soulignée par la CNCDH, qui dénonçait une « approche policière de la santé publique [20] », au moment même où le ministre de l'Intérieur se félicitait que 2,1 millions de contrôles aient été réalisés et 1,1 million de contraventions établies [21], révélant par là même que le chiffre des infractions commises opérait comme indicateur du succès ou de l'efficacité de l'état d'urgence. L'autodéclaration, par les citoyens, des motifs dérogatoires de déplacement illustre elle aussi cette approche policière de la crise sanitaire. Un tel mécanisme était voué à générer abus et incompréhensions, dénoncés à juste titre lorsque furent verbalisées des personnes dépourvues

16. Validé, toutefois, par le Conseil constitutionnel : CC, 26 juin 2020, nº 2020-846/847/848 QPC.
17. Réponse à la question écrite nº 30545 de Mme Danièle Obono, *J.O.* du 22 septembre 2020, p. 6510.
18. Il est d'ailleurs étonnant, de ce point de vue, que le Conseil d'État ait pu juger l'obligation du port du masque de « contrainte mesurée » au regard de ce dispositif de sanction : CE, 6 septembre 2020, nº 20443750.
19. Emmanuel Fansten, « Confinement : en Seine-Saint-Denis, un taux de verbalisation trois fois plus important qu'ailleurs », *Libération*, 26 avril 2020.
20. CNCDH, communiqué du 25 juin 2020, « Une sortie de l'état d'urgence sanitaire en trompe l'œil ».
21. Tweet de Christophe Castaner du 11 mai 2020, recensant les chiffres des contrôles et verbalisations opérés depuis le début de l'état d'urgence : https://twitter.com/CCastaner/status/1259783004861403136.

d'attestation, présentant une attestation manuscrite, écrite au crayon ou mal remplie (deux cases cochées au lieu d'une) ou encore de personnes dont il a pu être jugé, après vérification du contenu de leur Caddie, que les biens acquis à l'occasion de la sortie du domicile n'étaient pas de première nécessité[22]. Surtout, ce régime de l'attestation a illustré la pente policière des modes de gestion de la crise sanitaire, comme l'a montré le choix d'une approche punitive de ceux qui cherchaient à aller skier à l'étranger alors même que les stations nationales étaient soumises à une fermeture administrative[23]. Cette pente bureaucratique n'a fait que croître à mesure que les motifs dérogatoires de déplacement se multipliaient, atteignant son niveau paroxystique au lendemain des nouvelles mesures de « freinage » annoncées par le Premier ministre le 18 mars 2021, qui se traduisirent par la production d'une attestation de deux pages comportant quinze motifs de sortie dérogatoire et autant d'astérisques, soit un document d'une complexité telle qu'il fut aussitôt retiré…

Enfin, cette forte tonalité policière de l'état d'urgence s'accompagne d'une propension à assigner à la police administrative une finalité non plus seulement *préventive*, mais aussi *prédictive* des troubles à l'ordre public. C'est ainsi que, à partir de la loi du 20 novembre 2015, l'état d'urgence a permis l'édiction de mesures d'assignation à résidence, de perquisition administrative ou encore d'interdiction de séjour à l'encontre de « toute personne à l'égard de laquelle il existe des raisons sérieuses de penser que son comportement constitue une menace pour la sécurité et l'ordre publics ». Dans la version initiale de la loi du 3 avril 1955, ne pouvaient faire l'objet de telles mesures que les personnes « dont l'activité s'avère dangereuse pour la sécurité et l'ordre publics ». Or il y a, de l'une à l'autre formule, un basculement notoire qui ouvre à l'autorité administrative une marge de manœuvre bien plus ample en matière de restrictions aux libertés et favorise le glissement de la prévention à la prédiction de l'action administrative. Cette grille de lecture s'applique aussi à l'ensemble des mesures prises dans le cadre de l'état d'urgence sanitaire. Certains se sont ainsi émus de voir toute

22. Arié Alimi, *Le Coup d'état d'urgence*, *op. cit.*, p. 146.
23. Le décret n° 2020-1624 du 19 décembre 2020 prévoyait des mesures de contrôle et de quarantaine pour les personnes de retour de plusieurs cantons suisses où la pratique du ski de piste demeurait possible à l'occasion des congés de fin d'année, dès lors qu'elles ne pourraient justifier d'un motif professionnel de déplacement.

une série de critères (taux d'incidence du virus, taux de positivité des tests, taux de reproduction du virus voire taux d'occupation des lits en réanimation, etc.) se transformer d'outils de projection de l'évolution de la pandémie en outils de prédiction, qui ont systématiquement fait pencher la balance du côté de l'ordre public sanitaire plutôt que de celui des libertés.

Contaminations

S'il charrie directement ces paradigmes sécuritaire et prédictif, l'état d'urgence permanent produit aussi des effets plus indirects de « contamination ». Le mot est certes fort, mais pas plus que celui d'« infection » utilisé par la Rapporteuse spéciale de l'ONU sur la promotion et la protection des droits de l'homme et des libertés fondamentales dans la lutte antiterroriste lorsqu'elle alerte sur les risques du gouvernement par l'état d'urgence : « Le recours indéfini à des pouvoirs exceptionnels par le biais d'une législation et d'une pratique administrative antiterroristes "infecte" inéluctablement la totalité du système juridique ordinaire[24]. » Le gouvernement par l'urgence instille ainsi la logique de l'exception à tous les étages de l'ordre juridique, favorisant sa diffusion par capillarité.

L'état d'urgence détourné de ses finalités premières

Très vite, l'état d'urgence est utilisé à des fins bien éloignées des motifs ayant mené à sa proclamation. L'état d'urgence proclamé le 14 novembre 2015 était d'emblée invoqué comme justifiant l'assignation à résidence de vingt-sept militants écologistes qui avaient prévu de se réunir dans des mobilisations collectives en marge du sommet de la COP 21 réunie à Paris. Saisi d'un recours contre ces mesures[25], le Conseil d'État rendit une décision capi-

24. Fionnuala Ní Aoláin, « Rapport de la Rapporteuse spéciale sur la promotion et la protection des droits de l'homme et des libertés fondamentales dans la lutte antiterroriste, concernant les difficultés que présentent pour les droits de l'homme les états d'urgence dans le contexte de la lutte contre le terrorisme », rapport cité, point 59. Voir aussi la conversation entre Stéphanie Hennette Vauchez et Fionnuala Ní Aoláin dans la partie « Rebonds et explorations », p. 157-174.
25. Certaines des mesures ayant été abrogées, ce sont dix des arrêtés qui furent contestés en justice.

tale, par laquelle il jugea que le fait que la loi de 1955 soit utilisée à d'*autres* fins que la lutte contre le terrorisme qui avait justifié sa remise en vigueur n'était pas de nature à entacher les mesures d'illégalité. Cette décision habilitait les autorités administratives à recourir aux pouvoirs spéciaux de l'état d'urgence à tout bout de champ. Celui-ci opérait dès lors une mue fondamentale : d'outil taillé au caractère exceptionnel de la menace terroriste, il devenait un instrument de gestion du tout-venant du maintien de l'ordre. Et ce, sans que la chose paraisse offusquer quiconque ou devoir mener à la réserve ou à l'embarras. Un rapport de la commission des lois de l'Assemblée nationale notait ainsi sans ambages quelques mois plus tard que « l'état d'urgence [avait] permis de prendre des mesures tendant moins à lutter directement contre la menace terroriste qu'à atteindre un objectif général de maintien de l'ordre[26] ». Ce fut le cas de la gestion du mouvement Nuit debout. Au cours des mois de juin et juillet 2016, des dizaines d'arrêtés préfectoraux interdirent, au visa de la loi du 3 avril 1955, l'ensemble des activités liées au mouvement : interdictions de manifester, de se réunir, mais aussi interdictions de diffuser de la musique, de stationner les camionnettes utilisées par les associations militantes, de consommer de l'alcool, etc. *Idem* pour une multiplicité d'opérations réalisées autour du camp de la lande de Calais sur la même période : de l'institution de zones de protection et de sécurité (dont certaines interdisaient aux avocats d'y pénétrer) à diverses mesures d'expulsion d'office en vue du démantèlement de la « jungle », la préfète du Pas-de-Calais a massivement recouru au cadre juridique offert par l'état d'urgence, qui lui offrait alors un registre d'action et d'argumentation supplémentaire. Et cela même s'il n'était ni nécessaire (elle disposait en toute hypothèse d'autres pouvoirs de police) ni justifié (aucun lien entre le terrorisme contre lequel était dirigé l'état d'urgence et la question migratoire calaisienne).

L'état d'urgence opère à la manière d'une habilitation consentie aux autorités administratives, qui tendent dès lors à s'en saisir ; d'où une infinité de mesures ponctuelles prises sur le fondement de ce régime juridique : annulation de conférences (y compris d'une conférence organisée par une section locale de la Ligue des droits

26. Rapport de Dominique Raimbourg et Jean-Frédéric Poisson sur le contrôle parlementaire de l'état d'urgence, AN, nº 3784, mai 2016, p. 126.

de l'homme portant précisément sur l'état d'urgence), interdiction de déplacement de supporters de football, interdiction du survol par drones de l'hôtel de thalassothérapie occupé par l'équipe espagnole de football à l'occasion de l'Euro 2016… L'état d'urgence est mobilisé sur une multiplicité de terrains dépourvus de liens avec la lutte contre le terrorisme et ce, dans la longue durée. Dernière illustration en date de ce recours tous azimuts à l'état d'urgence : les perquisitions administratives (qui autrefois n'étaient possibles qu'en application de la loi de 1955 et sont désormais entrées dans la législation ordinaire grâce à la loi SILT) ordonnées par le ministre de l'Intérieur en octobre 2020 au lendemain de l'abject assassinat de l'enseignant Samuel Paty. Revendiquant l'objectif de « faire passer un message » aux terroristes en les « déstabilisant » et les « harcelant », Gérald Darmanin se targua d'avoir ordonné une nouvelle vague de perquisitions administratives « *sans lien avec l'enquête en cours* »[27].

L'état d'urgence sanitaire est plus difficile à analyser au prisme de ce paradigme de la contamination, pour la bonne et simple raison que la circulation du virus étant par hypothèse permise et facilitée par la circulation des personnes, toute mesure de limitation voire de suppression de cette dernière est susceptible d'être rattachée à une finalité sanitaire : toute mesure de fermeture (des écoles, des universités, des juridictions, des commerces, des musées…) peut en effet être présentée comme poursuivant un objectif sanitaire puisqu'il s'agit d'éviter le contact entre les personnes. Difficile, dans ces conditions, de faire la part des mesures authentiquement tournées vers l'objectif de maîtrise de la circulation virale et de celles qui signaleraient la « contamination » de l'ensemble de l'ordre juridique par le paradigme de l'état d'urgence. D'où le soupçon permanent d'instrumentalisation de l'état d'urgence *sanitaire* à des fins tout autres : comment justifier que soit suspendu l'enseignement « présentiel » dans les universités et non dans les classes préparatoires ? Que les stations de ski soient fermées, mais pas les transports en commun dans les grands centres urbains ? Les librairies mais pas les fleuristes ? Les théâtres mais pas les Sephora et autres Foot Locker ? Pourquoi permettre la tenue de certaines manifestations

27. https://www.lemonde.fr/societe/article/2020/10/20/attentat-de-conflans-entre-effets-d-annonce-et-recyclages-gerald-darmanin-fait-feu-de-tout-bois_6056645_3224.html.

et pas d'autres[28] ? Nombre des déclinaisons concrètes de l'état d'urgence sanitaire peinent à être lues comme poursuivant un objectif sanitaire et ce, en contradiction manifeste avec les principes énoncés par la loi du 23 mars 2020 qui décrète que « les mesures prescrites [dans le cadre de l'état d'urgence sanitaire] sont strictement proportionnées aux risques sanitaires encourus et appropriées aux circonstances de temps et de lieu. Il y est mis fin sans délai lorsqu'elles ne sont plus nécessaires ». Que cela suscite la défiance de la population n'est guère étonnant.

Une fuite en avant

En toute hypothèse, plus encore que l'état d'urgence antiterroriste, l'état d'urgence sanitaire charrie avec lui tout un train de mesures qui se déploient de tous côtés. Il suffit de considérer les (très nombreuses) mesures d'adaptation à la crise sanitaire pour voir que ce régime est largement sorti de son lit, à commencer par la centaine d'ordonnances prises par le gouvernement dans une grande variété de domaines, qui illustrent non seulement un débordement mais encore une sorte de fuite en avant de l'état d'urgence sanitaire. Au travers de ces nombreuses ordonnances prises depuis mars 2020, des pans entiers du droit ont été altérés, et parfois modifiés voire redéfinis, en conséquence de la volonté gouvernementale. Faisons un sort particulier à la question de la prolongation automatique et sans contrôle judiciaire des détentions provisoires au printemps 2020, en raison de la gravité extrême de l'atteinte à la liberté individuelle qui s'ensuit[29].

L'exemple du droit du travail est lui aussi très parlant, tant il a été bouleversé par la pandémie[30]. Il a non seulement été permis de déroger à la limitation de la durée hebdomadaire du travail, ou aux règles gouvernant l'octroi de congés payés, la suspension du

---

28. Barbara Stiegler, *De la démocratie en pandémie*, Gallimard, coll. « Tracts », nº 23, 2021, p. 22 : « Le pouvoir opérait lui-même le tri entre les bonnes activités (aller au travail, prendre les transports en commun, faire ses achats, voter le 15 mars pour les municipales, manifester le 18 octobre contre l'horreur islamiste) et les mauvaises, suspectes de "contamination" (aller à l'université, manifester dans la rue pour des causes non validées par le pouvoir, se rassembler en famille ou entre amis, se marier, enterrer ses morts…). »

29. Voir *infra*, l'annexe « États d'urgence et restrictions aux libertés », p. 140-147.

30. Tatiana Sachs, « Le droit du travail à l'épreuve du Covid-19 : adaptations et mutations profondes ? », *Droit ouvrier*, nº 871, 2021 ; et « Regards comparés sur le droit social à l'épreuve du Covid-19 », *Revue de droit du travail*, 2020, p. 273.

contrat de travail, les droits du demandeur d'emploi…, mais encore nombre de ces mesures ont pu être imposées de manière unilatérale par les employeurs, sans que soient respectées les obligations habituelles en termes de négociation collective. Les ordonnances elles-mêmes, qui décidaient toutes de ces dérogations, ont été prises sans que les syndicats soient vraiment impliqués. La situation française s'est d'ailleurs largement démarquée, sur ce point, de ce qui s'est passé en Allemagne, Espagne ou Italie où les syndicats ont joué un rôle de premier plan. Les appels de l'Organisation internationale du travail, qui appelait au renforcement des droits sociaux (notamment, droit à la négociation collective et droit de grève) en période de crise pandémique, n'ont pas été entendus[31]. Au-delà de la forme et du contenu des ordonnances, c'est encore la pratique du droit social qui a connu des changements notables. L'inspection du travail a été invitée à agir comme une autorité de conseil plus que de sanction, pour prendre part à la politique générale d'incitation au télétravail. Le ministère du Travail lui-même a adopté cette ligne de conduite : un grand nombre de textes publiés dans la foire aux questions du site Internet du ministère n'avaient qu'un rapport lointain avec le droit du travail existant.

Sur ces points comme sur d'autres, les mois qui viennent invitent à être très vigilants sur les modalités du « retour à la normale » : si toutes ces nouvelles dispositions et pratiques ont été conçues pour s'adapter à la situation de crise sanitaire, sans véritable délibération, il serait logique qu'elles disparaissent. Mais la dynamique contaminatrice des états d'urgence n'apporte ici aucune garantie.

Enfin, la contamination se marque aussi par la manière dont les citoyens et les acteurs publics « baissent la garde » en matière de droits et de libertés, ce qui peut créer un terreau favorable à un programme législatif rétrograde sur de nombreux fronts. Sur le seul terrain des libertés publiques, le bilan est ainsi très négatif. Nombre d'évolutions juridiques semblent avoir convergé dans le sens d'un durcissement des règles applicables. C'est le cas en matière de lutte contre le terrorisme, où pas moins de huit lois ont été adoptées depuis 2015. Le terrain de la sécurité publique générale a, lui, connu

31. https://www.ilo.org/wcmsp5/groups/public/---ed_norm/---normes/documents/publication/wcms_739938.pdf.

les inflexions notables apportées par la loi « anti-casseurs » de 2019 et, peu après, par la loi Sécurité globale de 2021 (adoptée en dépit d'une intense polémique et de la mise en garde répétée de nombreuses instances internationales)[32]. Il s'en est fallu de peu que d'autres textes sans lien avec la question de la sécurité y soient ajoutés. On peut songer au fameux délit d'intrusion dans les campus universitaires, adopté dans le cadre de la loi pour la programmation de la recherche avant d'être censuré par le Conseil constitutionnel[33]. Dans un contexte de forte saillance du problème des violences policières, les espaces et modalités de la contestation politique semblent remis en cause. Le régime de la liberté d'expression a été durci[34]. Le maintien de l'ordre aussi, autant sur le terrain que dans les règles qui l'encadrent. La participation à une manifestation interdite, même pacifique, est désormais sanctionnée[35]. Les règles applicables aux fichiers de police ont été élargies et peuvent désormais contenir les opinions politiques[36]. Les règles relatives à la dissolution administrative des associations ont été durcies. Celles-ci sont désormais soumises à la signature d'un contrat d'engagement républicain si elles veulent bénéficier de subventions. Bref : à chaque occasion, le pouvoir a provoqué un recul sur le front des libertés ; c'est aussi cela l'héritage de l'état d'urgence permanent.

32. Voir *infra*, l'annexe « Le faisceau des alertes internationales », p. 148-150.
33. Les dispositions censurées créaient un délit réprimant le fait de pénétrer ou de se maintenir dans l'enceinte d'un établissement d'enseignement supérieur sans y être habilité ou autorisé « dans le but de troubler la tranquillité ou le bon ordre de l'établissement » ; leur inconstitutionnalité résulte d'une procédure législative irrégulière : CC, 21 décembre 2020, n° 2010-810DC.
34. Après la censure de la loi Avia (CC, 18 juin 2020, n° 2020-801DC), voir les nombreuses dispositions comparables de la loi n° 2021-1109 du 24 août 2021 confortant le respect des principes de la République.
35. Décret du 20 mars 2019.
36. Décrets du 3 décembre 2020.

Chapitre 5

L'ESQUIVE DE LA DÉMOCRATIE

Au-delà de son coût élevé en matière de droits et de libertés, l'état d'urgence permanent compromet le fonctionnement de la démocratie, en ce sens qu'il offre au pouvoir exécutif la possibilité d'affaiblir et d'esquiver un très grand nombre des mécanismes de contrôle censés limiter son action. La surdité opposée aux nombreuses voix qui s'élèvent pour mettre en garde contre ces dérives est à cet égard stupéfiante.

L'état d'urgence permanent suscite en effet la critique et la protestation. En France comme ailleurs, nombre d'organisations de la société civile multiplient, depuis 2015, les mises en garde, communiqués, actions de sensibilisation et de mobilisation, notes d'alerte. Le travail considérable fourni par les syndicats, les avocats, les associations et les ONG de défense des droits humains, autour des thématiques dont il est ici question, doit être salué. Des intellectuels se sont aussi engagés dans le débat public pour alerter sur les menaces que fait planer le spectre de l'état d'urgence permanent sur la démocratie comme sur les libertés. Les institutions dont la République s'est elle-même dotée pour la conseiller et l'alerter sur la défense des droits humains sont à l'unisson. La CNCDH, née en 1947 sous l'impulsion de René Cassin et chargée d'un « rôle de conseil et de proposition dans le domaine des droits de l'homme », n'a eu de cesse, depuis 2015, de souligner les dangers de la formule de l'état d'urgence. Le message de ses présidentes et présidents successifs est clair : « en temps de paix, la République n'a jamais connu une telle restriction des libertés » (Jean-Marie Burguburu) ; « au nom de la sécurité, toutes nos libertés sont menacées » (Jean-Marie Delarue) ; l'état d'urgence représente « une régression de l'État de droit » (Christine Lazerges)[1]. Quant au Défenseur des droits, autorité constitutionnelle

1. Jean-Marie Burguburu, *Le Monde*, 23 octobre 2020 ; Jean-Marie Delarue, *Le Monde*, 29 avril 2019 ; Christine Lazerges, *Revue politique et parlementaire*, 2 janvier 2017.

chargée de veiller « au respect des droits et libertés par les administrations de l'État, les collectivités territoriales, les établissements publics, ainsi que par tout organisme investi d'une mission de service public[2] », il exprime régulièrement ses craintes au regard de la montée en puissance inexorable des préoccupations en lien avec la sécurité au détriment d'autres sujets, et déplore une « régression continue des droits et libertés fondamentaux » ainsi qu'un phénomène de « contamination » de l'ensemble de l'ordre juridique par l'état d'urgence[3]. Sans parler des instances internationales qui, de manière forte, répétée et inédite, ont exprimé leur inquiétude face aux dérives en cours au « pays des droits de l'homme »[4].

Mais toutes ces voix semblent prêcher dans le désert. Il est certes périlleux de chercher à évaluer l'attention (ou l'ignorance) prêtée par le gouvernement aux multiples sonnettes d'alarme, tribunes, interviews et autres alertes émanant du cœur de la société civile. Mais on peut en revanche documenter de manière beaucoup plus précise la façon dont des instances telles que la CNCDH ou le Défenseur des droits ont été écartées. Le désintérêt manifeste du gouvernement à l'endroit de la première au cours de l'état d'urgence antiterroriste a d'ailleurs mené sa présidente à développer la pratique, inusitée jusque-là, de l'autosaisine. Sous l'état d'urgence sanitaire, les deux institutions ont exprimé publiquement leur mécontentement face à la manière dont le pouvoir exécutif les cantonnait à un rôle insignifiant, Jean-Marie Burguburu comme Claire Hédon intervenant par voie de presse pour déplorer le fait de n'être pas même saisis par le gouvernement[5].

Par définition, l'état d'urgence renforce le pouvoir exécutif. Mais cette évolution est encore plus radicale dans un régime comme la Ve République, déjà marqué par sa très forte pente présidentialiste. Plus encore que de coutume, le Parlement est affaibli, dans ses pouvoirs de délibération aussi bien que de contrôle. Et le contrôle juridictionnel de l'action gouvernementale, sujet d'apparence technique, peu souvent mis en lumière et pourtant si crucial pour la défense des droits et libertés, est lui aussi circonscrit.

---

2. Art. 71-1 de la Constitution.
3. Voir par exemple, Défenseur des droits, « Rapport annuel », 2019.
4. Voir *infra*, l'annexe « Le faisceau des alertes internationales », p. 148-150.
5. Claire Hédon, *Le Monde*, 24 octobre 2020 ; Jean-Marie Burguburu, *Le Monde*, 23 octobre 2020.

Vers l'hyper-présidentialisation du régime

Le renforcement du pouvoir exécutif sous l'état d'urgence permanent n'est guère étonnant. Tout se concentre, plus encore qu'auparavant, autour de la figure présidentielle. L'état d'urgence sanitaire en vigueur depuis mars 2020 est un cas d'école, qui a accentué la présidentialisation et la personnalisation du pouvoir. Emblématique de ce point de vue est la scansion des prises de parole du pouvoir exécutif : si la conférence de presse quasi hebdomadaire du Premier ministre s'est progressivement ajoutée aux interventions télévisées solennelles et régulières (pas moins de neuf) du président de la République, c'est bien le chef de l'exécutif qui a décidé et communiqué sur les mesures de gestion de crise. Plus encore, c'est un exécutif singulièrement resserré autour de la figure du président de la République et de ses proches conseillers qui s'est installé durablement au pouvoir. Il n'existe pas de meilleure illustration de ce phénomène que la manière dont le Conseil des ministres, lieu où le gouvernement est censé déterminer et conduire la politique de la nation (comme l'énonce l'article 21 de la Constitution), a été supplanté, comme espace de discussion et de décision, par le Conseil de défense et de sécurité nationale (CDSN). À de multiples reprises en effet, c'est au sein de cette instance que des décisions majeures ont été arrêtées, avant d'être entérinées dans un second temps par le Conseil des ministres, réduit, dans l'exercice même de sa fonction politique et normative, au statut de chambre d'enregistrement. Le CDSN, qui existe sous cette appellation depuis 2009, constitue la forme actuelle d'une institution créée au début du XXe siècle. Il réunit autour du chef de l'État le Premier ministre et les ministres régaliens (Défense, Intérieur, Économie, Affaires étrangères), ainsi que toute personne qui y serait conviée. Conçu comme outil de « planification des réponses aux crises majeures[6] », il s'agit d'un « mode d'organisation comparable à celui d'un état-major, au sens militaire du terme[7] », dont l'idée consiste à raccourcir la chaîne de commandement dans le but de faire gagner efficacité et rapidité à l'action publique. Une formation spécifique, le Conseil de défense sanitaire, a été créée en son sein : cette instance a été placée au

6. Décret du 24 décembre 2009 relatif au Conseil de défense et de sécurité nationale.
7. Nicolas Rousselier, « Le Conseil de Défense : dérive autoritaire ou régime de nécessité ? », *AOC*, 15 janvier 2021.

centre de la gestion de la crise sanitaire depuis mars 2020. Cette centralité nouvelle du CDSN est étroitement liée à l'état d'urgence permanent : s'il n'était autrefois réuni que de manière ponctuelle, le rythme de ses réunions s'accélère à partir de 2015 (d'une dizaine cette année-là à quarante-deux en 2017, ses réunions étant en principe devenues hebdomadaires depuis l'attaque terroriste de Nice en juillet 2016[8]). L'usage intensif qu'en a fait le président Emmanuel Macron depuis 2020 marque une nouvelle accélération. Il est difficile malheureusement d'en dire davantage, en raison de la règle du secret qui entoure les travaux du CDSN : il n'y a ni publicité, ni transparence, ni compte rendu de ses réunions... Cela empêche par définition tout contrôle de ce conseil, qui échappe au fonctionnement régulier des pouvoirs publics.

La mise en pratique de l'état d'urgence sanitaire a considérablement déplacé le centre de gravité des institutions de la République, vers l'exécutif tout d'abord, puis surtout autour de la figure présidentielle. De ce fait, de nombreuses instances et agences pourtant spécialement compétentes en matière sanitaire ont été marginalisées[9]. Santé publique France, le Haut Conseil de la santé publique, la Haute Autorité de santé, l'Agence nationale de sécurité sanitaire ont été supplantés ou dédoublés par la création de nouvelles instances, comme le Conseil scientifique créé le 10 mars 2020, puis le CARE (Comité analyse recherche et expertise) établi le 23 mars. Ce contournement des instances existantes traduit une « extravagante créativité institutionnelle [...] qui s'inscrit dans un espace déjà saturé d'organisations susceptibles de remplir les mêmes fonctions[10] ». Jusqu'à ce que ces nouveaux conseils soient eux-mêmes laissés de côté, à mesure que la prise de décision politique s'affranchit de leurs recommandations.

---

8. CDSN, Rapport annuel pour 2017, 2018 : http://www.sgdsn.gouv.fr/rapport_annuel/rapport-dactivite-2017-sgdsn.
9. L'état d'urgence antiterroriste avait lui aussi signé une comparable centralité du pouvoir exécutif et la mise sur la touche d'instances supposées compétentes ; ainsi, après les attentats de janvier 2015, Bernard Cazeneuve avait court-circuité la cellule interministérielle de crise (CIC) « en créant un organisme restreint opérationnel, appelé le "fumoir" » (Henri Bergeron, Olivier Borraz, Patrick Castel, François Dedieu, *Covid-19, une crise organisationnelle*, Paris, Presses de Sciences Po, 2020, p. 72).
10. *Ibid.*, p. 10 et p. 64 : « il faut s'interroger sur les raisons qui ont poussé le président de la République à constituer en dehors de tout cadre réglementaire existant ces deux instances *ad hoc* dont on ne connaît pas les règles de fonctionnement, qui ne disposent d'aucun moyen dédié et qui paraissent avoir travaillé en dehors d'un solide ancrage institutionnel, du moins durant les premières semaines. Qu'est-ce que cela nous dit de la confiance qu'il place dans les institutions existantes ? »

Le Parlement minoré

Structurellement placé en position ancillaire par rapport au pouvoir exécutif sous la Ve République, le Parlement est lui aussi emporté dans la logique de l'exception. Il peine à y faire obstacle et se trouve encore plus malmené qu'en temps ordinaire.

Accompagner sans entraver

L'observation du travail parlementaire sous état d'urgence permanent révèle sans ambiguïté à quel point le pouvoir législatif accompagne et amplifie le gouvernement par l'exception bien plus qu'il ne souhaite (ou ne peut) la tempérer. En plusieurs occasions, le Parlement a même joué un rôle de surenchère exceptionnaliste. L'époque où de vifs débats sur l'incompatibilité de l'exception et de l'État de droit occupaient régulièrement le Parlement est bien révolue [11]. Ainsi, le quatrième projet de loi de prorogation de l'état d'urgence présenté au lendemain de l'attentat de Nice en juillet 2016 n'avait que deux objets : la prorogation elle-même (pour trois mois) et la redéfinition du régime juridique des perquisitions administratives (rendue nécessaire par une censure du Conseil constitutionnel). En quarante-huit heures, les parlementaires l'ont transformé en un texte long de 21 articles, dont la plupart composent un nouveau titre visant au « renforcement de la lutte antiterroriste ». Les dispositions qui y sont insérées sont particulièrement dures, et avaient, pour nombre d'entre elles, été rejetées pour ce motif par le même Parlement à peine six semaines plus tôt, lors de l'adoption d'une précédente loi antiterroriste [12]...

Un tel schéma se retrouve de manière répétée dans les interventions du Parlement sous état d'urgence. En 2015, c'est à lui que l'on doit nombre d'ajouts et de compléments aux projets du gouvernement : il avait ainsi permis que l'assignation à résidence soit assortie de l'obligation de porter un bracelet électronique, élevé la durée quotidienne de l'assignation à douze heures (quand le gouvernement ne demandait « que » huit heures), etc. De même, sa posture sur la durée des prorogations de l'état d'urgence a toujours été éminemment conciliatrice, à travers le vote de délais de prorogation supérieurs à

11. Vanessa Codaccioni, *Justice d'exception*, *op. cit.*
12. Loi n° 2016-731 du 3 juin 2016 renforçant la lutte contre le crime organisé, le terrorisme et leur financement, et améliorant l'efficacité et les garanties de la procédure pénale.

ceux sollicités par le gouvernement, sur le fondement de justifications bien minces (ainsi d'une prorogation de six mois alors que le gouvernement n'en sollicitait que trois, présentée comme « ayant un sens » [*sic*], savoir : celui de « mener jusqu'aux fêtes de fin d'année »[13]). Il s'est certes montré un peu plus sourcilleux à propos de l'état d'urgence sanitaire, du point de vue tant de la définition des pouvoirs exceptionnels alloués au gouvernement que de la durée de l'état d'urgence ; mais il n'a guère fait de difficultés sur le principe de la création d'un nouveau régime d'état d'urgence sanitaire, acceptant même, dans ce cadre, de n'être sollicité qu'à l'expiration du délai d'un mois après déclaration de l'état d'urgence en Conseil des ministres (alors que tant l'état d'urgence antiterroriste que l'état de siège requièrent son intervention dès douze jours). D'ailleurs, le relevé des votes parlementaires relatifs aux textes installant l'état d'urgence frappe par l'extrême faiblesse de l'opposition politique qui s'y exprime[14]. Au total, les projets législatifs du gouvernement n'ont jamais été significativement entravés. Mais le Parlement ne doit pas être décrit comme un acteur passif de l'état d'urgence permanent ; sa pleine participation est d'autant plus remarquable qu'il a lui-même été malmené sous ce nouveau mode de gouvernement.

Travailler sous injonctions

L'état d'urgence permanent accentue et aggrave la minorisation du Parlement et de l'espace institutionnel qui lui est dévolu. Celui-ci travaille d'abord sous injonctions multiples, à commencer par le fait, répété, que son vote est bien souvent réputé acquis avant même que d'avoir lieu. Rappelons ici les mots du chef du groupe majoritaire à l'Assemblée nationale pour justifier en avril 2021 que le gouvernement n'ait prévu aucun vote sur la mise en place de l'application StopCovid : « Un vote n'apporterait rien de plus[15]. » Pendant les débats, le rappel constant à « l'esprit de responsabilité » impose que les velléités législatives des parlementaires soient minimisées[16]. Plus

13. Marie-Françoise Bechtel, AN, commission des lois, mardi 19 juillet 2016.
14. Voir *infra*, l'annexe « Les votes parlementaires relatifs aux états d'urgence », p. 151-152.
15. Gilles Le Gendre, *Le Monde*, 21 avril 2020 : https://www.lemonde.fr/politique/article/2020/04/21/lr-reclame-un-plus-grand-role-de-l-assemblee-nationale-dans-la-gestion-de-la-crise_6037285_823448.html.
16. En témoigne la « colère » du ministre de la Santé Olivier Véran à l'Assemblée en novembre 2020, lorsque l'état clairsemé des rangs de la majorité dans l'hémicycle permet

encore, il leur est demandé de renoncer aux mécanismes de contrôle qui pourraient mettre en cause la célérité globale du processus législatif, à commencer par la saisine du Conseil constitutionnel. « Pas de juridisme[17] ! » exhortait ainsi Manuel Valls en novembre 2015, quand bien même, de son propre aveu, « certaines mesures [...] présent[ai]ent une fragilité constitutionnelle[18] ». Or son appel fut entendu, puisque aucune des six lois de prorogation de l'état d'urgence antiterroriste ne fut déférée au Conseil constitutionnel[19] ; ce discours a même été intériorisé par une partie des parlementaires, un ancien président de la commission des lois de l'Assemblée nationale déclarant ainsi en 2016 : « Cela ne me gêne pas que nous prenions le risque de l'inconstitutionnalité[20]. »

La minoration de la place du Parlement passe encore par son évitement, comme l'atteste le rétrécissement des modalités de contrôle de l'action gouvernementale sous état d'urgence. En 2015, un mécanisme spécifique de contrôle parlementaire de l'état d'urgence avait été mis en place, qui faisait notamment obligation aux autorités administratives de transmettre au Parlement tous les actes qu'elles prenaient sur son fondement. Il faut croire que ce petit espace d'existence confié au Parlement au cœur de l'état d'urgence (qui a malgré tout joué son rôle, ne serait-ce que par la publicité des données qu'il a permise) a paru trop contraignant. Comment lire autrement la position du Conseil d'État qui, dans le processus même de fabrication du nouveau régime de l'état d'urgence sanitaire, s'est opposé à un tel dispositif parlementaire au motif que toute obligation faite au gouvernement de transmettre des informations relatives à la mise en œuvre de l'état d'urgence constituerait « une injonction du Parlement au gouvernement », soit un mécanisme inconstitutionnel[21] ? Dans ces conditions, il a fallu que des parlementaires

le triomphe d'un vote parlementaire rabotant la durée de prorogation de l'état d'urgence sanitaire. S'en prenant à l'irresponsabilité des députés (auxquels il relate sa visite récente dans un service de réanimation), il enjoint à ceux qui refusent la prolongation de l'état d'urgence de quitter l'hémicycle (« c'est ça la réalité dans nos hôpitaux ! si vous ne voulez pas l'entendre, sortez d'ici ! », AN, 3 novembre 2020). Après rappel des élus de la majorité, il obtient quelques heures plus tard un vote favorable.

17. AN, 19 novembre 2015.
18. Sénat, 20 novembre 2015.
19. Le même schéma s'est répété en mars 2020 ; mais les parlementaires se sont ressaisis par la suite, le Conseil constitutionnel ayant été amené à se prononcer sur plusieurs lois relatives à l'état d'urgence sanitaire.
20. Jean-Luc Warsmann, AN, Rapport n° 3978, 19 juillet 2016, p. 62.
21. CE, avis du 18 mars 2020, n° 399873.

mènent bataille pour obtenir la création d'un dispositif de contrôle, bien qu'atténué et cantonné[22] et surtout, temporaire : si un tel dispositif a pu être maintenu au Sénat, la mission d'information et de contrôle de l'état d'urgence sanitaire créée à l'Assemblée nationale a pris fin en janvier 2021.

Indépendamment de la question de leur efficacité, la disqualification juridique puis politique de ces dispositifs de contrôle parlementaire de l'état d'urgence est frappante. Tout semble se passer comme si la logique politique primait sur l'orgueil institutionnel – même si, à compter du printemps 2021, un certain agacement parlementaire parvint à s'exprimer face aux annonces répétées par le chef de l'État de mesures requérant l'assentiment du Parlement, avant même qu'un vote ou une délibération parlementaires aient pu avoir lieu. La précipitation systématique du calendrier dans lequel le Parlement est sommé d'adopter les diverses lois de prorogation ou de redéfinition de l'état d'urgence sanitaire a fini par agacer même les plus dociles des parlementaires.

La paralysie des contrôles par le juge

L'état d'urgence permanent a pour effet d'aggraver les déséquilibres institutionnels et politiques du régime présidentiel. Il faut cependant aller plus loin pour prendre la pleine mesure de la remise en cause des modes démocratiques de gouvernement, en s'intéressant à la figure du juge, auquel l'État de droit confie, en principe, la tâche de garantir les droits et de veiller à la séparation des pouvoirs. Comme l'écrit Jacques Chevallier,

> Le juge apparaît comme la clef de voûte et la condition de réalisation de l'État de droit : la hiérarchie des normes ne devient effective que si elle est juridictionnellement sanctionnée ; et les droits fondamentaux ne sont réellement assurés que si un juge est là pour en assurer la protection. Le culte du droit aboutit en fait à une sacralisation du juge : investi du rôle de « gardien des valeurs », le juge est chargé de les défendre contre la volonté capricieuse des majorités et

22. Le dispositif de 2020 est atténué (pas d'*obligation* de transmission des mesures prises par l'exécutif) et cantonné (les mesures de l'état d'urgence sanitaire *stricto sensu*, à l'exclusion de toutes celles prises sur le fondement de l'habilitation législative consentie au gouvernement pour adapter des pans entiers du droit aux circonstances exceptionnelles nées de la crise, sont concernées).

> contre la domination d'une raison instrumentale exclusivement soucieuse d'efficacité[23].

Or l'état d'urgence permanent paralyse à bien des égards le contrôle du juge, indice supplémentaire de l'érosion qu'il imprime à l'État de droit, en dépit des affirmations récurrentes de sa pleine compatibilité avec ce dernier.

L'exception et le jugement

De nombreux travaux sur les pouvoirs d'urgence soulignent l'affaiblissement du contrôle juridictionnel qui en découle : d'abord parce que le juge n'est pas plus à l'abri que les autres acteurs sociopolitiques des effets de panique et de sidération qui peuvent aller avec l'état d'urgence, mais surtout parce que ce dernier emporte toujours une forme de *self-restraint* juridictionnel qui rend difficile pour les juges de s'opposer au pouvoir[24]. Les situations de crise produisent une forme de *chilling effect* (effet de refroidissement, sinon de paralysie) qui affecte le juge comme d'autres institutions. Sa déférence est parfois encouragée : en 2009, le représentant du gouvernement britannique avait plaidé devant la Chambre des lords que « tout comme [c'est] au Parlement et à l'exécutif d'évaluer la menace pesant sur la nation, c'est [au gouvernement] – et non aux cours – de juger la réponse nécessaire à la protection de la sécurité publique. Il s'agit là d'affaires qui appellent l'exercice d'un jugement politique, et non judiciaire[25] ». Cette déférence se traduit parfois dans des termes explicites, notamment lorsque les cours se déclarent incompétentes pour contrôler la déclaration de l'état d'urgence ou quand elles refusent de contrôler les mesures qui s'ensuivent[26].

---

23. Jacques Chevallier, *L'État de droit*, *op. cit.*, p. 133.
24. David Dyzenhaus, « L'état d'exception », art. cité, p. 739.
25. Fionnuala Ní Aoláin, « The Cloak and Dagger Game of Derogation », dans Evan Criddle (dir.), *Human Rights in Emergencies*, New York, Cambrdidge University Press, 2016, p. 136 (la Chambre des lords était, jusqu'à la création en 2009 de la Cour suprême du Royaume-Uni, la juridiction suprême).
26. En République tchèque, la Cour constitutionnelle a jugé le 28 avril 2020 que la déclaration d'état d'urgence prise face à la pandémie était une déclaration politique qui ne serait susceptible d'un contrôle juridictionnel que si elle portait atteinte aux principes fondamentaux de l'État de droit. En Turquie, revenant sur sa jurisprudence antérieure, la Cour constitutionnelle a décliné sa compétence à contrôler les nombreux décrets pris sur le fondement de l'état d'urgence proclamé en 2016 : Ece Göztepe, « The Permanency of the State of Emergency in Turkey », *Zeitschrift für Politikwissenschaft*, n° 4, 2018, p. 521.

Il existe bien sûr, en sens inverse, des jugements par lesquels le juge marque un coup d'arrêt à l'exception et invalide certains aspects de l'état d'urgence permanent. L'annulation, en mars 2021, par un tribunal bruxellois, de toutes les mesures de lutte contre la pandémie, indûment prises par le gouvernement belge par arrêtés, est emblématique à cet égard. De telles interventions juridictionnelles traduisant une authentique audace et indépendance vis-à-vis du pouvoir peuvent aussi être recensées dans d'autres pays (en France, au Royaume-Uni, aux États-Unis...). Mais ces décisions sont souvent d'autant plus spectaculaires qu'elles sont rares. Comme l'écrit le constitutionnaliste Dominique Rousseau, les mesures d'urgence « ne peuvent plus être contrôlées au regard de la légalité ordinaire [...] mais au regard de la "légalité" d'exception qui les autorise. Les bases du contrôle changent : alors qu'en temps ordinaire, elles permettent au juge de sanctionner les atteintes graves à tel ou tel droit fondamental, en temps d'état d'urgence, elles lui permettent de les déclarer justifiées par les circonstances exceptionnelles. Maintenu en théorie, le contrôle devient inopérant en pratique[27] ». Les juges eux-mêmes ne disent pas autre chose. En France, tant le Conseil constitutionnel que le Conseil d'État reconnaissent explicitement que leur contrôle s'exerce « compte tenu de la situation ayant conduit à la déclaration de l'état d'urgence[28] » et « au regard des circonstances particulières ayant conduit à la déclaration de l'état d'urgence[29] ». On voit dans ces formulations l'aveu du caractère illusoire de la domestication de l'exception par l'État de droit. Si, dans son rapport annuel pour 2021, le Conseil d'État rejette cette analyse globale (« l'état d'urgence ne dégrade pas l'État de droit »), il reconnaît néanmoins que, sous état d'urgence, son contrôle n'opère pas de la même manière qu'en temps normal. L'état d'urgence engendre « un nouvel étalonnage » de la balance entre protection de l'ordre public et garantie des droits et libertés qui, dès lors, « ne s'exerce pas de la même façon qu'en période normale » car « les objectifs poursuivis par l'état d'urgence [...] pèsent plus lourd »[30].

De ce point de vue, la décision rendue par le Conseil constitutionnel aux tout premiers jours de l'état d'urgence sanitaire est

27. Dominique Rousseau, « L'état d'urgence, un état vide de droit(s) », *Projet*, nº 2, 2006, p. 25.
28. CE, Sect., ord., 11 décembre 2015, nº 394990.
29. CC, 19 février 2016, nº 2016-536 QPC, § 10.
30. Conseil d'État, *Les États d'urgence : la démocratie sous contraintes*, Paris, La Documentation française, septembre 2021, p. 131.

particulièrement frappante, tant elle illustre le poids des circonstances (et, en l'espèce, de l'état d'urgence permanent) sur le jugement. Le Conseil était alors saisi d'une loi organique d'urgence relative aux questions prioritaires de constitutionnalité (QPC), une procédure qui permet à tout un chacun de contester, à l'occasion d'un procès quelconque, la constitutionnalité d'une loi applicable à son litige. Cette procédure est enserrée dans des délais précis que la loi organique avait pour effet de suspendre. Cette volonté du gouvernement de parer à tout risque d'engorgement du Conseil constitutionnel pouvait d'ailleurs être lue comme une manifestation supplémentaire de ce que l'état d'urgence permanent subvertit les exigences de l'État de droit. Toujours est-il que la Constitution prescrit l'écoulement d'un délai minimal de quinze jours entre le dépôt d'un projet de loi organique et la délibération parlementaire à son propos (cette règle contraignante tient au caractère particulier des lois organiques, dont l'objet est d'organiser le fonctionnement des pouvoirs publics). En l'espèce, il était tout à fait incontestable que ce délai n'avait pas été respecté, le Sénat ayant voté le projet en première lecture tout juste vingt-quatre heures après son dépôt. Le Conseil a pourtant jugé qu'il n'y avait pas lieu d'y voir une violation de la Constitution « compte tenu des circonstances particulières de l'espèce[31] ». La référence aux « circonstances particulières » permettait alors au Conseil de juger, en contrariété avec la lettre claire du texte constitutionnel[32], que la loi organique en cause n'avait pas été adoptée en violation des règles procédurales prévues par la Constitution. Tout aussi intéressant est le travail de justification auquel s'est aussitôt attelé le président du Conseil constitutionnel, tout entier fondé sur un de ces jeux de mots caractéristiques de l'état d'urgence permanent, puisqu'il a entrepris d'arguer de ce que les « circonstances *particulières* » auxquelles le Conseil avait fait référence devaient être distinguées des « circonstances *exceptionnelles* » caractéristiques de l'état d'exception[33].

---

31. CC, 26 mars 2020, nº 2020-799DC. Le Conseil précise aussi que la loi organique n'emporte pas suspension de la *procédure* de QPC, mais seulement des *délais* qui l'organisent habituellement.
32. Quelle que soit la souveraineté herméneutique du juge, « un jour ne sont pas quinze jours » : Véronique Champeil-Desplats, « Le Conseil constitutionnel face à lui-même », *La Revue des droits de l'homme*, avril 2020, https://journals.openedition.org/revdh/9029.
33. Laurent Fabius, « Pas d'éclipse des principes fondamentaux du droit », *Le Figaro*, 17 avril 2020.

La neutralisation des décisions du Conseil constitutionnel

Ce constat tranché n'est pas mitigé par l'examen plus large de la quinzaine de décisions rendues par le Conseil constitutionnel sur l'architecture juridique de l'état d'urgence permanent. S'il a parfois censuré les lois prorogeant ou modifiant l'état d'urgence, « l'essentiel n'est pas là[34] » : il a en effet souvent pris soin de rendre ses censures essentiellement platoniques. Sous l'état d'urgence permanent, le contrôle de constitutionnalité prend les allures d'un tigre de papier, car même lorsqu'il constate l'inconstitutionnalité de telle ou telle disposition législative, le Conseil s'empresse de neutraliser les effets de sa propre décision.

Un contrôle de constitutionnalité platonique

Lorsqu'il est saisi d'un recours relatif à la constitutionnalité d'une loi déjà en vigueur, le Conseil conclut soit à sa conformité, soit à sa non-conformité. Dans ce dernier cas, la loi (ou celles de ses dispositions en cause) est abrogée : elle disparaît de l'ordre juridique. Par exception[35], et en raison des conséquences par trop négatives que pourrait avoir une abrupte abrogation, le Conseil peut renvoyer à une date ultérieure les effets de sa déclaration d'inconstitutionnalité (ce qui permet, le cas échéant, au Parlement de préserver l'existence de la loi après en avoir corrigé le motif d'inconstitutionnalité). Or le Conseil constitutionnel a fait un recours fréquent et extensif à cette possibilité face aux lois relatives à l'état d'urgence. Particulièrement emblématique est la décision par laquelle il a jugé inconstitutionnelles les dispositions de l'état d'urgence relatives aux contrôles d'identité, fouilles de bagages et de véhicules ordonnés par le préfet. Dans sa décision rendue le 1er décembre 2017, il reportait l'abrogation des dispositions en cause au... 30 juin 2018[36]. Or l'état d'urgence avait pris

34. Véronique Champeil-Desplats, « L'état d'urgence devant le Conseil constitutionnel ou quand l'État de droit s'accommode de normes inconstitutionnelles », dans Stéphanie Hennette Vauchez (dir.), *Ce qui reste(ra) toujours de l'urgence*, *op. cit.*, p. 151.
35. Cette faculté qui lui est ouverte doit en principe demeurer exceptionnelle (comme il l'a lui-même jugé : CC, 25 mars 2011, nº 2010-108 QPC et nº 2010-110 QPC), car elle prive le requérant du bénéfice de sa démarche (la disposition qu'il a attaquée est jugée inconstitutionnelle, mais elle continue de s'appliquer pendant un certain temps – et donc, notamment, à lui).
36. CC, 1er décembre 2017, nº 2017-677 QPC.

fin le 1er novembre 2017 : on voit mal, dans ces conditions, quelles conséquences négatives pouvaient s'attacher à l'inconstitutionnalité, tardivement découverte, de dispositions législatives d'un régime juridique qui n'était plus en vigueur. La seule explication possible tient dans la volonté du Conseil de préserver, en cas de réactivation soudaine de ce régime (qui venait d'être levé au bout de deux années), la plénitude des pouvoirs conférés par l'état d'urgence à l'autorité administrative – y compris ceux-là mêmes des pouvoirs qu'il jugeait inconstitutionnels.

Où l'on voit que la logique de l'état d'urgence permanent imprègne le cœur de l'ordre juridique : même lorsque le jugement d'inconstitutionnalité n'aurait aucune conséquence – comme c'était le cas en l'espèce –, le Conseil préfère donner au législateur un délai de sept mois pour y remédier[37] que prononcer l'abrogation immédiate de dispositions dont il reconnaît lui-même qu'elles méconnaissent la liberté d'aller et venir et le droit au respect de la vie privée. Entre l'état d'urgence permanent et la préservation des libertés, le premier prévaut indubitablement ici.

La mansuétude du juge administratif

Si l'on tourne le regard vers le juge administratif, il faut d'emblée inscrire l'interrogation sur son positionnement sous état d'urgence permanent dans l'histoire plus longue de la réflexion sur sa capacité à réellement s'imposer face au pouvoir politique et, dès lors, à s'affirmer comme un authentique protecteur des libertés[38]. Sans revenir sur l'histoire de la fonction juridictionnelle du Conseil d'État et sur la spécificité de son positionnement et des doctrines qui l'ont fait naître, on peut soutenir que le nouveau paradigme de l'état d'urgence permanent le met à l'épreuve, comme d'autres circonstances historiques avant lui. À vrai dire, les expériences historiques plus anciennes de l'état d'urgence avaient déjà révélé la très grande difficulté du juge

37. Délicatesse inutile, par ailleurs, puisque le législateur ne l'a pas saisie : les dispositions dont il s'agit ont donc été abrogées à la date du 30 juin 2018 et ne figurent plus dans la loi relative à l'état d'urgence.
38. Danièle Lochak, *Le Rôle politique du juge administratif français* [1972], Paris, LGDJ, 2015.

administratif à s'opposer à l'action administrative[39]. Mais les expériences contemporaines diffèrent à deux égards au moins. D'abord parce que entre-temps le juge administratif a connu une transformation d'importance, en lien avec la montée en puissance de l'État de droit ; ensuite parce que en termes quantitatifs il s'est retrouvé en première ligne du contrôle de l'action publique depuis 2015 : il a en effet eu à connaître de plus de 1 000 recours contre des mesures de l'état d'urgence antiterroriste, et plus de 800 sous l'état d'urgence sanitaire. Il a d'ailleurs affirmé dès 2015 qu'il exercerait sur les mesures d'état d'urgence un contrôle plein et entier (le « triple test » par lequel il s'assure que toute mesure est à la fois nécessaire, adaptée et proportionnée[40]), justifiant ainsi le récit d'une pleine soumission de ce régime d'exception à l'État de droit. Mais le dépouillement et l'analyse systématique d'un corpus exhaustif de plus de 770 décisions rendues par l'ensemble des juridictions administratives entre novembre 2015 et janvier 2017 révèlent que le standard proclamé du « triple test » n'avait en réalité été que rarement explicitement mobilisé[41]. L'expérience de l'état d'urgence sanitaire n'a fait que confirmer ces observations. La presse elle-même s'est fait l'écho de cette impression de grande mansuétude du juge. Un dossier du *Monde* indiquait ainsi en mars 2021 que « depuis le premier confinement, sur les 840 requêtes déposées devant le Conseil d'État, 511 ont été écartées d'office sans débat contradictoire, 329 ont été instruites, huit ont été jugées dans un sens défavorable au gouvernement »[42].

Il faut certes aller « au-delà des chiffres[43] ». Mais comment procéder à une appréciation globale de la protection des libertés individuelles sous état d'urgence par le juge administratif ? Il ne fait guère de doute que ce dernier a affirmé et protégé certaines libertés, à l'instar de la liberté de culte[44]. Il a aussi jugé que le recours

39. Arlette Heymann-Doat, « L'état d'urgence : un régime juridique d'exception pour lutter contre le terrorisme ? », *Archives de politique criminelle*, nº 38, 2016, p. 71.
40. CE, Sect. ord., 11 décembre 2015, nº 394990 ; il valide toutefois, dans la même décision, l'assignation à résidence de militants écologistes interdits de prendre part aux manifestations prévues dans le cadre de la COP 21.
41. Stéphanie Hennette Vauchez, Maria Kalogirou, Nicolas Klausser, Cedric Roulhac, Serge Slama, Vincent Souty, « L'état d'urgence au prisme du contentieux : analyse transversale de corpus », art. cité, p. 233.
42. « La folle année du Conseil d'État », *M, le magazine du Monde*, 12 mars 2021.
43. Selon les mots du vice-président Bruno Lasserre, *Lettre de la justice administrative*, nº 63, printemps 2021 [en ligne].
44. CE, 18 mai 2020, nº 440366 : la fermeture totale des lieux de culte est illégale ; plus tard, il jugera que le maintien d'une jauge trop rigoureuse l'est aussi : CE, 29 novembre 2020, nº 446930. Des mesures de distanciation seront *in fine* prescrites par décret.

aux drones pour surveiller les manifestations sur la voie publique était illégal[45], et enjoint aux autorités de mettre fin au recours à des pictogrammes laissant abusivement croire que l'usage du vélo était interdit pendant le confinement[46]. C'est encore lui qui a ordonné la reprise des sorties pour les résidents des EHPAD[47]. Et s'il a initialement pris des décisions en sens contraire, il a bien fini par ordonner que cesse la suspension de l'enregistrement des demandes d'asile[48]. Mais au cœur de l'état d'urgence, nombre de mesures, y compris les plus dures, ont été jugées légales par le Conseil d'État. Le confinement généralisé de la population ? Validé[49]. L'interdiction des promenades en plein air durant le second confinement ? Validée[50]. Le refus de dépistage des résidents d'EHPAD ? Validé[51]. La fermeture des guichets uniques de demande d'asile ? Validée[52]. Le refus de fermeture des centres de rétention administrative ? Validé (deux fois)[53]. Le refus de prendre en urgence des mesures de réduction des risques d'exposition des personnes détenues au Covid ? Validé[54]. La prolongation automatique des délais de détention provisoire ? Validée[55].

Au-delà même du fond, ce sont les modes de raisonnement du juge qu'il faut interroger. Le contrôle de proportionnalité exercé par le juge administratif est-il suffisamment sophistiqué et robuste pour être utilement mobilisé, notamment en période d'urgence ? La « lisibilité » et la « simplicité » des mesures prises dans le cadre de l'état d'urgence sanitaire devaient-elles être érigées en critères de leur légalité ? Fallait-il considérer que les promesses et engagements du gouvernement (à obtenir des masques, des tests, des appareils respiratoires…) pouvaient toujours le dédouaner ? Sur ces points comme sur d'autres, le raisonnement du juge administratif soulève des interrogations relatives à sa capacité à s'opposer au pouvoir de l'État, notamment en période d'état d'urgence.

Ici encore, la manière même dont le juge administratif est entré dans l'état d'urgence est symptomatique de la difficulté pour lui de

45. CE, 18 mai 2020, nº 440442.
46. CE, 30 avril 2020, nº 440179.
47. CE, 3 mars 2021, nº 449764.
48. CE, 30 avril 2020, nº 440250.
49. CE, 22 décembre 2020, nº 439800 ; et CE, 22 juillet 2020, nº 440149.
50. CE, 13 novembre 2020, nº 445859.
51. CE, 11 mai 2020, nº 440251.
52. CE, 9 avril 2020, nº 439895.
53. CE, 27 mars 2020, nº 439720 et CE, 7 mai 2020, nº 440255.
54. CE, 8 avril 2020, nº 439877.
55. CE, 3 avril 2020, nº 439877.

continuer à opérer de façon habituelle. Quelques jours seulement après que le Premier ministre eut décrété le confinement généralisé de la population, le Conseil d'État était en effet saisi par un syndicat de médecins qui, jugeant la mesure trop laxiste, lui demandait de prononcer un confinement total (*aucune* sortie sauf pour strict motif médical) avec mise en place d'un ravitaillement de la population. La voie juridictionnelle était ici utilisée par le requérant non pour contester l'atteinte aux libertés qui résulterait du confinement mais, au contraire, son insuffisance. Or, de manière surprenante, le Conseil d'État fit droit à certains aspects de la demande. Il jugea en particulier que le motif de santé qui permettait de déroger à l'interdiction de sortir de chez soi était rédigé dans des termes trop vagues. *Idem* pour le motif des déplacements brefs liés à l'activité physique, « trop large », notamment parce qu'il n'excluait pas « le jogging »[56]. Et le régime du confinement fut en effet adapté, et durci, après cette décision[57]. Mais son importance tient aussi à la redéfinition du rôle du juge dont elle témoigne : alors même que celui-ci est saisi dans le cadre d'une procédure (le référé-liberté), qui lui permet normalement de prescrire toute mesure utile à la cessation de l'atteinte à une liberté fondamentale, il fait ici le choix de prescrire des mesures *plus* restrictives de liberté : « Le juge administratif devient donc une sorte d'auxiliaire de la police administrative dont il s'efforce d'améliorer l'efficacité[58]. » Ce nouveau revirement montre encore une fois que l'état d'urgence permanent n'est pas en rien dompté par l'État de droit ; bien au contraire, il s'en affranchit et le transforme.

Cosmétique, platonique, superficiel : les qualificatifs ne manquent pas pour dresser un bilan sévère du contrôle opéré par le juge, administratif comme constitutionnel, sur les mesures prises dans le cadre de l'état d'urgence permanent qui s'est imposé en France. Il ne faut pas s'étonner, dans ces circonstances, que le recours au juge pénal apparaisse comme l'unique levier réellement disponible pour obtenir un examen approfondi de la régularité juridique de l'état d'urgence. Face à un contrôle parlementaire rendu illusoire par la donne politique, et un contrôle juridictionnel qui peine à s'affirmer réellement sous état d'urgence, il n'est pas surprenant que la voie

---

56. CE, 22 mars 2020, nº 439674.
57. Décret du 23 mars 2020.
58. Xavier Dupré de Boulois, « On nous change notre référé-liberté », *Revue des droits et libertés fondamentaux*, 2020, chron. 12 [en ligne].

de la responsabilité pénale soit explorée. Dès le printemps 2020, de nombreuses plaintes ont été déposées devant la Cour de justice de la République ; en septembre 2021, l'ancienne ministre de la Santé Agnès Buzyn a effectivement été mise en examen pour mise en danger de la vie d'autrui. Quoi qu'on pense des travers que représente de manière générale la pénalisation de la responsabilité politique[59], elle n'est pas si surprenante que cela sur un plan politique, dans un contexte où l'action publique semble échapper aux formes habituelles du contrôle. L'avocat Arié Alimi considère ainsi que « l'outil judiciaire est devenu l'un des seuls contre-pouvoirs encore disponibles, avec le droit de vote », déplorant que le contrôle de l'action publique se réduise à un étroit « trou de souris »[60].

59. Olivier Beaud, *Le Sang contaminé. Essai critique sur la criminalisation de la responsabilité*, Paris, PUF, 1999.
60. Arié Alimi, *Le Coup d'état d'urgence*, *op. cit.*, p. 164 et p. 170.

Chapitre 6

CIRCONSCRIRE L'ÉTAT D'URGENCE : UN ENJEU DÉMOCRATIQUE

L'état d'urgence permanent n'est pas une parenthèse dont on pourrait espérer qu'elle se referme et disparaisse sans laisser de traces. Il est si bien installé au cœur des nouvelles formes du gouvernement qu'il serait naïf de croire en la possibilité d'un retour mécanique à la « normale ». En outre, la rhétorique qui l'accompagne est désormais bien ancrée, comme en témoigne le fait que de nombreux acteurs recommandent ou proclament dès à présent l'instauration d'un « état d'urgence climatique », laissant ainsi présager que face à d'autres catastrophes futures (accidents nucléaires, menaces numériques, déplacements massifs de population…), le réflexe serait, à nouveau, celui du recours à des pouvoirs d'urgence. Comment, dans ces conditions, préparer l'avenir ? Est-il seulement possible d'infléchir cette trajectoire ?

L'état d'urgence permanent induit une situation d'insécurité généralisée. D'abord parce qu'il ne peut pas endiguer les menaces pour lesquelles il est convoqué : ni le terrorisme, ni la pandémie, ni, demain, la crise climatique (ou d'autres), ne sont éliminés (ni même combattus) par la forme juridique des pouvoirs d'urgence. Ce ne sont pas eux qui résolvent ou conjurent effectivement la menace. De ce point de vue, nombre de commentateurs et d'observateurs ont constaté la cruauté toute particulière, pour la France, de la prise de conscience générée par la pandémie mondiale : dans un pays qui se targue volontiers d'incarner par excellence la tradition politique de l'État fort, et en dépit de l'état d'urgence vigoureusement appliqué, l'État n'est jamais apparu aussi faible et impuissant qu'en ces circonstances. Incapacité à produire et rendre accessibles les tests de dépistage de la maladie en nombre suffisant pendant plusieurs mois, carence durable de masques, y compris pour les personnels les plus exposés, lenteurs dans le déploiement de la politique vaccinale : à tous les étages et à toutes les étapes, il est apparu que l'État fort tenait plus du mythe que de la réalité. C'est pourquoi la question de la réévaluation de la place consentie aux « activités vitales de l'ensemble de la population : le travail, l'éducation, la recherche, la culture, la vie sociale et politique en général [1] » et à ce « maillon stratégique » qu'est le service public [2] a été centrale dans les réflexions sur « le monde de demain » qui se sont développées après le confinement généralisé de la population au printemps 2020. Au-delà du retour sur les fonctions premières de l'État et la place qu'y occupe une mission d'abord protectrice, une réflexion cruciale sur les publics de la démocratie s'est engagée. À la faveur de la pandémie, les armées habituellement invisibles constituées de celles et ceux qui, dans le monde contemporain, rendent possible la vie telle que nous la connaissons, sont apparues en pleine lumière. La manière dont les communautés politiques contemporaines escamotent les modalités de prise en charge de nos multiples dépendances à diverses formes de soin et de soutien a ainsi été révélée : toutes ces fonctions sociales essentielles, habituellement négligées parce que situées tout au bas des chaînes de la valeur économique (éboueurs, aides-soignant-es, caissier-es, livreurs, technicien-nes divers, infirmier-es...), sont apparues comme étroitement liées aux fonctions essentielles qu'il était impensable de mettre à l'arrêt. En d'autres termes, le *care* est enfin apparu, et bien au-delà des milieux féministes, comme ce qui fait tenir la société [3]. Certes, la prise de conscience fut fugace : ni les arènes de délibération et de décision, ni les programmes et mesures de gestion puis de sortie de crise ou autres plans de relance, n'ont réellement fait de place à celles et ceux qu'on célébrait comme les « premiers de corvée » et travailleurs de la première ligne. La question a néanmoins été posée. Elle a permis d'apercevoir les multiples biais qui entravent la réalisation d'une démocratie qui serait, véritablement, l'affaire de tous.

Ces formes d'insécurité qui résultent d'une faillite de l'État dans sa mission de protection des populations (et, donc, de la découverte des *faiblesses* de l'État) contrastent avec le fait que,

1. Barbara Stiegler, *De la démocratie en pandémie*, *op. cit.*, p. 8.
2. Étienne Balibar, « L'État, le Public, le Commun : Trois notions à l'épreuve de la crise sanitaire », dans Marie-Hélène Bacqué, Bertrand Badie, Étienne Balibar *et al.*, *Dessine-moi un pangolin*, Vauvert, Au diable vauvert, 2020, p. 119.
3. Sandra Laugier, Najat Vallaud-Belkacem, *La Société des vulnérables. Leçons féministes d'une crise*, Paris, Gallimard, coll. « Tracts » n° 19, 2020.

des attentats aient été déjoués pendant l'état d'urgence ne prouve en rien que ce régime d'exception en soit la seule cause, ou que ces succès n'auraient pu être obtenus par d'autres moyens. Il manque aussi à ces résultats chiffrés toute la dimension qualitative et substantielle de ce que l'état d'urgence fait à la culture démocratique.

Les questions que cet essai a soulevées appellent des réponses pressantes. Quel est l'impact de l'état d'urgence permanent sur la mise en œuvre de l'État de droit ? Quels effets de long terme produisent les restrictions massives et inédites aux libertés qu'il entraîne ? Comment dissiper le brouillage qu'il crée et entretient entre la norme et l'exception, et comment désamorcer les processus multiples de normalisation des pouvoirs d'urgence au cœur des institutions démocratiques ? Ces questions ne sont pas derrière nous : nombre de risques à venir, systémiques et imprévisibles, n'auront sans doute rien d'exceptionnel. Face à eux, faudra-t-il encore mobiliser les états d'urgence ? Il importe dès aujourd'hui de créer les conditions propres à stopper cette fuite en avant et à remettre l'état d'urgence dans la boîte relativement hermétique qui a longtemps été la sienne, au risque sinon qu'il continue de corrompre et contaminer tous les mots du langage politique et juridique.

Plus que jamais, il faut déconstruire et contester le discours selon lequel l'état d'urgence serait « constitutif » de l'État de droit et « ami » des libertés : il n'est ni l'un ni l'autre. Loin de soumettre la décision politique à la règle de droit, il fait prévaloir la première sur la seconde ; loin de garantir les libertés, il précipite leur effritement. Sans ce travail d'interpellation et de contestation politiques, l'état d'urgence permanent a vocation à durer et à s'installer davantage encore, face à la crise climatique, puis face à toutes sortes de défis et situations saisis comme autant d'« urgences » (la « crise migratoire », les défis numériques, les risques nucléaires…).

Réarmer la défense des droits et libertés

Après avoir opéré une forme de capture du grand récit de l'État de droit en se coulant dans ses formes et dans ses mots, l'état d'urgence permanent n'est-il pas en passe de capturer aussi les droits de l'homme ? Ce risque est déjà bien avéré dans certains pays. Sa face la plus visible est bien sûr celle des nouveaux régimes qui, de la Russie à la Hongrie en passant par le Brésil, l'Inde ou les États-Unis, nous forcent à repenser les catégories mêmes du politique. Qualifiés il y a peu encore de « populistes », ces régimes qui se revendiquent comme « illibéraux[8] » nous obligent à penser les formes autoritaires de la liberté[9], du constitutionnalisme[10], voire de la démocratie[11]. Mais cette transformation est aussi amorcée dans bien d'autres pays, sans que l'on parle encore de bascule à leur sujet. Au Royaume-Uni, la Première ministre Theresa May n'avait pas hésité à déclarer que « si les lois relatives aux droits humains se mettent en travers de notre politique de lutte contre le terrorisme, nous les changerons[12] ». En France, le candidat de la droite (qu'il faut désormais appeler républicaine…) à l'élection présidentielle de 2017 avait fait campagne sur un « Frexit » des droits humains, prétendant que l'appartenance de la France au Conseil de l'Europe, dont la colonne vertébrale est la Convention européenne des droits de l'homme, comptait parmi des maux dont il convenait de débarrasser le pays[13]. La reprise d'un argument comparable par Michel Barnier, en septembre 2021, atteste la monétisation politique de l'idée d'un « bouclier constitutionnel » à tonalité souverainiste, d'autant plus frappante qu'elle est cette fois reprise par un candidat surtout connu pour son engagement européen… Loin d'être cantonnées au débat politique et à ses contingences, ces idées pénètrent aussi l'appareil d'État. Comment comprendre autrement qu'un membre éminent de la très haute fonction publique, conseiller d'État ayant servi pendant dix ans comme secrétaire général du Conseil constitutionnel, ait pris publiquement la parole pour exprimer l'idée que tant les droits humains que les mécanismes juridictionnels de leur garantie constituaient des entraves à l'efficacité de l'action gouvernementale en matière sécuritaire, rendue par leur faute incapable de faire face aux grands fléaux que sont les migrations, le terrorisme

8. Viktor Orbán : « une démocratie n'est pas forcément libérale. Ce n'est pas parce qu'une démocratie n'est pas libérale qu'elle n'est pas une démocratie », cité dans *ibid.*, p. 14-15.
9. Wendy Brown, « Neoliberalism's Frankenstein : Authoritarian Freedom in Twenty-First Century "Democracies" », *Critical Times*, vol. 1, nº 1, 2018, p. 60.
10. Helena Alviar Garcia, Günter Frankenberg (dir.), *Authoritarian Constitutionalism : Comparative Analysis and Critique*, Cheltenham, Edward Elgar Publishing, 2019 ; Mark Tushnet, « Authoritarian Constitutionalism », *Cornell Law Review*, vol. 100, 2015, p. 391.
11. *A contrario* : Michaël Foessel, « La démocratie illibérale n'existe pas », *AOC*, 5 mars 2018.
12. https://www.bbc.com/news/election-2017-40181444.
13. Stéphanie Hennette Vauchez, « Un "Frexit" des droits de l'homme ? », *Délibérée*, nº 1, 2017, p. 59.

et l'islamisme[14] ? Dépeignant l'action régalienne de l'État comme un « Gulliver entravé », il invitait, rien de moins, à une révision de la Constitution qui permettrait à la majorité parlementaire de passer outre d'éventuelles censures des juges suprêmes. Et l'on pourrait multiplier les exemples qui nourrissent l'idée que, en de nombreux endroits, les digues s'affaissent.

Le discours politique contemporain est affecté de multiples et notables glissements de terrain. À la critique, ancienne, des droits de l'homme, a succédé celle du « droit-de-l'hommisme » puis du « juridisme ». Nombre d'acteurs politiques engagés dans la conquête du pouvoir paraissent convaincus que la remise en cause des droits humains est payante sur le plan électoral. Au-delà des discours, il y a les faits : des *LGBT-free zones* se développent au cœur de l'Europe ; à force de naufrages et autres opérations de « sécurisation », la Méditerranée se transforme en cimetière marin ; la pauvreté et les inégalités croissent dans des proportions alarmantes ; et la liste pourrait être allongée *ad libitum*. Ce n'est donc pas tant que les droits de l'homme « n'ont plus la cote » ; bien plutôt, leur remise en cause frontale et explicite est devenue une ressource politique rentable.

Droits humains et démocratie : interdépendances

Pour qui cherche à penser la démocratie, la cause des droits humains est non seulement valable, mais nécessaire. À ce stade des opérations, il peut paraître utile de rappeler la fonction *princeps* que jouent les droits humains, sous la forme des droits naturels, dans les théories du contrat social sur lesquelles s'est fondée la modernité politique occidentale : depuis le XVIIe siècle, la théorie démocratique a pris appui sur l'idée de ces droits naturels entendus comme valeurs fondatrices, comme remparts contre et limites à la puissance du souverain. Ce rappel de l'imbrication étroite du projet démocratique et des droits humains est essentiel face aux multiples critiques et remises en cause dont ces derniers font l'objet. Une critique conservatrice des droits humains se fait aujourd'hui particulièrement forte, qui met l'accent tantôt sur la manière dont ils auraient été le vecteur d'un déchaînement débridé de l'individualisme, tantôt sur

14. Jean-Éric Schoettl, « Terrorisme, islamisme, immigration : un droit hermétique à la volonté populaire ? », *Le Figaro*, 21 octobre 2020.

le délitement du lien social qui s'ensuit. Trop de droits de l'homme auraient, en somme, tué les droits de l'homme. Plus ancrées à gauche sont les critiques qui voient dans les droits humains le faux nez de diverses formes d'impérialisme et de domination voire, aujourd'hui, du néolibéralisme. Si toute cette littérature est assurément d'une grande richesse, et s'il ne fait pas de doute que les droits humains comme programme normatif gagnent plus aux discussions, interrogations et débats qu'ils suscitent qu'à leur glorification pétrifiante, il reste qu'on voit mal comment penser la démocratie sans les droits de l'homme.

Répondre à cette question est un enjeu crucial à l'heure où tant de menaces pèsent sur les droits humains. C'est parce qu'ils sont la condition de la démocratie que le programme du réarmement de la défense des droits et libertés paraît valable. Norberto Bobbio a souligné l'ancrage philosophique commun des droits humains et de la démocratie dans l'individualisme et la manière dont, en retour, droits humains et démocratie sont liés par des relations d'interdépendance : les premiers sont nécessaires au fonctionnement de la seconde, qui est par ailleurs le seul régime où ils peuvent réellement prospérer[15]. En d'autres termes, saper les droits humains, c'est saper le contrat social ; c'est se priver de la justification normative la plus forte à l'idée même d'une limitation du pouvoir : ceux qui critiquent la manière dont ils ont pu être le glaive de conquêtes jugées, ici ou là, excessives ou injustifiées, tendent à oublier leur rôle premier de bouclier. Plus encore, ceux qui critiquent la pulvérisation de ce qui fait commun en autant de droits individuels (ou, pour une version plus contemporaine de la critique, en autant de droits dits « communautaires ») négligent la valeur publique, commune pour tous, des droits humains. En ce sens, le programme des droits humains est celui d'un horizon et d'un socle communs. Les voix qui critiquent l'« excès » ou le particularisme de droits qui seraient reconnus au terroriste, au musulman, au trans, à l'infertile, au militant, à l'activiste… négligent le fait que ces droits les protègent aussi – notamment, contre les vents mauvais qui risquent toujours d'élargir ces catégories (le musulman d'aujourd'hui peut être l'évangéliste/le juif/l'athée/le noir… de demain ; l'activiste, le terroriste, etc.).

---

15. Norberto Bobbio, *L'età dei diritti*, Turin, Einaudi, 1990 ; et Véronique Champeil-Desplats, *Norberto Bobbio. Pourquoi la démocratie ?*, Paris, Michel Houdiard, coll. « Le sens du droit », 2008.

Retrouver la culture des libertés

Pour être valable, ce réarmement de la défense des droits humains doit encore trouver les moyens de son existence. Au regard des multiples attaques et remises en cause des droits humains, l'enjeu est avant tout culturel. Au terme d'une décennie de remises en cause toujours plus frontales à laquelle l'installation de l'état d'urgence permanent a donné une puissance et un ancrage inédits, il faut réancrer la culture des libertés dans le cœur même du discours politique, afin que toutes les institutions et tous les acteurs concernés se sentent légitimes voire obligés à se hisser de nouveau à la hauteur de la tâche. Le primat de la communication (et l'instrumentalisation discursive qui l'accompagne trop souvent) ne fait pas justice à cette part de la mission des juges. Comment expliquer autrement le communiqué du 3 février 2021 par lequel le Conseil d'État présente une ordonnance de jugement par laquelle il valide une mesure préfectorale privant les journalistes de tout accès aux campements illégaux de migrants aux alentours de Calais et Dunkerque lors des opérations de leur évacuation dans les termes suivants : « Accès des journalistes aux opérations d'évacuation de campements de migrants : le juge des référés insiste sur l'obligation, pour les préfets du Nord et du Pas-de-Calais, de garantir le respect de la liberté de la presse [16] » ? La contradiction entre ce qui est jugé et ce qui est tweeté est ici flagrante. Voilà l'accent mis de manière presque trompeuse sur la liberté en cause, alors même que le juge admet les atteintes qui lui sont portées. Comment un ministre de l'Intérieur peut-il, sans créer d'esclandre ou de protestation, déclarer, dans l'hémicycle de l'Assemblée nationale, comme « nulle et non avenue » une intervention de la Défenseure des droits – autorité constitutionnelle ! [17] –, et moquer des parlementaires qui manifestent les réserves exprimées par cette institution ou par la CNCDH sur le projet de loi de lutte contre les séparatismes, en leur reprochant d'avoir des références « gauchistes » [18] ? Il ne s'agit pas ici de remettre en cause la liberté d'expression, notamment politique ; mais simplement de souligner combien la garde est baissée lorsque des autorités aussi importantes

16. C'est par un tweet que le Conseil d'État a ainsi présenté son ordonnance du 3 février 2021 (n° 448721) : https://twitter.com/Conseil_Etat/status/1357320860030402561?s=20.
17. Gérald Darmanin, AN, 4 février 2021, 1re séance.
18. Gérald Darmanin, AN, 5 février 2021, 2e séance.

que la Défenseure des droits ou la CNCDH sont ainsi rabaissées et dévalorisées, jusqu'aux plus hauts rangs du gouvernement sans que grand monde s'en émeuve. Ce jeu avec les mots des droits humains, profondément délétère, se banalise pourtant. La loi Sécurité globale, décriée de manière unanime par les institutions internationales, les associations et organisations de défense des droits humains, en raison des multiples restrictions à la liberté d'expression, de manifestation, à la vie privée… qu'elle emporte, a été tardivement rebaptisée, au cœur du processus législatif, « loi pour une sécurité globale préservant les libertés » (*sic*). Dans le même ordre d'idées, le projet de loi de lutte contre les « séparatismes » a été rebaptisé « loi confortant les principes républicains » alors même que son objet est de faire pièce, au moins pour partie, à nombre des grandes lois de liberté que sont la loi de 1905 sur la séparation des Églises et de l'État, la loi de 1882 sur la liberté de l'enseignement, la loi de 1901 sur la liberté d'association, la loi de 1881 sur la liberté de la presse. Singulière manière de « conforter » les principes républicains… C'est donc bien une culture des libertés qu'il faut réinsuffler parmi toutes les autorités publiques du gouvernement.

Au-delà, il faut également penser les conditions de la revalorisation et du renforcement des autorités et institutions dont la mission est la défense et la promotion des droits humains. Lorsque leur mission est générale, à l'instar notamment de la CNCDH, elles sont d'ores et déjà dotées de statuts censés leur permettre d'exercer une réelle autorité en ces matières. Aux statuts doivent cependant toujours s'ajouter des moyens : de ce point de vue, l'infrastructure dont dispose la CNCDH demeure, soixante-quinze ans après sa création, bien minimale en comparaison de ses homologues étrangers. Tout l'enjeu, pour ces autorités indépendantes, est d'être traitées à leur juste valeur et respectées par le gouvernement et l'ensemble des autorités publiques. Mais la mission de protection des droits humains peut aussi être sectorielle : diverses instances peuvent être chargées de contrôler l'action gouvernementale sur tel ou tel aspect de la réponse aux risques et aux menaces qui caractérisent le monde contemporain.

En changeant totalement de perspective, on peut considérer que le bon gouvernement démocratique des risques contemporains requiert moins l'état d'urgence que l'habilitation et l'association étroite à la politique gouvernementale d'autorités expertes indépendantes, un peu à la manière du *shadow government* britannique. À condition d'aller bien au-delà d'une compréhension formelle de l'indépendance, qui ne saurait constituer la panacée d'un renouveau démocratique ou de l'action publique ; bien plutôt, il s'agit de doter ces autorités d'authentiques pouvoirs de coproduction de l'action publique, voire d'enquête et de contrôle. En matière de sécurité et de terrorisme, plusieurs exemples étrangers sont riches d'enseignements, notamment à propos du statut des informations secrètes ou classifiées sur la base desquelles le pouvoir fonde son action. En France, par contraste, l'état d'urgence sécuritaire a mis en évidence le rôle des « notes blanches » des services de renseignement, ainsi que le secret qui entoure la mise en œuvre de certaines techniques de renseignement. Alors que ces sources occupent une place croissante dans les décisions administratives emblématiques des nouvelles politiques de sécurité, elles se prêtent peu ou mal au contrôle par le juge et l'asymétrie entre l'individu et l'État n'est pas compensée par des aménagements institutionnels.

La protection face aux mesures sécuritaires : les notes blanches

Le contentieux administratif généré par l'état d'urgence sécuritaire de 2015 à 2017 a mis en lumière la forte dépendance de ce régime d'exception aux notes blanches fournies par les services de renseignement. Ces notes blanches (documents administratifs ni datés ni signés, par lesquels les services de renseignement relatent des éléments de fait relatifs aux personnes surveillées) ont en effet été présentes dans un grand nombre de dossiers fondant des mesures d'assignation à résidence ou de perquisition. L'admission des notes blanches comme moyen de preuve justifiant des mesures de police n'est pas nouvelle ; mais l'importance quantitative qu'elles ont prise pendant l'état d'urgence sécuritaire [19] interroge, autant que leur pérennisation. Elles constituent aujourd'hui « un moyen de preuve en voie de banalisation

19. Selon le décompte de l'équipe du Centre de recherche et d'études sur les droits fondamentaux (CREDOF), 349 des 703 jugements de 1re instance relatifs à des mesures prises sur le fondement de la loi du 3 avril 1955 pendant l'état d'urgence sécuritaire révèlent que la décision a été prise sur le fondement d'une note blanche, voir Stéphanie Hennette Vauchez (dir.), *Ce qui reste(ra) toujours de l'urgence*, *op. cit.*, p. 314.

défense et de la sécurité nationales, d'un côté, et la représentation indépendante des intérêts des requérants, de l'autre. C'est une condition pour défendre les droits et les libertés, à l'heure de la surveillance de masse et des menaces sécuritaires élevées. L'enracinement toujours plus profond d'un droit et d'une procédure d'exception n'est donc pas la seule voie ; l'affirmation de contre-pouvoirs au cœur même de ce qui paraît le plus régalien est possible.

Réarmer la responsabilité

De toutes parts est diagnostiquée une « panne de la responsabilité[26] ». Or sans responsabilité ni reddition de comptes, il est impossible de faire confiance au pouvoir. De ce point de vue, l'enracinement du gouvernement par l'état d'urgence permanent invite non seulement à réfléchir à la façon de corriger et d'enrichir les mécanismes politiques et institutionnels de la responsabilité, mais aussi à améliorer les conditions épistémologiques de leur mise en œuvre dans un « monde incertain[27] ».

Élargir les formes du contrôle politique

La complexification croissante des sociétés politiques a mis à mal nombre des mécanismes de la responsabilité politique, indépendamment de la situation créée par l'état d'urgence permanent. Partout s'observe une tendance à la diffraction des lieux d'exercice du pouvoir et de la décision politique (phénomène qu'illustre le glissement sémantique du « gouvernement » vers la « gouvernance »). Bien souvent, la décision politique n'est plus prise là où les mécanismes de responsabilité avaient été autrefois pensés et placés. D'où la nécessité d'un travail de réajustement : à mesure que les lieux d'exercice du pouvoir se déplacent, il importe que les procédures de contrôle les suivent à la trace[28]. Les travaux sur la gouvernance économique européenne le montrent avec éclat : de manière fortement

26. Pierre Rosanvallon, *Le Bon Gouvernement*, Paris, Seuil, coll. « Points », 2017, p. 253.
27. Pierre Lascoumes, Yannick Barthe, Michel Callon, *Agir dans un monde incertain. Essai sur la démocratie technique*, Paris, Seuil, 2001.
28. Sur ces enjeux de réajustement, voir *infra*, les perspectives ouvertes par Mireille Delmas-Marty dans son texte « Changer de boussole », dans la partie « Rebonds et explorations », p. 181-193.

indépendantes, un peu à la manière du *shadow government* britannique. À condition d'aller bien au-delà d'une compréhension formelle de l'indépendance, qui ne saurait constituer la panacée d'un renouveau démocratique ou de l'action publique ; bien plutôt, il s'agit de doter ces autorités d'authentiques pouvoirs de coproduction de l'action publique, voire d'enquête et de contrôle. En matière de sécurité et de terrorisme, plusieurs exemples étrangers sont riches d'enseignements, notamment à propos du statut des informations secrètes ou classifiées sur la base desquelles le pouvoir fonde son action. En France, par contraste, l'état d'urgence sécuritaire a mis en évidence le rôle des « notes blanches » des services de renseignement, ainsi que le secret qui entoure la mise en œuvre de certaines techniques de renseignement. Alors que ces sources occupent une place croissante dans les décisions administratives emblématiques des nouvelles politiques de sécurité, elles se prêtent peu ou mal au contrôle par le juge et l'asymétrie entre l'individu et l'État n'est pas compensée par des aménagements institutionnels.

La protection face aux mesures sécuritaires : les notes blanches

Le contentieux administratif généré par l'état d'urgence sécuritaire de 2015 à 2017 a mis en lumière la forte dépendance de ce régime d'exception aux notes blanches fournies par les services de renseignement. Ces notes blanches (documents administratifs ni datés ni signés, par lesquels les services de renseignement relatent des éléments de fait relatifs aux personnes surveillées) ont en effet été présentes dans un grand nombre de dossiers fondant des mesures d'assignation à résidence ou de perquisition. L'admission des notes blanches comme moyen de preuve justifiant des mesures de police n'est pas nouvelle ; mais l'importance quantitative qu'elles ont prise pendant l'état d'urgence sécuritaire [19] interroge, autant que leur pérennisation. Elles constituent aujourd'hui « un moyen de preuve en voie de banalisation

---

19. Selon le décompte de l'équipe du Centre de recherche et d'études sur les droits fondamentaux (CREDOF), 349 des 703 jugements de 1re instance relatifs à des mesures prises sur le fondement de la loi du 3 avril 1955 pendant l'état d'urgence sécuritaire révèlent que la décision a été prise sur le fondement d'une note blanche, voir Stéphanie Hennette Vauchez (dir.), *Ce qui reste(ra) toujours de l'urgence*, *op. cit.*, p. 314.

devant le juge administratif[20] ». Formellement, le juge exige des notes blanches qu'elles soient précises, circonstanciées et soumises au principe du contradictoire. Mais c'est notamment sur ce dernier point que le bât blesse. D'abord parce qu'il arrive que l'administration refuse de les produire pour des motifs tirés du secret-défense, arguant que leur communication pourrait, dans certains cas, compromettre la sécurité nationale. Ensuite, parce que, même lorsqu'elles sont communicables, la contestation par le requérant des éléments qui y sont rapportés s'apparente souvent à une mission impossible, car il lui faut pour ce faire apporter la preuve d'un fait négatif. S'opère alors une inversion de la charge de la preuve : face à une mesure administrative prise sur le fondement d'une note blanche, c'est à la personne perquisitionnée ou assignée à résidence d'apporter la preuve qu'il ou elle n'a pas pris part, par exemple, à tel événement attestant sa socialisation à un groupe suspecté de radicalisation dangereuse[21]. À défaut, les faits mentionnés dans la note blanche acquièrent une présomption de vérité, ce qui mène Denis Salas à évoquer des « renseignements incontrôlables[22] ».

Diverses expériences étrangères méritent ici d'être mentionnées en guise de contre-exemples. Au Royaume-Uni ou en Australie, pays où la lutte contre le terrorisme n'est pas, tant s'en faut, prise moins au sérieux qu'en France, des institutions spécialisées ont vu le jour, avec la mission de contrôler l'action du gouvernement en la matière. Le *Terrorism Act* britannique de 2000 a institué un contrôleur indépendant de la législation antiterroriste (l'*Independent Reviewer of Terrorism Legislation*[23]), une fonction mise à l'étude depuis la fin des années 1970. Parce que diverses initiatives antérieures, sous la forme de rapports d'évaluation ponctuels sur la législation terroriste dans le contexte du conflit en Irlande du Nord, n'avaient pas reçu l'écho et l'attention parlementaires mérités, il fut alors décidé de monter en puissance ; les pouvoirs de ce *Reviewer* n'ont cessé,

20. Bertrand-Léo Combrade, « Que faire des notes blanches des services de renseignement ? », *Actualité juridique droit administratif*, 2021, p. 113.
21. Jean-Philippe Foegle, Nicolas Klausser, « La zone grise des notes blanches », *Délibérée*, n° 2, 2017, p. 41.
22. Denis Salas, « L'état d'urgence : poison ou remède au terrorisme ? », *Archives de politique criminelle*, vol. 1, 2016, n° 38, p. 75.
23. En Australie, voir le *Independent National Security Legislation Monitor.*

depuis, de croître. Il s'agit d'une instance indépendante du gouvernement, dotée de pouvoirs considérables puisqu'il a notamment accès à tous les documents et tous les agents ou services de l'État, y compris ceux qui sont classifiés au regard des considérations liées à la défense et à la sécurité nationales. De plus, ses rapports sont systématiquement rendus publics et communiqués au Parlement. Comme l'explique David Anderson qui a occupé ces fonctions entre 2011 et 2017, la force de l'institution est de désamorcer toute tentative des gouvernements d'invoquer le « secret-défense » pour justifier telle ou telle mesure : parce qu'il a accès aux informations classifiées sur un pied d'égalité avec l'ensemble des services en charge de la sécurité nationale, le contrôleur est imperméable à tout argument que l'exécutif pourrait employer sur l'air du « si seulement vous saviez ce que nous savons... »[24]. Dans son retour sur expérience, David Anderson souligne aussi le rôle de cette institution pour soutenir l'effort d'autres institutions engagées dans la défense des droits humains.

Les *Special Advocates* – des avocats habilités à accéder, dans le cadre de la défense de leurs clients, aux informations classifiées – sont une autre spécificité du système britannique. On en compte un peu plus d'une centaine, sélectionnés et contrôlés avant de se voir agréer pour accéder à ces informations confidentielles. Ces avocats engagent une forme de conciliation entre la défense des droits des personnes mises en cause par des mesures de protection de la sécurité nationale et la préservation du secret qui peut légitimement entourer ces sujets. Les *Special Advocates* ne sont pas, tant s'en faut, une panacée à l'abri de tout reproche ; certaines voix critiques les perçoivent comme un symptôme de la progression rampante de règles de confidentialité qui rendent inaccessibles aux citoyens mis en cause un nombre croissant de pièces les concernant (dans le domaine non seulement de la sécurité nationale, mais aussi de l'immigration ou même de contentieux civils comme le droit de l'emploi)[25].

Reste que le système français fait pâle figure en comparaison. *A minima*, l'exemple britannique révèle qu'il existe des pistes institutionnelles pour mieux concilier la préservation du secret de la

24. David Anderson, « Independent Review of Terrorism Laws : Searchlight or Veil ? », 2014 [en ligne].
25. Voir le rapport de l'ONG Justice, « Secret Evidence », 2009 [en ligne].

défense et de la sécurité nationales, d'un côté, et la représentation indépendante des intérêts des requérants, de l'autre. C'est une condition pour défendre les droits et les libertés, à l'heure de la surveillance de masse et des menaces sécuritaires élevées. L'enracinement toujours plus profond d'un droit et d'une procédure d'exception n'est donc pas la seule voie ; l'affirmation de contre-pouvoirs au cœur même de ce qui paraît le plus régalien est possible.

Réarmer la responsabilité

De toutes parts est diagnostiquée une « panne de la responsabilité[26] ». Or sans responsabilité ni reddition de comptes, il est impossible de faire confiance au pouvoir. De ce point de vue, l'enracinement du gouvernement par l'état d'urgence permanent invite non seulement à réfléchir à la façon de corriger et d'enrichir les mécanismes politiques et institutionnels de la responsabilité, mais aussi à améliorer les conditions épistémologiques de leur mise en œuvre dans un « monde incertain[27] ».

Élargir les formes du contrôle politique

La complexification croissante des sociétés politiques a mis à mal nombre des mécanismes de la responsabilité politique, indépendamment de la situation créée par l'état d'urgence permanent. Partout s'observe une tendance à la diffraction des lieux d'exercice du pouvoir et de la décision politique (phénomène qu'illustre le glissement sémantique du « gouvernement » vers la « gouvernance »). Bien souvent, la décision politique n'est plus prise là où les mécanismes de responsabilité avaient été autrefois pensés et placés. D'où la nécessité d'un travail de réajustement : à mesure que les lieux d'exercice du pouvoir se déplacent, il importe que les procédures de contrôle les suivent à la trace[28]. Les travaux sur la gouvernance économique européenne le montrent avec éclat : de manière fortement

26. Pierre Rosanvallon, *Le Bon Gouvernement*, Paris, Seuil, coll. « Points », 2017, p. 253.
27. Pierre Lascoumes, Yannick Barthe, Michel Callon, *Agir dans un monde incertain. Essai sur la démocratie technique*, Paris, Seuil, 2001.
28. Sur ces enjeux de réajustement, voir *infra*, les perspectives ouvertes par Mireille Delmas-Marty dans son texte « Changer de boussole », dans la partie « Rebonds et explorations », p. 181-193.

accentuée par le tournant monétaire de la politique européenne et la crise financière de 2008, la décision politique s'est déplacée, à l'échelle européenne, vers les instances du gouvernement les plus éloignées (voire absentes) du cadre constitutionnel européen, si bien qu'elles échappent à tout contrôle[29]. Cet objectif d'ajustement est crucial, mais il serait chimérique de prétendre rétablir les anciens modes de la responsabilité politique. Au-delà de la nécessaire revalorisation du Parlement dans des régimes qui donnent aujourd'hui le primat à l'exécutif, il faut enrichir la grammaire et le domaine de la responsabilité politique, pour les appliquer à des instances et des arènes conçues au départ comme « indépendantes », mais qui sont en réalité devenues des lieux du gouvernement démocratique[30].

C'est le cas, en premier lieu, des juridictions : constitutionnelles ou non, elles jouent aujourd'hui un rôle croissant dans le contrôle du pouvoir. De ce point de vue, demeure en France un obstacle considérable au plein déploiement de l'exercice, par les juridictions, de cette fonction démocratique essentielle qu'est celle de contre-pouvoir : à savoir la persistance d'un aveuglement volontaire quant à la dimension fondamentalement politique de cette fonction. L'idée même de politique juridictionnelle (*judicial politics*) demeure subversive sinon taboue dans la culture politique et juridique française, qui continue de prétendre que le contrôle juridictionnel se résume à l'application de règles de droit supposées neutres et objectives. Pourtant, tous les outils théoriques et sociologiques sont là qui permettent d'asseoir avec force l'idée que l'acte de juger est un acte de volonté, que le pouvoir d'interpréter est aussi un pouvoir de créer, que le profil des juges compte dans la manière dont ils exercent leur office. Tout est là, donc, pour que soit tout à fait reconnue la part politique de la fonction juridictionnelle, même si elle opère sous des contraintes spécifiques, en particulier celles qui sont liées à la structure et à la substance des règles de droit positif[31]. On observe d'ailleurs que les pays dans lesquels les cours suprêmes sont les plus légitimes et

29. Antoine Vauchez, *Démocratiser l'Europe*, Paris, Seuil, 2014 ; Antoine Vauchez, Guillaume Sacriste, « L'Euro-isation de l'Europe. Trajectoire historique d'une politique "hors les murs" et nouvelle question démocratique », *Revue de l'OFCE*, nº 164, 2019, p. 5-46.
30. Pierre Rosanvallon, *La Légitimité démocratique. Impartialité, légitimité, proximité*, Paris, Seuil, 2008.
31. Pour ne citer que ces travaux, voir Michel Troper, *La Théorie du droit, le droit, l'État*, Paris, PUF, 2001, coll. « Léviathan » ; Michel Troper, Véronique Champeil-Desplats, Christophe Grzegorczyk, *Théorie des contraintes juridiques*, Paris, LGDJ, 2005.

respectées sont précisément ceux dans lesquels il n'est pas fait cachotterie de leur rôle politique ou, plus précisément, de la légitimité de la logique contre-majoritaire qui les fonde.

La difficile acculturation du système juridictionnel français à ce paradigme du juge comme contre-pouvoir est soulignée de longue date ; il paraît toutefois essentiel de la remettre sur le métier. Le Conseil d'État, tout autant conseiller des pouvoirs publics que juge administratif, est historiquement pris dans les interrogations suscitées par cette dualité fonctionnelle du point de vue de l'indépendance de son activité de contrôle juridictionnel. Pour nombre d'observateurs, la réserve qu'il manifeste dans l'exercice de son contrôle juridictionnel n'est qu'un avatar de l'ambivalence constitutive de cette institution. Sa dualité fonctionnelle, qui trouve sa source dans les origines historiques du Conseil d'État, ressurgit périodiquement comme problématique, en situation de tension ou de crise. S'il a historiquement valorisé l'autonomie de l'exécutif, la manière dont il a par exemple élaboré la théorie des circonstances exceptionnelles traduit le fait qu'il considère que la fonction décisionnelle du Parlement vaut surtout par « temps calme » et que, *a contrario*, il convient de favoriser l'efficacité de l'exécutif[32]. Cette pente historique joue de nouveau, logiquement, à la faveur de l'état d'urgence permanent. Au-delà, ce sont d'autres facteurs liés aux trajectoires professionnelles des hauts fonctionnaires, dans et hors l'État, qui alimentent les interrogations sur leur impact et leur influence sur la jurisprudence du Conseil d'État. *A fortiori* en période d'état d'urgence où, à toutes les échelles du gouvernement, le discours sur la nécessaire efficacité de la réponse gouvernementale (la raison d'État) se fait plus prégnant : « Ce n'est pas faire injure au travail des membres de ces vénérables institutions, ni à la réputation d'indépendance dont ils s'enorgueillissent, que de s'interroger sur les *effets* en période de crise d'une telle osmose du Conseil avec l'État et de questionner sa capacité à agir *en juge* quand le pouvoir exécutif décrète la *mobilisation* générale et inconditionnelle de tout l'appareil administratif[33]. »

Quant au Conseil constitutionnel, dont on sait qu'il n'a pas d'abord été créé pour préserver les droits et libertés, mission qu'il n'a

32. Norbert Foulquier, « Le Conseil d'État et l'antiparlementarisme », *Droits*, nº 44, 2006, p. 161.
33. Antoine Vauchez, « Le verrou du Palais Royal », blog « Doyoulaw », *Libération*, 2016 (désormais archivé, accessible uniquement *via* la BNF).

que progressivement conquise, il demeure entravé dans son affirmation comme juridiction par les règles de sa composition, ses moyens et ses modalités de fonctionnement. Depuis 1958, tant les règles relatives à la nomination des membres du Conseil que leur application suscitent la critique[34] : en particulier, l'absence de toute exigence de qualification des membres (alors que, dans la plupart des pays, des niveaux de diplôme, d'expérience et souvent d'intégrité morale sont requis) ainsi que celle de tout dispositif visant à favoriser quelque chose comme un consensus politique autour des nominations (le système français de nomination est en effet un des très rares à avoir longtemps fait totalement l'économie d'une participation des chambres parlementaires[35]) comptent parmi celles qui sont réputées affaiblir la légitimité de l'institution.

Le débat permanent et récurrent sur la fonction de contrôle juridictionnel en France mérite donc assurément d'être poursuivi voire intensifié[36]. De la même manière, des actions citoyennes d'un type nouveau qui mettent le *statu quo* et le confort juridictionnel à l'épreuve méritent d'être poursuivies et systématisées : au refus persistant des juridictions françaises d'admettre leur ancrage dans un système politique, la politisation de la justice par l'action contentieuse militante apporte une réponse intéressante. Elle prend la forme de batailles judiciaires symboliques, à l'image de celles qui se développent en matière climatique, de l'affaire Urgendale aux Pays-Bas à L'Affaire du siècle en France[37].

Mais l'enrichissement de la grammaire de la responsabilité politique peut aussi passer par l'invention d'autres arènes et de nouvelles pratiques. Cette « pression aux marges[38] », qui tient une place si importante dans la théorie comme dans l'expérience démocratique contemporaine, joue un rôle essentiel. Face à ce que Sandra Laugier et Albert Ogien nomment l'« antidémocratie »

34. Voir, par exemple, Patrick Wachsmann, « Sur la composition du Conseil constitutionnel », blog *Jus Politicum*, 2010 [en ligne].
35. Un avis public de la commission compétente de chaque assemblée sur les nominations envisagées est désormais requis, une opposition exprimée par les 3/5 des suffrages exprimées au Parlement pouvant en outre bloquer une nomination (ce qui demeure bien en deçà d'une exigence d'accord parlementaire).
36. Voir les appels de Dominique Rousseau à la suppression du Conseil d'État : *Le Monde*, 23 juin 2020.
37. Christel Cournil (dir.), *Les Grandes Affaires climatiques*, Confluence des droits, 2020 [en ligne].
38. Éric Vidalenc, Irénée Regnauld, Sylvestre Huet, Émeline Baudet et Amy Dahan, « Une démocratie enrichie par la transition écologique », *AOC*, 29 avril 2021.

– cette disqualification de la capacité des citoyens ordinaires à prendre des décisions justes et égales –, la « démocratie des places » ne saurait être tenue pour un épiphénomène radical et négligeable : de Zuccotti Park à la place Tahrir, de Nuit Debout en passant par le mouvement des Indignados, de la « révolution orange » en Ukraine à la révolte de Hong Kong, partout l'idée d'une mal-représentation se fait entendre[39]. Et partout s'inventent des formes d'action, des procédures, des pratiques et des principes nouveaux qui montrent à quel point la défiance est constitutive de l'expérience démocratique[40].

Ici encore, le parallèle entre la crise pandémique et la crise climatique est cruel. S'y donnent à voir, inscrites au cœur du fonctionnement de l'ordre politique, la distance et la méfiance vis-à-vis des formes ordinaires de l'expérience démocratique. Car à la versatilité du rapport à la science d'un pouvoir exécutif qui s'est vite affranchi des avis rendus par les lieux d'expertise sanitaire s'ajoute l'épisode de la Convention citoyenne pour le climat. Après l'installation, en grande pompe, de la Convention et l'emphase qui a accompagné le lancement de ses travaux (dont les résultats devaient être repris « sans filtre »), le retour de bâton fut douloureux. Dès la réception des travaux, le rejet par le président de la République de certaines conclusions du rapport de la Convention a annoncé un premier revers, bientôt suivi par la pauvreté du projet de loi et le renoncement à la démarche référendaire initialement promise. Il s'agit là d'un coup indéniable porté à une expérimentation ambitieuse qui espérait illustrer le tournant délibératif de la démocratie. Au-delà, l'épisode pose la question de la capacité des gouvernants et des institutions à engager un authentique tournant de la politique énergétique, environnementale et climatique : les conclusions de la Convention citoyenne n'étaient, à vrai dire, pas si différentes de celles d'instances comme le Groupe d'experts intergouvernemental sur le climat (GIEC) ou, sur le plan national, le Haut Conseil pour le climat. Comment, dès lors, renforcer la place des savoirs dans la prise de décision démocratique ?

---

39. Sandra Laugier, Albert Ogien, *Antidémocratie*, Paris, La Découverte, 2017 ; Benjamin Sourice, *La Démocratie des places*, Paris, éditions Charles Léopold Mayer, 2017.
40. Pierre Rosanvallon, *La Contre-Démocratie. La politique à l'âge de la défiance*, Paris, Seuil, 2006. Voir *infra*, la conversation avec Fionnuala Ní Aoláin, p. 161-179.

Faire entrer les savoirs dans l'arène démocratique

Il faut enfin faire porter la réflexion sur le terrain des conditions épistémologiques de la responsabilité et de la confiance démocratique, d'autant plus que les menaces de demain comportent toutes une forte dimension scientifique, technique ou technologique[41]. L'expérience récente de l'état d'urgence permanent, notamment dans sa version pandémique, aide à penser les conditions d'une appropriation citoyenne de la décision politique. Celle-ci doit bien sûr être publique et accessible à toutes et tous ; mais, au-delà de cette simple exigence, la confiance dans une décision démocratique requiert que celle-ci puisse être comprise : quels sont les éléments qui l'ont déterminée ? Quelles étaient les autres options disponibles ? Quels sont les résultats attendus ? Et quels sont les correctifs prévus au cas où ceux-ci ne seraient pas atteints ? Toutes ces questions attirent l'attention sur les facteurs de la décision politique, en particulier sur la place des savoirs en démocratie. Qu'il s'agisse du terrain sanitaire (pandémies actuelle et futures), technologique (risques nucléaires, chimiques, industriels…) ou climatique (impact des gaz à effet de serre…), la gestion politique du risque ne peut faire l'économie d'une expertise scientifique. Les travaux menés dans le champ des *Science Studies*[42] se sont intéressés aux conditions à travers lesquelles les savoirs peuvent être démocratisés. Elles impliquent, notamment, une conception pluraliste de la science, la nécessaire articulation entre science et savoirs profanes, et la reconnaissance de l'autorité qu'exerce l'expertise scientifique.

L'exigence de pluralisme dans la fabrication de l'expertise scientifique renvoie à des considérations philosophiques, épistémologiques et politiques. Depuis Karl Popper au moins, la définition de la scientificité par référence à la falsifiabilité suppose le désaccord, la controverse et la réfutation. Sans eux, pas de débat, pas de falsification possibles et donc, pas de science. Cela se vérifie sur l'un des terrains scientifiques les plus emblématiques de l'époque contemporaine : la question climatique. La trajectoire des travaux, des discours et des acteurs ayant contribué à alerter sur les risques

41. Pierre Lascoumes, Yannick Barthe, Michel Callon, *Agir dans un monde incertain. Essai sur la démocratie technique*, *op. cit.*
42. Dominique Pestre, *Introduction aux Science Studies*, Paris, La Découverte, 2006.

engendrés par le réchauffement climatique et sur ses liens avec les activités humaines illustre les vertus de ce pluralisme scientifique, qui aide à la formation d'un consensus. L'exemple du GIEC[43] est sans doute le mieux connu : sa mission première est bien de produire des synthèses collectives et globales de l'état des connaissances sur le réchauffement climatique. Le GIEC documente et décrit l'évolution du climat, recense et analyse les travaux sur les causes de l'évolution ainsi que sur ses conséquences ; il s'intéresse également aux moyens de limiter l'ampleur du réchauffement ou de s'y adapter. Sa production scientifique (rapports généraux et spéciaux) est au cœur des négociations internationales sur le climat ; elle joue également un rôle d'alerte et d'information. Mais, historiquement, les experts mobilisés au sein des groupes de travail dédiés à l'impact de l'évolution du climat sur l'environnement et les systèmes socio-économiques et aux solutions possibles pour limiter ou atténuer les changements climatiques rassemblaient surtout des figures marginales dans leurs propres disciplines[44] ; or l'écho reçu par les rapports remis au cours du temps atteste l'importance qu'il y avait, d'emblée, à inclure leur expertise. Jean Jouzel, qui a longtemps été membre puis vice-président d'un des groupes de travail du GIEC, souligne d'ailleurs que si la qualité scientifique des travaux est le critère premier de sélection des chercheurs mobilisés dans la rédaction des rapports, il est aussi fait place à des considérations « d'origine géographique, de genre, de renouvellement » ainsi qu'à l'interdisciplinarité (mathématiciens, physiciens, chimistes bien sûr mais aussi économistes, agronomes, historiens, géographes, juristes…)[45]. Le tout en vue de la production d'une expertise *collective* : *drafts* coécrits, ouverts aux commentaires de la communauté scientifique comme des représentants

43. Le GIEC a été créé en 1988 sous l'égide de l'Organisation météorologique mondiale et du Programme des Nations unies pour l'environnement. Il est organisé en trois groupes de travail (auxquels s'ajoute une *task force* spécialisée dans les inventaires nationaux des gaz à effet de serre) : le premier s'intéresse aux aspects scientifiques de l'évolution du climat, le second, aux questions concernant la vulnérabilité des systèmes socio-économiques et naturels aux changements climatiques, les conséquences négatives et positives de ces changements et les possibilités de s'y adapter, et le troisième aux solutions envisageables pour limiter les émissions de gaz à effet de serre ou atténuer de toute autre manière les changements climatiques.
44. Sylvestre Huet, « Sciences, expertises et décisions politiques, avant, pendant et après le Covid-19 », dans Marie-Hélène Bacqué, Bertrand Badie, Étienne Balibar *et al.*, *Dessine-moi un pangolin*, *op. cit.*, p. 53.
45. Jean Jouzel, « Comment s'est construite la légitimité du GIEC », *Raison présente*, nº 217, 2021, p. 15.

des gouvernements, avec obligation pour les rédacteurs d'en tenir compte ou de justifier les raisons de la mise à l'écart de telle ou telle observation, etc. Le GIEC fournit donc un exemple probant des effets positifs du pluralisme dans les institutions dont la tâche est de produire de l'expertise scientifique.

L'articulation entre savoirs experts et savoirs profanes est également centrale aux conditions de la production d'une expertise utile et légitime en démocratie. C'est l'une des leçons apportées par l'épidémie du Sida au milieu des années 1990 : la recherche comme les traitements ont besoin de la connaissance intime et irremplaçable de la maladie qu'ont les patients eux-mêmes et, au-delà, les groupes familiaux et associatifs qui les accompagnent[46]. Avant d'être une question politique – celle de la représentation et de l'inclusion des principaux concernés dans les instances mêmes de la fabrique de l'expertise –, la question est, là aussi, épistémologique : pour améliorer et produire une connaissance scientifique complète et globale, il faut y associer voix expertes et voix profanes. L'exemple de la crise climatique est une nouvelle fois pertinent : les déplacements de population provoqués par le réchauffement climatique ne pourront être régulés sans que la voix des principaux concernés – qu'il s'agisse de ceux dont les lieux d'habitation sont promis à l'érosion ou l'engloutissement ou de ceux dont la condition économique (bassins et secteurs d'emploi) doit être repensée – soit prise en compte. De telles leçons, bien installées dans le champ des sciences humaines et sociales, doivent trouver leur traduction au niveau de l'action politique et institutionnelle.

Or le retard en la matière fait peu de doute ; comment expliquer sinon le silence assourdissant maintenu autour de l'« Appel pour une coordination immédiate entre sciences et société »[47] porté, entre autres, par le président du Conseil scientifique au début de la crise pandémique ? Avec d'autres, Jean-François Delfraissy y appelait à la nécessaire institutionnalisation d'une forme de dialogue entre experts scientifiques, pouvoir politique et société civile, précisément en raison de la portée large (économique, sociale,

46. Steven Epstein, *Impure Science : AIDS, Activism, and the Politics of Knowledge*, Berkeley, University of California Press, 1998 ; voir aussi, à propos de l'association française contre les myopathies : Michel Callon, Vololona Rabeharisoa, *Le Pouvoir des malades*, Paris, Presses de l'École des mines, 1999.
47. *Le Monde*, 7 mai 2020.

politique…) des mesures nécessitées par la lutte contre la pandémie ; l'idée étant de permettre la « coconstruction » des réponses à la pandémie. L'expérience du comité citoyen sur la vaccination fait malheureusement pâle figure, ne serait-ce que parce qu'il n'a été mis en mesure de débuter ses travaux qu'à compter de mars 2021, soit à une date où la politique de vaccination et l'identification des publics prioritaires étaient déjà déterminées pour l'essentiel, ce qui a conduit le comité citoyen à tomber dans une invisibilité quasi immédiate[48]. L'enjeu n'est pas simplement de sortir l'expertise de l'ornière technocratique et de créer des espaces d'échange et d'expression citoyens, mais bel et bien de les articuler à l'expertise scientifique et à la décision politique en leur donnant les outils pour coconstruire, contrôler et surveiller la décision politique en démocratie technique.

Enfin, une expertise scientifique a beau être pluraliste et articulée aux savoirs profanes, il lui faut encore être respectée pour contribuer à l'avènement d'un gouvernement démocratique de l'incertitude. Cela n'a pas grand sens, en effet, de construire des arènes et des institutions censées produire de l'expertise scientifique si on leur dénie par ailleurs toute autorité ou si on ignore leurs conclusions. On ne peut s'en tenir à l'opposition binaire entre une décision politique inféodée à la parole scientifique experte, d'une part, et une décision politique pleinement autonome ou détachée des savoirs et données scientifiques, de l'autre. Puisque savoirs et pouvoirs interagissent en démocratie, c'est cette interaction qu'il convient d'institutionnaliser et d'organiser pour permettre la responsabilité politique et la confiance dans les institutions. Cela implique que le pouvoir politique cesse d'entretenir un rapport instrumental à l'expertise scientifique.

---

48. Mis en place à partir de janvier 2021 par le Conseil économique, social et environnemental (CESE) et chapeauté par Alain Fischer, le président du Conseil d'orientation de la stratégie vaccinale, il est composé de trente-cinq citoyens tirés au sort. Ceux-ci travaillent en parallèle d'autres structures telles que la commission temporaire constituée *ad hoc* au sein même du CESE, le Conseil d'orientation de la stratégie vaccinale nommé auprès du ministre de la Santé ou encore la plateforme de consultation citoyenne (https://participez.lecese.fr), sans qu'apparaissent clairement les conditions institutionnelles nécessaires à la mise en place d'un véritable dialogue et d'une véritable coordination avec ces autres structures, *Le Monde*, 17 mars 2021.

Science, expertise et décision politique : tirer les leçons de la gestion de la pandémie

Lors de l'entrée dans la crise pandémique, le discours politique a d'abord pris appui sur « la science », donnant même l'impression de s'abriter derrière elle. D'emblée, Emmanuel Macron (et l'ensemble du gouvernement avec lui) n'a eu de cesse de répéter que l'action politique était guidée par « un principe » : « la confiance dans la science », car il faut « écouter celles et ceux qui savent »[49]. Dès le 11 mars 2020, un nouveau Conseil scientifique fut installé. C'est sur le fondement de ses recommandations que des mesures emblématiques comme le confinement généralisé de la population ou le maintien du premier tour des élections municipales furent décidées. Progressivement cependant, le pouvoir exécutif – en fait, surtout le président de la République – a pris ses distances avec les recommandations du Conseil scientifique. Il est allé à leur encontre en décidant la réouverture des écoles en mai 2020 puis, plus notablement, en refusant un nouveau confinement pour prévenir la « troisième vague » de la pandémie en janvier 2021. Au printemps 2021, le Conseil scientifique n'est même plus consulté en amont du « plan de déconfinement », il n'a alors d'autre moyen de faire entendre sa voix que de s'auto-saisir[50]. Cette autonomisation de la décision politique est allée de pair avec un rognage progressif des engagements politiques et exigences législatives de transparence. Alors même que la loi relative à l'état d'urgence sanitaire prescrit qu'ils sont publiés « sans délai », les avis du Conseil scientifique ne sont en réalité pas toujours rendus publics, ou trop tardivement pour pouvoir constituer une aune à laquelle apprécier et évaluer la décision politique.

Quels enseignements tirer de ces évolutions du rapport de la décision politique à l'expertise scientifique en pandémie ? D'abord, une grande versatilité, le rapport science/politique semblant passer du tout au rien. Ensuite, et surtout, une absence totale de contrainte de justification. L'autonomie de la décision politique vis-à-vis de l'expertise scientifique, y compris lorsqu'elle va à l'encontre des recommandations des experts, n'est assurément pas *ipso facto* illégitime. Mais

49. Emmanuel Macron, allocution télévisée du 12 mars 2020.
50. Avis du 6 mai 2021.

elle mérite d'être expliquée et justifiée ; or tel ne fut jamais le cas : dès lors qu'elles se sont affranchies des recommandations du Conseil scientifique, les décisions politiques prises en regard de la situation sanitaire ont simplement été annoncées, imposées et mises en œuvre – sans que l'on sache quels facteurs ou données précises les fondaient, les justifiaient et, moins encore, quel(s) objectif(s) précis elles poursuivaient[51]. Dans ces conditions, le discours de *satisfecit* permanent quasi intégral de l'exécutif paraît si décalé vis-à-vis tant de la situation d'incertitude sanitaire que de la rigueur des restrictions auxquelles l'ensemble de la population était soumis qu'il en devient dévastateur du point de vue de la confiance démocratique. Malgré une timide reconnaissance « des failles, des insuffisances » révélées par la crise[52], c'est surtout un discours ferme et rigide qui a dominé : « Je peux vous affirmer que je n'ai aucun *mea culpa* à faire, aucun remords, aucun constat d'échec » déclara, bravache, le chef de l'État au bout d'une année de crise[53]. La verticalité absolue du pouvoir, couplée à l'absence de tout appareil d'explication et de justification et au refus de tout *mea culpa*, nourrit une défiance grandissante vis-à-vis de décisions politiques qui paraissent dès lors purement arbitraires, produites par un pur *fiat* présidentiel bien éloigné des standards minimaux du gouvernement en démocratie.

L'expertise scientifique ne saurait être une variable d'ajustement ou d'habillage de la décision politique, qu'il serait possible tantôt de mettre en avant, tantôt d'ignorer, sans autre forme de procès. La question n'est pas normative (il faut toujours/il ne faut jamais que la décision politique aille dans le sens de la recommandation scientifique), mais plutôt processuelle : face aux crises, à l'incertitude et aux risques, la démocratie contemporaine doit intégrer les données et les savoirs scientifiques au cœur des processus de fabrication de la décision politique. Tout comme les négociations internationales relatives à la question climatique prennent aujourd'hui les rapports du GIEC comme point d'appui, il importe que les recommandations

51. Les rares fois où de tels objectifs furent donnés (cf. l'objectif des cinq mille contaminations par jour au moment du réenclenchement de l'état d'urgence en octobre 2020), ils ont ensuite tout à fait disparu des justifications de l'aggravation comme de l'allégement des mesures au fil des mois.
52. Allocution télévisée du président de la République du 13 avril 2020.
53. *Le Monde*, 26 mars 2021.

scientifiques sur d'autres terrains alimentent la décision politique. Mais il importe surtout que celle-ci s'accompagne d'un discours de justification articulé à la recommandation experte, qu'elle la suive ou qu'elle s'en détache. La question n'est alors pas tant celle de l'autonomie de la décision politique, qu'il ne s'agit pas de remettre en cause, que celle de son nécessaire enrichissement, à la fois du point de vue du contenu et de celui de son régime de justification et de légitimation. L'expertise scientifique doit donc générer non seulement des savoirs, mais aussi tout un jeu de contraintes d'explication et de justification qui seul permet de garantir le bon gouvernement de la démocratie technique.

Conclusion

GOUVERNER DÉMOCRATIQUEMENT LES CRISES DE DEMAIN

On ne gouverne pas impunément par l'état d'urgence : au terme du parcours proposé par le présent essai, l'hypothèse de départ paraît pleinement vérifiée. Le réflexe de l'état d'urgence qu'ont en partage les gouvernements successifs depuis 2015 a engendré de lourdes conséquences et des transformations difficilement réversibles. Les droits et libertés connaissent des restrictions sans précédent, tandis que les formes démocratiques de collaboration et de contrôle entre les pouvoirs sont mises à mal par un net basculement du centre de gravité politique vers l'exécutif. Mais ce constat ne concerne pas seulement l'épreuve que la crise fait subir à l'expérience démocratique. L'état d'urgence permanent fait peser un coût extrêmement élevé sur les conditions mêmes de possibilité de la vie démocratique. Il pervertit et corrompt les formes et les mots de la démocratie, notamment à travers tous les discours qui cherchent à convaincre de la compatibilité de l'état d'urgence avec l'État de droit. Cet état d'urgence coulé dans les formes et les mots du droit joue avec eux, au point de les vider de leur sens. Il dissimule la logique de l'exception en revêtant les habits de l'État de droit, aboutissant ainsi à une situation extrêmement confuse, où les frontières mêmes du droit commun et du régime d'exception se brouillent. Présenté comme indispensable à la préservation des libertés, l'état d'urgence permanent constitue en réalité le cadre de leur dégradation systématique.

Il est urgent de remettre les choses à plat. La question de la banalisation de l'état d'urgence doit figurer au centre du débat public et de la vie démocratique. Ce n'est pas un détail technique, une argutie juridique qui n'auraient d'effets que sur les autres. Ce régime juridique a des effets politiques puissants. Il transforme nos vies et limite nos libertés. S'y accoutumer serait un renoncement. C'est pourquoi les années qui viennent seront décisives. Il faut interpeller les acteurs politiques ; les associations, les citoyens, les juristes et les avocats doivent se mobiliser et s'engager dans l'arène.

Le moment est d'ailleurs propice ; certains signes ne trompent pas. Le Conseil d'État lui-même a consacré son étude annuelle 2021 aux « contraintes » que faisait peser l'état d'urgence sur la démocratie [1]. Il est notable que l'une des institutions qui ont été le plus étroitement associées à la fabrique des états d'urgence en vigueur depuis novembre 2015, ne serait-ce que dans sa fonction consultative qui l'a menée à émettre un avis (jamais frontalement négatif) sur chacun des – très nombreux – projets de loi d'activation, prorogation ou création d'états d'urgence, attire aujourd'hui l'attention sur les risques qu'il fait courir à nos valeurs les plus chères, à commencer par la démocratie et les libertés. Mais, là où les sages du Palais-Royal continuent de marteler que l'état d'urgence « ne dégrade pas l'État de droit », nombre d'acteurs de la société civile doutent de cette affirmation et la contestent. La demi-décennie qui vient de s'écouler atteste une prise de conscience : sur les risques encourus par l'État de droit, la démocratie et les libertés, un diagnostic est aujourd'hui en voie d'élaboration et de discussion permanente. La vigilance, la mobilisation, le travail de documentation et d'analyse de pans très importants de la société civile sont incessants, riches et pluriels. Chercheurs et activistes y figurent en bonne part, qui souvent multiplient les collaborations avec des associations, organisations non gouvernementales et autres réseaux plus ou moins informels. Certaines fractions de l'État elles-mêmes s'organisent pour exprimer cette sensibilité aux risques de dégradation du sens de l'action publique. Ensemble, ils produisent une masse considérable de ressources et enclenchent des actions qui témoignent d'une nouvelle sensibilité démocratique, assurément aiguisée par l'état d'urgence permanent. Et la jeunesse y est massivement présente, et sensible.

C'est à ce riche chorus de voix que le présent essai a souhaité contribuer, en esquissant d'abord des pistes du réarmement de la culture des libertés, à la fois pour réparer les dégâts causés par une demi-décennie de gouvernement par l'état d'urgence et pour prévenir de futures dégradations. Face à leur remise en cause permanente, la réponse doit être ferme pour stopper l'affaissement progressif des digues qui opère sans entraves depuis trop longtemps.

1. Conseil d'État, *Les États d'urgence : la démocratie sous contraintes*, *op. cit.*

Cela nous a menés à la campagne présidentielle qui, dans le droit fil de l'état d'urgence permanent, s'amorce en faisant une place centrale à nombre de questions et propositions qui vont à l'encontre des principes mêmes sur lesquels notre communauté politique est fondée. Il n'est qu'à voir la manière dont plusieurs candidats parient sur le succès d'arguments clairement inconstitutionnels – du bouclier constitutionnel visant à limiter l'autorité du droit européen en certaines matières, aux quotas d'étrangers proposés par certains candidats en passant par la préférence nationale. Ces propositions, ainsi que d'autres thématiques qui s'annoncent comme centrales au débat, prospèrent toutes sur l'idée qu'il conviendrait de poursuivre le mouvement du cantonnement, de la dégradation et de la remise en cause des droits humains. Or, parce qu'il n'y a pas de démocratie sans droits humains, il est urgent d'interrompre ce mouvement et de rappeler combien nous sommes liés, comme communauté politique, par cette corrélation première.

Pour ce faire, le présent essai a insisté sur la nécessaire vigilance critique face à la perversion de l'ordre du discours : c'est bien la langue même du politique qui est mise à l'épreuve quand s'ancre dans le débat public l'idée que l'état d'urgence serait l'ami des libertés, quand la loi Sécurité globale est réintitulée loi de « préservation des libertés », quand le principe de laïcité est invoqué pour prescrire la neutralité religieuse des personnes, etc. Mis bout à bout sans être systématiquement réfutés, ces glissements successifs font exister un état du débat public où il devient par exemple possible qu'un ministre du gouvernement caricature la défense des droits humains comme une forme de « gauchisme » ou qu'une chaîne de télévision rémunérant de notoriété publique un chroniqueur condamné plusieurs fois pour incitation à la haine raciale fasse campagne sur le thème de la défense de la liberté d'expression. Il importe aujourd'hui de faire pièce à ces formes de corruption sémantique qui abîment non seulement le débat démocratique, mais aussi les conditions de possibilité de ce dernier, qui ne peut plus advenir quand les mots sont vidés de leur sens et employés pour désigner leur contraire. Ainsi, réarmer la culture des libertés, c'est refuser, opposer, combattre ces torsions du sens même des mots de la démocratie.

Au-delà, il faut aussi renforcer les formes démocratiques du contrôle de l'action politique. Cet objectif passe, pour partie, par des canaux traditionnels, tels que le renforcement des contre-pouvoirs.

Portant le regard sur les réponses politiques à deux moments de crise majeure (le terrorisme et la pandémie), j'ai suggéré ici que, sauf à remettre en question la valeur normative du principe de soumission de l'action de l'État au droit (l'État de droit), la leçon à tirer de l'expérience de l'état d'urgence permanent réside dans la nécessité d'exiger des modalités de gestion démocratique des crises de demain. Pour ce faire, la logique de l'état d'urgence permanent doit être inversée : plutôt que d'enraciner toujours plus profondément l'action publique en période de crise dans la logique de l'urgence et de l'exception, la fabrication de modes démocratiques de réponse à la crise commande au contraire l'affirmation de contre-pouvoirs au cœur même de ce qui paraît le plus régalien. La nature des crises d'aujourd'hui et de demain implique aussi une réflexion plus épistémologique sur les conditions de possibilité d'une responsabilité politique pleine et authentique, qui a partie liée à la nécessité de repenser la place des savoirs en démocratie. D'abord parce que les défis de demain ne pourront pas être gérés de façon durable par l'imposition verticale de solutions pensées sans les principaux concernés, ce qui engage la coconstruction de la décision politique. Ensuite parce que la décision politique démocratique doit répondre à des contraintes de justification, en particulier vis-à-vis des données empiriques et scientifiques sur lesquelles elle se fonde, qui ne sauraient être réduites au rang de variables d'ajustement.

À l'approche d'échéances démocratiques de premier plan, il paraît donc essentiel d'écouter ce qu'ont à dire et à porter toutes ces voix qui, pour n'être pas directement politiques ou soutenues par des canaux institutionnels, constituent le public de la démocratie. Celles et ceux qui prétendent exercer le pouvoir auraient tort de les négliger, tant il en va de la possibilité même de la confiance sans laquelle il est vain d'espérer la démocratie. Eu égard à l'importance des questions soulevées par l'expérience récente des états d'urgence dans le pays, il est difficilement envisageable que la compétition politique s'engage sans que la question du bilan de ce procédé de lutte contre le terrorisme ou la pandémie (et, potentiellement, d'autres périls) figure au cœur du débat. Les crises de demain se profilent déjà. La volonté de savoir comment on envisage d'y faire face n'est que légitime, tout comme la crainte que, faute d'anticipation ou d'imagination, ces crises futures mènent inéluctablement au réflexe, somme toute paresseux, de nouveaux états d'urgence. Il est légitime de considérer que, sur bien des questions, les ressources offertes par le droit existant (qui n'est pas avare de dispositifs de crise) pourraient suffire. À défaut, il faut que soient tirées les leçons du passé récent pour que chaque crise ne réenclenche pas, demain et après-demain, le coûteux cycle qui associe la concentration du pouvoir exécutif à la paralysie des contre-pouvoirs et à une restriction généralisée des libertés. C'est à cette condition que nous pourrons espérer sortir du jour sans fin de l'état d'urgence.

ANNEXES HISTORIQUES ET JURIDIQUES

Chronique du jour sans fin de l'état d'urgence (2015-… ?)

L'expérience récente de l'état d'urgence en France a fait naître une nouvelle normalité politique (un état d'urgence a été en vigueur plus de la moitié du temps depuis novembre 2015), mais aussi et surtout un nouveau réflexe de gouvernement : à chaque crise son état d'urgence, tendanciellement durable et toujours en partie et *in fine* intégré au droit commun. La chronique précise du jour sans fin de l'état d'urgence est, à cet égard, édifiante.

Déclaré par décret en Conseil des ministres au cœur de la nuit du 13 au 14 novembre 2015, l'état d'urgence antiterroriste ne pouvait rester en vigueur que douze jours ; au-delà, sa prorogation nécessitait l'intervention du législateur. Ce fut chose faite le 20 novembre 2015 : le Parlement accordait une première prorogation de trois mois… bientôt suivie d'une autre, pour trois mois supplémentaires (loi du 19 février 2016), puis d'une autre, pour deux mois (loi du 20 mai 2016). Au cours de cette première période, déjà, de nombreuses voix avaient alerté sur les dangers et les problèmes posés par l'ancrage dans la durée d'un tel régime d'exception[1] ; et divers rapports parlementaires avaient souligné son utilité décroissante, y compris pour la lutte contre le terrorisme[2]. Vers la fin du printemps 2016, alors que le président de la République donnait des signes de son intention d'y mettre fin, la nouvelle attaque d'ampleur commise à Nice le 14 juillet 2016 réenclenchait un cycle de prorogations successives : le 21 juillet 2016, pour six mois, puis le 19 décembre pour sept mois, et enfin le 11 juillet 2017 pour une ultime prorogation de quatre mois – le temps, indiquait le texte émanant du gouvernement

---

1. Sans même lister les nombreuses et importantes interventions d'ONG telles qu'Amnesty international, Human Rights Watch, la Ligue des droits de l'Homme, etc., il suffit de souligner les non moins nombreuses interventions, alertes et mises en garde émanant de la CNCDH ou du Défenseur des droits.
2. Dès janvier 2016, la mission parlementaire de contrôle de l'état d'urgence soulignait qu'il avait « épuisé ses effets » (2e rapport d'étape de la mission parlementaire de contrôle de l'état d'urgence, présenté par M. Jean-Jacques Urvoas, janvier 2016). D'autres rapports soulignent l'inefficacité relative de l'état d'urgence dans la lutte contre le terrorisme (AN, Rapport nº 3922 au nom de la commission d'enquête relative aux moyens mis en œuvre par l'État pour lutter contre le terrorisme depuis le 7 janvier 2015, juillet 2016, p. 262 : « alors que toutes les auditions de notre commission se sont tenues pendant l'état d'urgence, force est de constater que les mesures prises pendant l'état d'urgence n'ont pas été évoquées par les spécialistes de la lutte contre le terrorisme comme jouant un rôle particulier dans celle-ci »).

d'Édouard Philippe installé dans le sillage des élections présidentielle et législatives de 2017, d'organiser la « sortie maîtrisée » de l'état d'urgence. En fait de sortie, on sait ce qu'il advint : l'état d'urgence prit formellement fin le 1er novembre à l'expiration du dernier délai législatif de prorogation ; mais la veille, la loi Sécurité intérieure et lutte contre le terrorisme (SILT) était promulguée, qui faisait entrer dans le droit commun quatre des mesures phares de l'état d'urgence. L'état d'urgence prenait donc fin peu avant son deuxième anniversaire, mais seulement après qu'une loi était intervenue pour en normaliser une large part du contenu : y avait-il eu un retour à la norme ? Était-on vraiment sortis de l'état d'urgence ?

La suite ne faisait que confirmer ce premier constat du brouillage des catégories opéré par l'état d'urgence permanent. S'il avait finalement été possible d'en sortir (fût-ce au prix du subterfuge de la loi SILT), c'était pour y retomber peu après : face à la pandémie de Covid-19, le gouvernement fit rapidement adopter la loi du 23 mars 2020 créant le tout nouveau régime juridique de l'état d'urgence sanitaire. Aussitôt mis en vigueur pour une première durée de deux mois, il fut d'abord prorogé jusqu'au 10 juillet. Mais alors qu'il devait donc être levé à cette date (sauf en Guyane et à Mayotte, où il demeura en vigueur jusqu'au 30 octobre 2020), c'est un tour de passe-passe d'une nouvelle facture que réalisait une loi adoptée, de nouveau, la veille, « organisant la sortie de l'état d'urgence ». La loi du 9 juillet créait ainsi un nouveau régime juridique, une sorte d'état d'urgence innommé dans le cadre duquel le gouvernement conservait la plupart des pouvoirs que l'état d'urgence sanitaire lui avait conférés à titre (par hypothèse) exceptionnel : réglementation de la circulation des personnes et des véhicules, de l'accès aux transports collectifs (port du masque rendu obligatoire), fermeture des établissements recevant du public (commerces, écoles, etc.), interdiction des rassemblements de personnes… En réalité, il n'y a guère que les mesures de confinement qu'il ne pouvait plus édicter. Ce nouveau régime, bientôt appelé « régime transitoire de sortie » de l'état d'urgence, initialement créé pour quatre mois, a lui aussi vu sa durée de vie prolongée jusqu'au 1er avril 2021. Il a, depuis lors, disparu de l'ordre juridique.

C'est que, d'abord, ce régime transitoire de sortie a été interrompu par la remise en vigueur de l'état d'urgence plein et entier de la loi du 23 mars 2020 : face à la seconde vague épidémique, l'état d'urgence a en effet été de nouveau déclaré en octobre 2020. Déclaré pour une durée initiale d'un mois, il fera ensuite l'objet de deux lois de prorogation, et ne sera finalement levé que sept mois plus tard, le 1er juin 2021. À cette date, pas davantage de retour à la normale, cependant : c'est une nouvelle fois le choix d'un état d'urgence innommé qui est fait – sorte d'état transitoire nº 2, plus rigoureux encore que le premier, puisque le Premier ministre y jouit de deux pouvoirs considérables qu'il n'avait pas sous l'empire de la loi du 9 juillet : celui d'interdire aux personnes de sortir de leur domicile dans certains créneaux horaires (le couvre-feu, permis jusqu'au 30 juin 2021 [3]) et celui de subordonner l'accès à certains lieux et événements à la présentation d'un passe sanitaire (initialement limité aux « grands rassemblements », le passe sanitaire a été considérablement étendu par la suite [4] et est désormais requis dans les restaurants, bars, musées, établissements de santé, transports de longue distance, etc.).

Avec ces états transitoires situés entre état d'urgence et droit commun, c'est en quelque sorte comme si l'ancien interrupteur qui organisait la distinction entre droit commun et régime d'exception (on est soit sous état d'urgence, soit hors état d'urgence) avait cédé la place à un variateur (on est plus ou moins sous état d'urgence).

3. Loi du 31 mai 2021 relative à la gestion de la sortie de crise sanitaire.
4. Loi du 5 août 2021 relative à la gestion de la crise sanitaire.

1. L'état d'urgence antiterroriste, 2015-2017

Déclaration de l'état d'urgence le 14 nov. 2015 (décret en Conseil des ministres)

→

… en vigueur jusqu'au 1er novembre 2017 car prorogé à 6 reprises

- 1re prorogation (loi du 20 nov. 2015)
- 2e prorogation (loi du 19 fév. 2016)
- 3e prorogation (loi du 26 mai 2016)
- 4e prorogation (loi du 22 juil. 2016)
- 5e prorogation (loi du 22 déc. 2016)
- 6e prorogation (loi du 16 juil. 2017)

→

Levée de l'état d'urgence ?

- Levée automatique par expiration au 1er novembre 2017 du dernier délai de prorogation accordé par le législateur (loi du 16 juil. 2017)
- Mais adoption de la loi SILT du 30 oct. 2017 qui transpose dans le droit commun 4 des mesures-phares de l'état d'urgence
- Prorogation de ces dispositions de la loi SILT initialement votées comme « temporaires » par la loi du 24 déc. 2020

2. L'état d'urgence sanitaire, depuis mars 2020

1res mesures exceptionnelles (janv.-mars 2020)

- Arrêtés du ministre de la Santé sur le fondement de ses pouvoirs d'urgence (art. L. 3131-1 Code de la santé publique)
- Décret du Premier ministre du 16 mars 2020 ordonnant le confinement généralisé de la population, sur le fondement des circonstances exceptionnelles

→

État d'urgence sanitaire : 23 mars 2020-10 juillet 2020

- Création et prorogation de l'état d'urgence sanitaire : loi du 23 mars 2020
- 1re prorogation : loi du 11 mai 2020 jusqu'au 10 juillet 2020 (sauf Guyane et Mayotte où l'état d'urgence sanitaire demeure en vigueur jusque septembre)

→

État d'urgence innommé - État transitoire n° 1 : 10 juillet-17 octobre 2020
Création et mise en œuvre de l'« état transitoire de sortie de l'état d'urgence sanitaire »

- loi du 9 juillet 2020 autorise l'état transitoire de sortie jusqu'au 31 octobre 2020

Retour à l'état d'urgence sanitaire (14 oct. 2020 - 1er juin 2021)

- Décret du 14 octobre 2020
- 1re prorogation par la loi du 14 novembre 2020
- 2e prorogation par la loi du 15 février 2021 (jusqu'au 1er juin 2021)

→

Nouvel état d'urgence innommé - Etat transitoire n° 2 (1er juin 2021- ?)

- Loi du 31 mai 2021 autorise l'état transitoire jusqu'au 30 septembre 2021
- Loi du 5 août 2021 : prolongation de l'état transitoire jusqu'au 15 novembre 2021
- Loi du 10 novembre 2021 : prolongation de l'état transitoire jusqu'au 31 juillet 2022

État transitoire n° 2 durci par rapport au n° 1 car :

- possibilité de couvre-feu (en vigueur jusqu'au 30 juin)
- instauration du « passe sanitaire » (en version très élargie à compter de la loi du 5 août 2021)

→

Avec, dans le même temps, retour à l'état d'urgence sanitaire plein et entier :

- à la Réunion et en Martinique (décret du 13 juillet 2021)
- à la Guadeloupe, Saint-Martin, Saint-Barthélemy (décret du 28 juillet 2021)
- en Polynésie française (décret du 11 août 2021)
- sachant qu'en Guyane, la loi du 31 mai 2021 proroge l'état d'urgence décrété en octobre 2020 jusqu'au 30 sept. 2021

État de siège, article 16, état d'urgence... : les régimes d'exception en droit français

Le droit public moderne français a de longue date fait place aux régimes d'exception. Sous la Révolution française, divers textes relèvent de ce registre, à l'instar de la loi du 11 août 1792 confiant la « police de la sûreté générale » aux municipalités. La Constitution de 1799 (22 frimaire an VIII) prévoyait, en son article 92, que « dans les cas de révolte à main armée, ou de troubles qui menacent la sûreté de l'État, la loi peut suspendre, dans les lieux et pour le temps qu'elle détermine, l'empire de la Constitution ». La Constitution du 4 novembre 1848, sous la IIe République (1848-1851), marquait ici une rupture, puisque son article 51 prescrivait que le président de la République « ne peut céder aucune portion du territoire, ni dissoudre ni proroger l'Assemblée nationale, ni suspendre, en aucune manière, l'empire de la Constitution et des lois ». Mais c'est aussi ce texte constitutionnel qui appelait le législateur à déterminer « les cas dans lesquels l'état de siège pourra être déclaré » et à régler « les formes et les effets de cette mesure » (article 106). C'est chose faite avec les lois du 9 août 1848 et du 3 avril 1878. De fait, l'état de siège est celui des régimes d'exception qui a longtemps été le seul à être juridiquement défini ; il existe toujours sous la Ve République : l'article 36 de la Constitution énonce qu'il peut être décrété en Conseil des ministres pour une durée de douze jours et qu'au-delà, sa prorogation nécessite l'intervention du Parlement[1]. L'état de siège ne peut être décrété qu'en cas de « péril imminent résultant d'une guerre étrangère ou d'une insurrection armée », et le territoire dans lequel il s'applique ainsi que sa durée d'application doivent être définis. Il emporte le transfert des pouvoirs de l'autorité civile à l'autorité militaire : l'armée peut faire des perquisitions, de jour comme de nuit, éloigner « toute personne ayant fait l'objet d'une condamnation devenue définitive pour crime ou délit » ou encore interdire toute publication ou réunion jugées susceptibles de menacer l'ordre public. Par ailleurs, les juridictions militaires voient

1. Par ailleurs, les lois de 1848 et 1878 relatives à l'état de siège sont aujourd'hui codifiées aux articles L. 2121-1 et suivants du Code de la défense.

leurs compétences accrues. Cela étant, ce régime défini et abondamment utilisé au XIXe siècle (1848, 1870…), ainsi que pendant la Première Guerre mondiale, ne l'a plus été depuis lors.

Non pas que le pouvoir exécutif soit démuni en situation de crise. En effet, non seulement il existe, depuis la loi du 3 avril 1955, le régime de l'état d'urgence dont le présent ouvrage a analysé les mises en œuvre récentes, mais encore la Constitution de la Ve République, promulguée le 4 octobre 1958, a créé un régime constitutionnel de crise qui repose sur un régime de « pleins pouvoirs » alloués au chef de l'État « lorsque les institutions de la République, l'indépendance de la Nation, l'intégrité de son territoire ou l'exécution de ses engagements internationaux sont menacés d'une manière grave et immédiate et que le fonctionnement régulier des pouvoirs publics constitutionnels est interrompu » (article 16). Ce régime d'exception trouve certainement son origine dans la Seconde Guerre mondiale : il s'agissait de doter le régime d'un cadre constitutionnel légitime dans le cas où se reproduirait une situation semblable à celle qu'avait connue le pays en 1940, lorsque le territoire avait été largement envahi par les armées allemandes. Le gouvernement de la France libre créé par le général de Gaulle à Londres à cette époque avait en effet pu apparaître comme existant en dehors de la légalité constitutionnelle ; l'objet de l'article 16 confère donc au président de la République le pouvoir de prendre toute mesure « exigée par les circonstances ».

L'article 16 est toutefois rédigé en des termes très larges et soulève de nombreuses critiques et interrogations. Parce que le chef de l'État est le seul juge de ce que les conditions de mise en œuvre de l'article 16 sont réunies, il s'agit d'un régime juridique faisant largement écho à l'état d'exception tel que théorisé par Carl Schmitt : le président décide seul, à la fois de l'exception et des mesures qu'elle requiert. Une fois déclenché le régime de l'article 16, le chef de l'État peut en effet exercer tous les pouvoirs, y compris ceux du Parlement ou de l'autorité judiciaire. La Constitution ne pose que deux limites matérielles : il est interdit au chef de l'État de prononcer la dissolution de l'Assemblée nationale, et les mesures qu'il prend « doivent être inspirées par la volonté d'assurer aux pouvoirs publics constitutionnels, dans les moindres délais, les moyens d'accomplir leur mission ». Formellement, le chef de l'État doit préalablement consulter le Premier ministre, les présidents des deux assemblées et le Conseil constitutionnel ; il doit ensuite informer la nation de sa décision par un message.

L'article 16 n'a été mis en œuvre qu'une seule fois, en avril 1961, au moment du putsch des généraux d'Alger (seulement vingt-quatre heures après que l'état d'urgence eut par ailleurs été décrété[2]). Bien que cette rébellion militaire eût échoué au bout de quelques jours, le général de Gaulle maintint l'article 16 en vigueur jusqu'en septembre 1961. C'est l'une des raisons pour lesquelles le précédent de 1961 est généralement considéré comme illustrant le danger d'un régime dont la durée d'application est tout entière décidée par le chef de l'État. En 1993, suivant en cela les recommandations du comité d'experts réunis sous la présidence de Georges Vedel, un projet de loi constitutionnelle avait d'ailleurs prévu la suppression de l'article 16[3] ; il n'avait toutefois pas abouti. En 2008, une révision constitutionnelle a cherché à l'enserrer dans des règles un peu plus précises : il est désormais prévu qu'au bout de trente jours de mise en œuvre de l'article 16, le Conseil constitutionnel peut être saisi (soit par le président d'une des deux assemblées, soit par soixante députés ou sénateurs), « aux fins d'examiner si les conditions énoncées [par l'article 16] sont toujours réunies » ; s'il n'est pas saisi dans ce délai, il se réunit de plein droit au bout de soixante jours.

---

2. Menant à une situation de « confusion des pouvoirs d'exception » : Frédéric Rolin, « L'état d'urgence », dans Bertrand Mathieu (dir.), *Cinquantième Anniversaire de la Constitution française*, Paris, Dalloz, 2008, p. 611, p. 613.
3. Projet de loi constitutionnelle n° 232, 10 mars 1993.

Les applications historiques de l'état d'urgence

L'état d'urgence comme régime juridique trouve sa source dans la loi du 3 avril 1955, intitulée « loi relative à l'état d'urgence en Algérie ». Il s'agit d'une législation *ad hoc* censée permettre au pouvoir colonial de faire face à la situation d'insurrection apparue avec la « Toussaint rouge » (série d'attentats commis par le FLN le 1er novembre 1954), et qui allait bientôt devenir une authentique guerre d'indépendance. Adoptée en quelques jours, la loi crée un régime juridique nouveau et exceptionnel fondé sur l'accroissement des pouvoirs de police de l'exécutif (contrôle de la circulation des personnes et des véhicules, des rassemblements, fermeture des établissements recevant du public, assignations à résidence, perquisitions...), et le met immédiatement en vigueur pour une première durée de six mois sur le territoire algérien. Ce tout premier état d'urgence fut prorogé de six mois par une loi du 7 août 1955, mais il prit finalement fin de manière anticipée le 1er décembre 1955, après la dissolution de l'Assemblée nationale [1]. On sait relativement peu de choses sur les modalités de l'application concrète de ce premier état d'urgence. Mais la dureté du régime policier qui s'applique en Algérie à cette période tient aussi à la loi du 16 mars 1956, dite « loi sur les pouvoirs spéciaux en Algérie », qui habilite le gouvernement à prendre « toutes mesures exceptionnelles en vue du rétablissement de l'ordre ». Elle pérennise, d'une certaine manière, l'état d'urgence – et va même au-delà puisque, on le sait, elle donne vite naissance à des camps d'internement [2]. Arlette Heymann-Doat affirme que, du point de vue du contrôle juridictionnel relatif aux mesures prises sur le fondement du texte, « le Conseil d'État a exercé un contrôle minimal [...], se bornant à vérifier qu'elles n'étaient pas prises pour des motifs étrangers au champ d'application de la loi et ne vérifiant même pas l'exactitude matérielle des faits [3] ». Les conditions de naissance de la loi de 1955 comme cette première mise en application

1. Article 4 de la loi : « En cas de dissolution de l'Assemblée nationale, la loi ayant déclaré l'état d'urgence est abrogée de plein droit. »
2. Sylvie Thénault, *Une drôle de justice. Les magistrats dans la guerre d'Algérie*, Paris, La Découverte, 2004.
3. Arlette Heymann-Doat, « L'état d'urgence : un régime juridique d'exception pour lutter contre le terrorisme ? », art. cité, p. 71.

révèlent donc un texte étroitement imbriqué au régime colonial et à son maintien par la force.

La seconde mise en application de l'état d'urgence est décidée par la loi du 17 mai 1958 : à la suite du putsch d'Alger, c'est cette fois-ci sur le territoire métropolitain que l'état d'urgence est mis en œuvre, à la demande du président du Conseil Pierre Pflimlin, pour une durée de trois mois. La proclamation de l'état d'urgence reçoit cette fois-ci le soutien des socialistes et des communistes qui s'étaient opposés à sa création trois ans plus tôt. Car le contexte est tout autre : « L'occupation du gouvernement général à Alger, la substitution d'un Comité de salut public rassemblant civils et militaires aux autorités légales, l'appel au général de Gaulle et sa réponse favorable suscitent l'affolement à Paris. Les factieux se préparent-ils à prendre le pouvoir dans la capitale ? Quelle confiance accorder au Général ? » ; désormais, « la menace pesant sur le régime républicain cautionne mieux que tout autre motif le recours à un état d'exception »[4]. Cette seconde mise en œuvre de l'état d'urgence est toutefois très brève, écourtée, cette fois-ci, par la chute du gouvernement et l'arrivée au pouvoir du général de Gaulle le 1er juin 1958[5] ; mal connu, ce second état d'urgence est même souvent oublié.

Il en va autrement du troisième état d'urgence, déclaré lui aussi sur le territoire métropolitain par le général de Gaulle le 22 avril 1961, après le putsch des généraux. Depuis une modification intervenue en 1960[6], l'état d'urgence ne résulte plus d'un vote du Parlement mais peut être proclamé par décret en Conseil des ministres ; seule sa prorogation au-delà de douze jours exige l'intervention législative. Celle-ci ne fut toutefois pas nécessaire en 1961 puisque, dès le lendemain, de Gaulle mit par ailleurs en œuvre l'article 16 de la Constitution et s'arrogea les pleins pouvoirs – ce régime constitutionnel qui permet au chef de l'État, en cas de crise grave, de prendre « toutes les mesures exigées par les circonstances ». À ce titre, de Gaulle décida notamment que « la durée de l'état d'urgence,

4. Sylvie Thénault, « L'état d'urgence (1955-2005). De l'Algérie coloniale à la France contemporaine : destin d'une loi », art. cité, p. 63.
5. La loi du 3 avril 1955 (art. 3) prévoit la caducité de la loi déclarant l'état d'urgence si le nouveau gouvernement n'en obtient pas confirmation par le Parlement dans les quinze jours après sa nomination.
6. La loi de 1955 conférait au Parlement la compétence de déclarer l'état d'urgence ; c'est une réforme liée à l'ordonnance nº 60-372 du 15 avril 1960 qui permit la déclaration d'état d'urgence par décret en Conseil des ministres pour une durée de douze jours – au-delà de laquelle seul le Parlement peut accorder la prolongation.

déclaré et mis en application par les décrets [...] du 22 avril 1961, est prolongée jusqu'à nouvelle décision [7] » : l'état d'urgence était en quelque sorte « couvert » par le régime des pouvoirs spéciaux. Et juste avant que ce dernier prenne fin, le 30 septembre 1961 [8], le chef de l'État avait pris soin de prescrire que l'état d'urgence demeurerait en vigueur jusqu'au 15 juillet 1962 [9]. C'est ensuite une autre acrobatie juridique qui permit au général de Gaulle de décider, par une ordonnance du 13 juillet 1962 [10], une ultime prorogation jusqu'au 31 mai 1963. L'état d'urgence dura ainsi du 22 avril 1961 au 1er juin 1963 – soit l'épisode le plus long jamais enregistré – même si, rétroactivement, le Conseil d'État jugera en 1969 qu'aucun des actes précités pris par le général de Gaulle n'avait pu déroger aux dispositions de la loi de 1955 prescrivant la caducité automatique de l'état d'urgence du fait de la dissolution de l'Assemblée nationale prononcée le 9 octobre 1962 [11]. Du point de vue de l'application qui en a été faite, l'historienne Sylvie Thénault estime qu'il s'est surtout agi pour le pouvoir de cibler des partisans de l'Algérie française reconvertis, après l'indépendance, à l'antigaullisme [12] ; mais la superposition de régimes d'exception (loi de 1955 et article 16), auxquels il faut encore ajouter nombre de textes pris spécialement pour faire face à la guerre d'Algérie, rend l'opération d'évaluation de cet état d'urgence très complexe.

L'état d'urgence tomba ensuite dans l'oubli, ou la désuétude, pendant plus de vingt ans ; il faut dire que, par son titre même (« loi relative à l'état d'urgence *en Algérie* »), il semblait pouvoir n'être appliqué que sur ce territoire ou en lien avec la problématique algérienne – et donc, être devenu caduc suite à l'indépendance. Le texte est toutefois remobilisé en 1984 face aux troubles en Nouvelle-Calédonie – là encore au prix d'une acrobatie juridique : si en effet

7. *J.O.*, 24 avril 1961, p. 3876.
8. Décision du président de la République du 29 septembre 1961, *J.O.*, 30 septembre 1961, p. 8963 : « Il cesse d'être fait application de l'article 16 de la Constitution. »
9. Décision du président de la République du 29 septembre 1961, *J.O.*, 30 septembre 1961 p. 8963 : « Sous réserve de ce qui pourrait être décidé par la loi, restent en vigueur jusqu'au 15 juillet 1962 : l'état d'urgence prolongé jusqu'à nouvelle décision par la décision du 24 avril 1961 [...]. »
10. Ordonnance prorogeant les dispositions des décisions des 24 avril 1961 (extension de l'application de l'ordonnance nº 58916 du 7 octobre 1958, garde à vue, prolongation de l'état d'urgence), *J.O.*, 17 juillet 1962.
11. CE, 25 juin 1969, *Lebon* p. 334 ; voir Frédéric Rolin, « L'état d'urgence », art. cité, p. 611.
12. Sylvie Thénault, « État d'urgence, 1955 : une loi pour l'Algérie, une loi coloniale ? », art. cité, p. 67.

la loi nº 84-821 du 6 septembre 1984 portant statut du territoire de la Nouvelle-Calédonie donne au haut-commissaire la possibilité de « proclamer l'état d'urgence dans les conditions prévues par les lois et décrets », l'absence de renvoi explicite à la loi de 1955 (relative à l'Algérie) aurait pu être interprétée comme interdisant son application en Nouvelle-Calédonie. En raison des tensions très vives générées par divers assassinats entre indépendantistes et loyalistes, le haut-commissaire de la République de ce territoire choisit toutefois de proclamer l'état d'urgence en vertu de la loi de 1955 le 12 janvier 1985 [13] ; et le Parlement, saisi d'un projet de loi de prorogation au-delà de douze jours, valide cette hypothèse d'un renvoi implicite [14] : la loi du 25 janvier 1985 proroge l'état d'urgence en Nouvelle-Calédonie jusqu'au 30 juin 1985. Si peu de mesures individuelles semblent avoir été prises sur son fondement, les attroupements de plus de cinq personnes sur la voie publique, de même que la distribution de tracts appelant à des manifestations ont été interdits ; un couvre-feu a été mis en œuvre et les perquisitions de nuit autorisées.

En revanche, cette mise en œuvre de l'état d'urgence en Nouvelle-Calédonie revêt une grande importance constitutionnelle. Jusque-là, en effet, la question de la compatibilité entre ce régime issu de la loi du 3 avril 1955 et la Constitution de la Vᵉ République datant de 1958 n'avait jamais été posée. Or, en janvier 1985, la loi prorogeant l'état d'urgence initialement décrété par le haut-commissaire de la République fut déférée au Conseil constitutionnel. Les parlementaires auteurs de la saisine faisaient précisément valoir que le législateur ne pouvait porter des atteintes aux libertés constitutionnelles telles que prévues par l'état d'urgence que dans le cadre constitutionnel ; or la Constitution de 1958 ne faisant pas référence à l'état d'urgence, ce dernier serait inconstitutionnel. Le Conseil constitutionnel rejeta toutefois l'argument : « Si la Constitution, dans son article 36, vise expressément l'état de siège, elle n'a pas pour autant exclu la possibilité pour le législateur de prévoir un

---

13. Arrêté nº 85-35 du haut-commissaire de la République en date du 12 janvier 1985 ; en application de la loi du 6 septembre 1984 relative au statut de la Nouvelle-Calédonie qui autorise le haut-commissaire à se substituer au président de la République pour déclarer l'état d'urgence.
14. Voir, par exemple, Sénat, Rapport nº 193 par M. Jacques Larché, 24 janvier 1985, p. 8-9 : « Malgré les réserves exprimées récemment et dans le souci de ne pas alimenter une controverse, votre Rapporteur estime qu'il convient d'interpréter l'article 119 comme une extension implicite à la Nouvelle-Calédonie des dispositions de la loi du 3 avril 1955. »

régime d'état d'urgence pour concilier, comme il vient d'être dit, les exigences de la liberté et la sauvegarde de l'ordre public ; [ainsi], la Constitution du 4 octobre 1958 n'a pas eu pour effet d'abroger la loi du 3 avril 1955 relative à l'état d'urgence, qui, d'ailleurs, a été modifiée sous son empire. » Il refusait en outre de contrôler au fond la compatibilité de la loi de 1955 à la Constitution, estimant que la loi de prorogation dont il était saisi ne faisait que mettre en œuvre le texte initial, qui ne saurait être contrôlé que par une loi le modifiant, le complétant ou affectant son domaine [15].

Au-delà de ce qui les différencie, ces quatre premières mises en œuvre de l'état d'urgence présentent un point commun : elles correspondent à des configurations où l'intégrité du territoire national est mise en cause sinon menacée. De ce point de vue, le recours à l'état d'urgence en 2005, après les émeutes urbaines déclenchées dans les banlieues de plusieurs villes du pays en réaction à la mort de Zyed Benna et Bouna Traoré à Clichy-sous-Bois dans une course-poursuite avec les forces de l'ordre, marque une rupture [16]. D'outil de réponse à des menaces graves, souvent armées, sur l'intégrité territoriale, l'état d'urgence devient un outil de « gestion des conflits sociaux durs [17] ». Proclamé par décret du 8 novembre 2005 après une forte insistance du Premier ministre Dominique de Villepin, l'état d'urgence est prorogé par la loi du 18 novembre pour une durée de trois mois. La mise en œuvre d'un tel régime de police est alors très vivement contestée au regard, non seulement de l'événement à l'origine des émeutes, mais aussi de la réalité socio-économique des territoires où elles ont lieu : le recours à l'état d'urgence prend les allures d'une réponse autoritaire brutale à des questions d'inégalités économiques, politiques et sociales endémiques [18]. La situation s'apaisant peu à peu, le chef de l'État, Jacques Chirac, décide la levée anticipée de l'état

15. Un tel contrôle n'advint donc qu'à partir de 2015, à la faveur des saisines du Conseil relatives à certaines des lois adoptées entre 2015 et 2017 venant modifier le texte de 1955 ; voir Véronique Champeil-Desplats, « L'état d'urgence devant le Conseil constitutionnel ou quand l'État de droit s'accommode de normes inconstitutionnelles », art. cité, p. 151.
16. En réalité, il faudrait aussi compter avec l'application très brève de l'état d'urgence à Wallis-et-Futuna en 1986 (pour vingt-quatre heures, dans le cadre d'un conflit entre représentants de l'État et chefs coutumiers) ainsi que dans un des territoires de Polynésie française en 1987 (pour une dizaine de jours, dans le cadre d'affrontements entre dockers en grève et forces de l'ordre).
17. Dominique Rousseau, « L'état d'urgence, un état vide de droit(s) », art. cité, p. 19.
18. Voir le communiqué du 8 novembre 2005 : https://www.ldh-france.org/8-novembre-2005-Violences-urbaines.

d'urgence, le 3 janvier 2006[19]. De ce point de vue, les états d'urgence antiterroriste et sanitaire auquel le présent essai s'intéresse à titre principal sont bien héritiers de cette rupture commencée en 2005, qui fit de l'état d'urgence un des outils de la gestion de l'ordre public dans sa globalité – le faisant ainsi descendre, en quelque sorte, d'un cran sur l'échelon de l'exceptionnalisme.

19. Entre-temps un recours en justice avait été formé par plusieurs centaines d'universitaires estimant disproportionnée la mise en œuvre de ce régime d'exception. Leur requête fut rejetée par le Conseil d'État (CE, 14 novembre 2005, nº 286835 ; CE, 9 décembre 2005, nº 287777), qui jugea que l'exécutif jouit d'un « très large pouvoir d'appréciation » sur la mise en œuvre de ce régime.

États d'urgence et restrictions aux libertés (1) : la prolongation automatique des délais de détention provisoire

Le contexte, tout d'abord : lorsqu'il prononce le confinement généralisé de la population en mars 2020, le gouvernement a pleinement conscience que cette mise à l'arrêt du pays va produire des conséquences multidirectionnelles et, à vrai dire, probablement impossibles à prévoir et mesurer. Parmi les arènes sociales lourdement affectées sinon interrompues, se trouve bien sûr la justice. Cette problématique est d'autant plus lourde que, d'une part, la procédure judiciaire regorge de délais qui conditionnent la validité des procédures et sont susceptibles d'être massivement mis en cause par la situation sanitaire et, d'autre part, qu'est en cause en cette matière rien moins que la liberté individuelle, du fait de la compétence spécifique du juge judiciaire à prononcer des peines privatives de libertés. C'est précisément au nom des exigences liées à la liberté individuelle qu'il a été décidé, d'abord, de procéder à la libération anticipée de certains groupes de condamnés au regard tant du reliquat de peine que de la nature des motifs de la condamnation. Mais c'est aussi au regard de la problématique carcérale que l'ordonnance du 23 mars 2020 fut rapidement adoptée pour confirmer la prolongation automatique (« de plein droit ») des détentions provisoires, sans intervention ou décision judiciaires [1], pour des durées allant de deux mois à trois mois pour les délits et de six mois pour les crimes.

Une telle mesure peut, à n'en pas douter, être lue comme une entorse majeure aux principes fondamentaux régissant le droit pénal – à commencer par la présomption d'innocence dont jouit toute personne jusqu'à son éventuelle condamnation, ce qui est bien le cas, par hypothèse, des personnes placées en détention provisoire : « C'est la première fois depuis la loi des suspects de 1793 que l'on ordonne que des gens restent en prison sans l'intervention d'un juge », dénonçait ainsi Louis Boré, président de l'ordre des avocats au Conseil d'État et à la Cour de cassation [2]. La mesure suscitait d'ailleurs d'emblée la perplexité et la confusion au sein des

1. En fait, c'est précisément la circulaire Belloubet qui précise ce point.
2. https://www.lemonde.fr/societe/article/2020/04/04/coronavirus-le-conseil-d-etat-valide-la-prolongation-de-la-detention-provisoire-sans-juge_6035548_3224.html.

juridictions, l'application et l'interprétation de ces dispositions se révélant cacophoniques. Pourtant, c'est par une ordonnance lapidaire (la mesure ne peut être regardée « eu égard à l'évolution de l'épidémie, à la situation sanitaire et aux conséquences des mesures prises pour lutter contre la propagation du Covid-19 sur le fonctionnement des juridictions, sur l'action des auxiliaires de justice et sur l'activité des administrations [...] comme portant une atteinte manifestement illégale aux libertés fondamentales [3] ») et sans même avoir tenu d'audience (et donc, de débat contradictoire) que le Conseil d'État rejette le recours formé contre la circulaire de la garde des Sceaux. Il y avait pourtant matière à débat, comme le révèle le sort juridique ultérieur de la mesure. Elle fut, d'abord, suspendue par le législateur lui-même qui estimait que le gouvernement était allé au-delà de l'habilitation qui lui avait été consentie ; la loi du 11 mai 2020 prorogeant l'état d'urgence sanitaire mettait fin au dispositif. Mais, surtout, d'autres juges que le juge administratif ont, par la suite, eu un raisonnement bien différent – et, en l'occurrence, bien plus critique. Un mois après l'ordonnance du Conseil d'État, la Cour de cassation estimait d'abord que la prolongation automatique n'était pas conforme aux exigences de la Convention européenne des droits de l'homme et ensuite qu'elle soulevait des interrogations relatives à sa constitutionnalité [4] – prenant dès lors des décisions qui contrastent assez nettement avec le rejet lapidaire du Conseil d'État. Le Conseil constitutionnel finit, en outre, par juger que l'ordonnance du 25 mars était inconstitutionnelle, les circonstances justifiant la mesure (et donc, l'état d'urgence sanitaire) n'impliquant pas que l'appréciation de la nécessité du maintien en détention soit soustraite au contrôle systématique du juge judiciaire, lequel est requis par l'article 66 de la Constitution [5].

---

3. CE, ord. 3 avril 2020, n°s 439877, 439890.
4. Cass. crim., 26 mai 2020, n° 20-81.910 ; et Cass. crim., 3 novembre 2002, n°s 20-83.189 et 20-83.457.
5. CC, 29 janvier 2021, Décision n° 2020-878/879 QPC.

États d'urgence et restrictions aux libertés (2) : les assauts répétés sur la liberté de manifestation

Comme l'ont noté un grand nombre d'institutions et d'organisations de défense des droits humains [1], la liberté de manifestation a été considérablement érodée depuis 2015. Cette année-là, la proclamation de l'état d'urgence s'est d'emblée accompagnée de très nombreuses interdictions de manifestation. Certaines ont pris la forme de mesures générales (interdiction de toute manifestation à Paris jusqu'au 30 novembre 2015), d'autres ont visé l'interdiction de telle ou telle manifestation en particulier, tandis que nombre de mesures individuelles venaient encore renforcer l'arsenal (des mesures d'assignation à résidence ou d'interdiction de paraître privant en effet certains individus de la liberté de prendre part ou de se trouver à proximité de telle ou telle manifestation). La démocratie s'accommodant toutefois mal du musellement durable des formes collectives d'expression et d'opposition politiques, le régime de l'état d'urgence n'a pas neutralisé le mouvement social. Les mobilisations autour de la loi Travail en 2016, et la formation dans leur sillage du mouvement Nuit debout, en témoignent.

Or le Premier ministre de l'époque, Manuel Valls, laissait alors entendre qu'il envisageait l'interdiction préventive de toute manifestation [2], créant de ce fait de grandes tensions. Ces dernières ne furent que vivifiées par les mesures restrictives décidées par de nombreux préfets. Fin juin 2016, à Paris, la Préfecture de police tenta par exemple d'imposer aux organisations syndicales une manifestation « statique » – finalement autorisée sous forme mobile traditionnelle, mais sur un parcours significativement réduit autour du bassin de l'Arsenal… À Paris, Rennes et Nantes, ce sont aussi nombre d'interdictions individuelles de manifester qui furent prises sur le fondement de l'état d'urgence à l'encontre d'individus identifiés comme « leaders » des mouvements de contestation ou comme

1. Amnesty international, « Un droit, pas une menace. Restrictions disproportionnées à la liberté de réunion pacifique sous couvert de l'état d'urgence en France », juin 2017.
2. https://www.lemonde.fr/politique/article/2016/06/19/loi-travail-manuel-valls-souhaite-l-annulation-des-manifestations-jeudi_4953498_823448.html.

« membre[s] très actif[s] de la mouvance ultra-gauche »[3]. C'est donc sur l'ensemble de la période un très grand nombre de mesures restrictives de la liberté de manifester qui ont été prises, sans que l'on puisse les relier aux motifs pour lesquels le pays était sous état d'urgence : manifestations de soutien aux migrants interdites alors même que l'Europe connaissait une « crise migratoire » historique qui menait à la constitution de camps multiples aux frontières extérieures de l'Union européenne ; manifestations interdites face à la problématique pourtant sans cesse plus sensible et saillante des violences policières (à l'instar de celle faisant suite au décès, dans des circonstances troubles, du jeune Steve Caniço à l'issue d'une intervention policière sur les bords de la Loire un soir de fête de la musique[4]) ; guérilla juridique menée contre le mouvement Nuit debout[5]. En fin de course, il n'est pas interdit de penser que la vigueur du mouvement des Gilets jaunes, au sortir des deux années de l'état d'urgence antiterroriste, avait aussi à voir avec ce sentiment d'un débat politique et social étouffé par l'état d'urgence permanent – de nombreuses manifestations de Gilets jaunes ayant d'ailleurs fait l'objet d'arrêtés d'interdiction[6]. La longue période du mouvement des Gilets jaunes a constitué un moment de prise de conscience de la fragilisation de la liberté de manifester : non seulement du fait des violences policières que ce mouvement a contribué à mettre sur le devant de la scène médiatique (sinon politique), mais aussi du fait des multiples innovations policières dans l'usage du droit du maintien de l'ordre qui l'ont accompagné[7].

3. Certains de ses arrêtés individuels ont toutefois été annulés par le juge, notamment à Paris : Stéphanie Hennette Vauchez, Maria Kalogirou, Nicolas Klausser, Cedric Roulhac, Serge Slama, Vincent Souty, « L'état d'urgence au prisme du contentieux : analyse transversale de corpus », art. cité, p. 293-296.
4. Interdiction pourtant validée par le tribunal administratif : TA Nantes, 2 août 2019, nº 1908563.
5. Exemple : le préfet de police de Paris a pris le 21 mai 2016 un arrêté interdisant le mouvement Nuit debout à partir de minuit (de fait, le 22 mai 2016) jusqu'à 7 heures du matin, le même jour (Arrêté nº 2016-00589 instituant différentes mesures d'interdiction en vue d'assurer la sécurité et la tranquillité publiques place de la République le 21 et 22 mai 2016, 21 mai 2016). Or le greffe du tribunal administratif de Paris étant fermé de la fin de l'après-midi au lendemain matin, aucun recours ne fut possible contre cet arrêté préfectoral. On assiste alors à un contournement par le préfet des moyens de recours. Le droit à un recours juridictionnel effectif, principe à valeur constitutionnelle (CC, 9 avril 1996, nº 96-373 DC), est alors mis à mal. Il existe une multitude d'autres arrêtés procédant de cette même logique.
6. Voir, par exemple, l'arrêté du préfet d'Indre-et-Loire du 14 janvier 2019, annulé celui-ci en justice : TA Rouen, 15 janvier 2019, nº 1900076.
7. Olivier Fillieule, Fabien Jobard, *Politiques du désordre. La police des manifestations en France*, Paris, Seuil, 2020.

Il en va ainsi de la pratique, revendiquée par le ministère de l'Intérieur, des interpellations préventives destinées à empêcher des personnes de manifester[8]. Concrètement, on désigne ainsi la généralisation des contrôles d'identité et fouilles opérés aux abords ou en amont des lieux de manifestation, qui s'est accompagnée de nombreuses interpellations et gardes à vue (notamment lorsque étaient découverts des objets pouvant être qualifiés d'armes, par nature ou par destination), voire de poursuites pour délit de participation à un groupement violent[9]. L'ensemble soulève de nombreuses questions de droit : qualifications abusives d'armes par destination, usage dévoyé du délit de participation à un groupement violent pour lequel sont poursuivies des personnes individuelles, manque de circonscription des réquisitions du procureur sur le fondement duquel les fouilles peuvent être organisées (parfois, à l'échelle de la capitale entière)... Sachant que ces interpellations préventives correspondaient à une recommandation faite par le procureur de la République de maintenir les personnes en garde à vue *dans le but* « d'éviter que les intéressés ne grossissent à nouveau les rangs des fauteurs de troubles » – ce qui non seulement correspond à une privation de liberté préventive éminemment problématique[10], mais révèle encore que la finalité première est bien l'entrave à la liberté de manifestation[11]. C'est d'ailleurs pour cela que l'épisode des Gilets jaunes a attiré l'attention (et l'opprobre) de nombre d'institutions et d'organisations de défense des droits humains[12].

En toute hypothèse, l'ancien Premier ministre Manuel Valls avait bien admis que « l'état d'urgence facilite [...] l'interdiction

8. On pourrait aussi faire référence à des techniques policières dissuasives à l'instar de la nasse (*kettling*). Pour une analyse très critique de cette pratique attentatoire à de nombreuses libertés, voir l'analyse de la Ligue des droits de l'homme et du Syndicat des avocats de France, décembre 2020 : https://www.ldh-france.org/wp-content/uploads/2019/04/Partie-III-La-nasse-une-pratique-attentatoire-aux-libertes-publiques.pdf. Mais le Conseil constitutionnel n'a pas jugé cette pratique inconstitutionnelle : CC, 12 mars 2021, 2020-889 QPC.

9. Les poursuites pouvaient déboucher soit sur un rappel à la loi assorti d'une interdiction de manifester pouvant aller jusqu'à six mois (accompagnée d'une inscription au fichier des personnes recherchées), soit d'un renvoi en comparution immédiate (en cas de port d'armes).

10. On parle ainsi, sur le seul épisode Gilets jaunes, de plus de dix mille gardes à vue – pour seulement trois mille condamnations : Élise Vincent, « Gilets jaunes » : 10 000 gardes à vue, 3 100 condamnations... une réponse pénale sans précédent, *Le Monde*, 8 novembre 2019.

11. Sur l'ensemble de ces développements : Olivier Cahn, « Construction d'un maintien de l'ordre (il)légaliste », *Revue de science criminelle*, nº 4, 2020, p. 1069.

12. Voir par exemple : ONU, communiqué du 14 février 2019 : https://news.un.org/fr/story/2019/02/1036341.

de certaines manifestations[13] ». Il les légitime, aussi : d'où la loi du 10 avril 2019 visant à renforcer et garantir le maintien de l'ordre public lors des manifestations. Ce texte prend directement son inspiration dans les mécanismes de l'état d'urgence ; notamment, il généralise la pratique des interdictions de séjour (largement expérimentées, depuis 2015, sur le fondement de la loi de 1955). Il avait créé initialement une nouvelle mesure : l'interdiction administrative individuelle de manifester (IAIM), qui devait pouvoir être édictée par le préfet à l'encontre des personnes représentant selon lui une menace grave pour l'ordre public, ainsi que vis-à-vis de celles ayant commis des violences ou dégradations lors de manifestations antérieures (et ce, alors même qu'il existe déjà une peine d'interdiction judiciaire de manifester pour les personnes s'étant rendues coupables d'infractions ou délits lors de manifestations sur la voie publique[14]). L'IAIM a certes été censurée par le Conseil constitutionnel[15] ; mais seulement pour des motifs tenant à l'insuffisante précision du texte, de sorte qu'elle peut très bien revenir à la faveur d'une initiative législative future. Pour le reste, la loi « anti-casseurs » comprend nombre de dispositions élargissant les pouvoirs de l'autorité publique telles que la possibilité de fouilles des bagages et des véhicules sur réquisitions du procureur aux fins de la recherche d'armes (par nature et par destination), la création d'un nouveau délit de dissimulation du visage aux abords d'une manifestation ou celle d'une peine complémentaire d'interdiction de participer à des manifestations pendant une durée pouvant aller jusqu'à trois ans. Et comme si ce texte ne suffisait pas, le régime de la liberté de manifester sera encore durci peu après par un décret du 20 mars 2019 venant créer une contravention pour participation à une manifestation interdite[16] : l'exercice de la liberté de manifester peut donc désormais être pénalisé, y compris lorsqu'il en est fait un usage strictement pacifique, sur le seul fondement du critère de l'illicéité de la manifestation.

La chose n'est pas anodine dans un contexte marqué, de manière générale, par de nombreuses interdictions de manifestation : pour ne prendre qu'un exemple, il a fallu à la Ligue des droits de l'homme

13. *Le Monde*, 30 juillet 2016, p. 7, cité par Paul Cassia, *Contre l'état d'urgence*, *op. cit.*, p. 92.
14. Art. L. 211-13 Code de la sécurité intérieure.
15. CC, 2019-780 DC.
16. Décret 2019-208 du 20 mars 2019 : contravention pour la participation à toute manifestation interdite sur le fondement de l'article 211-4 du Code de la sécurité intérieure ; validé par le Conseil d'État : CE, 29 mars 2019, LDH, nº 429028.

et à d'autres organisations engagées dans la coalition « Stop Sécurité globale » se pourvoir en justice pour obtenir, *in extremis*, l'annulation de la mesure d'interdiction préfectorale [17] dont avait fait l'objet la manifestation prévue le 28 novembre 2020 contre la loi en cours de discussion au Parlement. En parallèle, la période récente a encore été marquée par la généralisation des voies juridiques autorisant le fichage des manifestants. La loi du 10 avril 2019 a permis d'inscrire au fichier des personnes recherchées des individus condamnés à une interdiction de participation à une manifestation ; plus avant, des décrets du 2 décembre 2020 ont permis que soient conservées dans des fichiers de police des informations relatives aux « opinions politiques, des convictions philosophiques, religieuses ou l'appartenance syndicale » des « personnes physiques ou morales ainsi que des groupements dont l'activité individuelle ou collective indique qu'elles peuvent porter atteinte à la sécurité publique ou à la sûreté de l'État » [18].

C'est donc dans un contexte déjà profondément marqué par de multiples modalités policières et juridiques de rognage de la liberté de manifester qu'est advenu l'état d'urgence sanitaire – nouvelle occasion d'un sévère tour de vis. Car, bien sûr, les rassemblements de personnes comptent de manière presque prioritaire au nombre de comportements interdits sous état d'urgence sanitaire. Mais la question s'est nettement tendue en juin 2020 : alors qu'était engagé le déconfinement du pays et que nombre de lieux publics (tels que les bars et restaurants) avaient pu rouvrir à compter du 4 juin, l'interdiction de plusieurs manifestations a fait naître le soupçon d'un usage très politique de l'état d'urgence sanitaire dans le but d'entraver le mouvement social. Ce qui s'est alors joué autour de la liberté de manifester est de ce point de vue emblématique de la manière dont l'état d'urgence crée un effet d'aubaine pour les restrictions aux libertés. Le décret du 31 mai 2020 définissant le cadre juridique du déconfinement maintenait l'interdiction, sur l'ensemble du territoire, de « tout rassemblement, réunion ou activité sur la voie publique ou dans un lieu ouvert au public, mettant

---

17. Prenant appui sur la situation sanitaire (et l'état d'urgence qui va avec), la préfecture indiquait toutefois qu'un rassemblement statique place de la République serait envisageable ; voir arrêté 2020-01007 du 25 novembre 2020.
18. Catégories de personnes que le décret définit explicitement comme visant « notamment » les « personnes susceptibles [...] d'être impliquées dans des actions de violence collectives, en particulier en milieu urbain ou à l'occasion de manifestations sportives ».

en présence de manière simultanée plus de dix personnes ». Or un certain nombre de manifestations et rassemblements étaient programmés sur cette période dans plusieurs villes de France, à l'instar de ceux venant au soutien du mouvement Black Lives Matter remobilisé à grande échelle depuis l'assassinat par les forces de police de la ville de Minneapolis du Noir américain George Floyd le 25 mai[19]. Nombre d'entre eux faisaient l'objet de mesures préfectorales d'interdiction[20]. Or, le 13 juin 2020, saisi par la CGT et la Ligue des droits de l'homme, le Conseil d'État jugeait illégale, parce que trop générale et absolue, l'interdiction de manifester figurant dans le décret du 31 mai[21]. Dès le lendemain, le gouvernement prenait un nouveau décret[22] substituant à l'interdiction générale un régime d'autorisation préalable : « les cortèges, défilés et rassemblement de personnes, et […] manifestations sur la voie publique […] sont autorisés par le préfet de département si les conditions de leur organisation sont propres à garantir le respect » des consignes sanitaires (distance, gestes barrières). Ce décret marque la détermination du gouvernement à maintenir un régime restrictif de la liberté de manifestation, à au moins deux égards. Sur la forme d'abord, puisqu'il lui aura fallu moins de vingt-quatre heures après la censure du Conseil d'État pour produire un nouveau texte. Sur le fond ensuite, puisque, en réalité, le nouveau décret aménage plus qu'il ne revient sur le régime d'interdiction initial ; et aucune manifestation ne peut avoir lieu sans avoir été préalablement autorisée[23]. La manœuvre aboutit, rien de moins, à redéfinir, pour l'état d'urgence sanitaire, le régime juridique de la manifestation tel qu'il existe depuis près d'un siècle, à savoir : un régime fondé sur la seule déclaration préalable au préfet, face à laquelle il ne dispose pas en principe d'un pouvoir d'appréciation mais seulement d'enregistrement (l'interdiction n'étant possible que dans l'hypothèse argumentée de risques de troubles à l'ordre public).

---

19. Après le succès inattendu d'une manifestation ayant réuni, le 1er juin, près de 20 000 personnes autour du tribunal de Paris, plusieurs autres rassemblements étaient programmés dans les semaines suivantes.
20. Pas tous… ce qui nourrissait le sentiment d'interdictions à géométrie variable ; voir, par exemple, le communiqué de la Préfecture de police de Paris en date du 19 juin 2020 autorisant quatre manifestations prévues le 20 juin mais en interdisant trois autres.
21. CE, ord., 13 juin 2020, nos 440846, 440856, 441015.
22. Décret 2020-724 du 14 juin 2020.
23. À ce titre, d'ailleurs, le décret sera *in fine* censuré suite à une nouvelle saisine du Conseil d'État : CE, 6 juillet 2020, no 441257, 441263 et 441384.

Le faisceau des alertes internationales

Dans son principe comme dans ses applications, la multiplication des états d'urgence en France depuis plusieurs années suscite l'inquiétude de nombreuses instances internationales de protection des droits humains. On ne compte plus les mises en garde et autres indices de ce que la France est, pour ce motif, entrée dans le radar des organes de surveillance compétents en la matière.

Rares, voire inexistantes, sont les voix ayant contesté la décision prise, au cours de la nuit du 13 au 14 novembre 2015, de recourir à l'état d'urgence. Par leur ampleur, leur violence et leur caractère coordonné, les attaques ayant eu lieu cette nuit-là caractérisaient assurément un grave péril, et on comprend bien qu'ait alors été ressentie la nécessité d'une réponse elle aussi exceptionnelle de la part de l'État. Les esprits ont commencé à s'éveiller lorsque la loi du 20 novembre a, d'emblée, prorogé l'état d'urgence pour une durée de trois mois : la période paraissait longue, au regard à la fois de ce qui pourrait être nécessaire pour rétablir l'ordre et la sécurité, et des standards démocratiques militant en faveur d'un retour à plus brève échéance devant la représentation nationale. Ce premier moment d'interrogation était crucial : accepter d'emblée une telle prorogation faisait courir le risque de ne pas pouvoir davantage s'opposer à des prorogations futures. Une fois en vigueur pendant trois mois, l'état d'urgence pourrait tout aussi bien être prolongé davantage. C'est en tout cas l'argument que firent valoir des organisations comme la Ligue des droits de l'homme qui, dès janvier 2016, tentait de porter l'argument en justice[1]. Mais c'est surtout l'argument déployé par cinq rapporteurs spéciaux de l'ONU qui publièrent le 16 janvier 2016 une Déclaration publique sur la loi relative à l'état d'urgence[2] dans laquelle ils soulignaient le flou du texte et les abus auxquels il risquait de donner lieu ; les experts prenaient notamment appui sur l'assignation à résidence, en décembre 2015, de militants écologistes.

1. Sans succès : CE, ord., 27 janvier 2016, nº 396220.
2. https://www.ohchr.org/FR/NewsEvents/Pages/DisplayNews.aspx?NewsID=16961&LangID=F .

Autre illustration de l'attention portée, au sein des Nations unies, à la question de la gestion par la France des défis et situations de crise : c'est en France que Fionnuala Ní Aoláin, nommée Rapporteuse spéciale sur la promotion et la protection des droits de l'homme et des libertés fondamentales dans la lutte antiterroriste, choisit de réaliser sa toute première visite officielle. Elle-même universitaire spécialiste des états d'urgence et de la problématique de leur normalisation, elle a pris cette décision en considérant non seulement la longueur de l'état d'urgence proclamé en France depuis novembre 2015, mais encore le projet de sa normalisation par la loi SILT présentée par le gouvernement en juin 2017[3]. La visite eut lieu du 14 au 23 mai 2018 et donna lieu à un riche rapport, concluant à l'existence d'un état d'urgence *de facto* en matière antiterroriste et recommandant non seulement le rééquilibrage entre droit commun et législations d'exception, mais aussi le renforcement tous azimuts des procédures indépendantes de contrôle et d'évaluation de la politique sécuritaire[4].

Cette problématique de l'ancrage dans la durée, puis de la normalisation de l'état d'urgence, n'a pas davantage échappé aux instances européennes. Dès sa publication, le projet de loi SILT suscitait un courrier de mise en garde du commissaire aux droits de l'homme du Conseil de l'Europe au Sénat français[5]. Un an plus tard, c'est en s'appuyant sur les exemples turc, ukrainien et… français (!) que l'Assemblée parlementaire du Conseil de l'Europe adoptait une résolution pour alerter sur les risques que font peser les états d'urgence, et leur normalisation, sur le régime des droits humains[6].

Le caractère massif, dans plus de cent pays, du recours à des régimes ou législations d'exception face à la pandémie de Covid-19 a bien sûr également mobilisé les instances internationales de protection des droits humains. Dès le 16 mars 2020, douze rapporteurs spéciaux adoptèrent un communiqué commun exhortant les États à

3. Avec le Rapporteur spécial sur les défenseurs des droits humains, elle avait déjà exprimé ses inquiétudes en septembre 2017 : « La normalisation des pouvoirs octroyés par l'état d'urgence entraînera de graves conséquences pour l'intégrité de la protection des droits en France, bien au-delà de la lutte contre le terrorisme » (https://www.ohchr.org/FR/NewsEvents/Pages/DisplayNews.aspx?NewsID=22165&LangID=F).
4. « Rapport de la Rapporteuse spéciale sur la promotion et la protection des droits de l'homme et des libertés fondamentales dans la lutte antiterroriste », 8 mai 2019, document A/HRC/40/52/Add.4, notamment § 23 et 53, 54, 58.
5. Courrier publié le 17 juillet 2017, sous la référence CommDH(2017)23.
6. Résolution 2209 (2018) : https://assembly.coe.int/nw/xml/XRef/Xref-XML2HTML-en.asp?fileid=24680&lang=en.

ne pas profiter de la pandémie pour multiplier les états d'urgence [7] ; et, quelques mois plus tard, la commissaire aux droits humains du Conseil de l'Europe, constatant que la pandémie « avait fourni à de nombreux gouvernements le prétexte idéal pour exploiter les peurs et réprimer la dissidence, restreindre les droits humains et adopter des législations susceptibles d'avoir des conséquences de long terme, bien au-delà de la crise sanitaire », les interpellait : « Il est crucial de s'assurer que les législations d'urgence ne resteront en vigueur que pour le temps strictement nécessaire à l'endiguement de la pandémie, d'introduire les mesures les moins intrusives possibles et de s'assurer que l'ensemble sera remis à zéro dès l'instant que les autorités auront pris le contrôle de la pandémie » [8].

7. https://www.ohchr.org/EN/NewsEvents/Pages/DisplayNews.aspx?NewsID=25722.
8. https://www.coe.int/en/web/commissioner/-/the-impact-of-covid-19-on-human-rights-and-how-to-move-forward.

Les votes parlementaires relatifs aux états d'urgence (2015-2017 et depuis mars 2020)

Les chiffres des votes parlementaires sont éloquents en eux-mêmes ; ils le sont plus encore au regard de la mise en garde du juriste François Saint-Bonnet dans son ouvrage consacré à l'état d'exception : « Pour ceux qui défendent l'ordre démo-libéral contemporain, le danger n'est pas dans les risques qu'il encourt en cas de nécessité mais *dans le manque de ferveur pour le défendre*[1]. » Or, non seulement les votes ici recensés illustrent la difficulté des parlementaires à s'opposer à la mise en œuvre, à l'aggravation ou à la prorogation des états d'urgence, mais encore tous ces votes sont acquis dans la précipitation. Sur tous les textes recensés dans le tableau, le gouvernement a en effet recouru à la procédure accélérée, qui réduit le travail parlementaire à une lecture dans chaque assemblée avant, le cas échéant, l'intervention d'une commission mixte paritaire. De sorte que la majorité des textes de loi concernés a été adoptée dans des délais extrêmement serrés, oscillant entre quarante-huit heures et quinze jours – tout comme, d'ailleurs, la loi *princeps* du 3 avril 1955 qui avait créé le régime de l'état d'urgence, adoptée entre le 30 mars et le 1er avril. Il ne s'agit pas là d'une spécificité française : la précipitation du travail parlementaire est tout à fait commune aux états d'urgence. Ce constat s'est très largement vérifié à l'occasion de la pandémie mondiale de 2020 ; ainsi, au Danemark, la loi spéciale a été adoptée en douze heures, et au Royaume-Uni en quatre jours.

1. François Saint-Bonnet, *L'État d'exception*, *op. cit.*

	État d'urgence antiterroriste					
	Loi 20 nov. 2015	Loi 19 fév. 2016	Loi 20 mai 2016	Loi 21 juil. 2016	Loi 19 déc. 2016	Loi 11juil. 2017
Ass. Nat.	557 Suffrages exprimés (S.E.) 551 pour 6 contre	243 S.E. 212 pour 31 contre	66 S.E. 46 pour 20 contre	515 S.E. 489 pour 26 contre	320 S.E. 288 pour 32 contre	150 S.E. 137 pour 13 contre
Sénat	336 S.E. 336 pour 0 contre	343 S.E. 315 pour 28 contre	339 S.E. 309 pour 30 contre	336 S.E. 310 pour 26 contre	334 S.E. 306 pour 28 contre	334 S.E. 312 pour 22 contre

	État d'urgence sanitaire						
	Loi 23 mars 2020	Loi 11 mai 2020	Loi 9 juil. 2020	Loi 14 nov. 2020	Loi 15 fév. 2021	Loi 31 mai 2021	Loi 5 août 2021
Ass. Nat.	547 S.E. 510 pour 37 contre	543 S.E. 367 pour 167 contre	566 S.E. 347 pour 219 contre	106 S.E. 71 pour 35 contre	156 S.E. 113 pour 43 contre	293 S.E. 208 pour 85 contre	203 S.E. 117 pour 86 contre
Sénat	240 S.E. 238 pour 2 contre	265 S.E. 240 pour 25 contre	?	?	274 S.E. 235 pour 39 contre	323 S.E. 221 pour 102 contre	322 S.E. 199 pour 123 contre

REMERCIEMENTS

Depuis 2015, j'ai échangé sur les questions soulevées par les états d'urgence avec de très nombreux collègues, avocat-es, magistrat-es, activistes, étudiant-es… Je tiens à remercier ici en particulier les membres des réseaux « Antiterrorisme droits libertés » et « État d'urgence sanitaire » pour les multiples réunions, réflexions et échanges d'information qui ont ponctué la période ; leurs membres sont trop nombreux pour être nommés, mais je souhaite mentionner en particulier Jean-Marie Fardeau et Laure Paradis, de VoxPublic, pour leur rôle crucial d'animation et de facilitation de ces réseaux. La complicité que j'ai développée au fil des ans, sur le sujet, avec Serge Slama m'a également été très précieuse ; elle donne corps à l'adage « À toute chose malheur est bon » : je crois que ni lui ni moi n'avons souhaité qu'adviennent les transformations décrites ici, mais les formes diverses et intenses de notre collaboration, de nos échanges et de nos interrogations ont toujours été très enrichissantes – et parfois même amusantes. Sur un plan plus personnel, il me faut signaler la contribution (et la patience !) d'Anatole et Basile Vauchez, surexposés à un jeune âge à la question des droits humains, dont les réactions d'adolescents aux états d'urgence successifs, mais aussi la réflexivité et le goût de la discussion, ont nourri ma propre réflexion bien plus qu'ils ne l'imaginent. Enfin, je souhaite remercier mes collègues Tania Sachs pour le tour de clef de démarrage à la Calle Larga del Bevilacqua, Véronique Champeil-Desplats pour une conception partagée du travail universitaire, et Danièle Lochak pour le modèle qu'elle incarne.

Merci également à Pierre Rosanvallon et Nicolas Delalande pour leur confiance. Et à Antoine Vauchez : sur tous les plans, notre complicité et son aide me sont essentiels.

REBONDS
ET
EXPLORATIONS

L'essai de Stéphanie Hennette Vauchez met en lumière les effets durables et profonds que la succession des états d'urgence a produits sur l'État de droit, les libertés publiques et la démocratie depuis une nuit tragique du mois de novembre 2015. « On ne gouverne pas impunément par l'état d'urgence », démontre-t-elle, alors même que ce nouveau régime juridique a été finalement peu débattu et contesté dans l'espace public, tant les crises (terroriste, sanitaire, climatique) contribuent à justifier la banalisation de l'exception. Le propre de l'état d'urgence permanent consiste ainsi à revêtir les habits de l'État de droit pour s'en revendiquer, alors même qu'il œuvre souterrainement à l'érosion de ses fondements. Mené au nom du droit et par le droit, le gouvernement par l'état d'urgence se révèle en définitive plus pernicieux que l'ancien état d'exception, fondé sur la mise en suspens des règles de droit. Cette analyse invite à repenser l'État de droit et les contre-pouvoirs susceptibles de le consolider, en prenant acte de la nouvelle condition politique et juridique qui caractérise l'âge des crises systémiques.

Pour prolonger cette réflexion et ouvrir le débat, cet ensemble de « Rebonds et explorations » propose trois textes de formats différents. Le premier est une conversation entre Stéphanie Hennette Vauchez et Fionnuala Ní Aoláin, juriste de renommée internationale et spécialiste des législations d'urgence, qui est aussi, depuis 2017, Rapporteuse spéciale des Nations unies sur la promotion et la protection des droits de l'homme et des libertés fondamentales dans la lutte antiterroriste. Cette double expérience, théorique et pratique, apporte un regard précieux – trop peu souvent entendu ni pris en compte par les acteurs du débat public français – sur les dynamiques globales qui ont conduit à la pérennisation des états d'urgence depuis les attentats du 11 septembre 2001. Le cas de la France est ainsi resitué dans un cadre plus large, où la défense des droits humains n'a cessé d'être soumise à rude épreuve par les politiques internationales de lutte contre le terrorisme. Depuis 2020, la crise pandémique a démultiplié les pratiques de recours à l'urgence, au point que les gouvernements n'éprouvent même plus la nécessité d'en faire la déclaration. L'urgence *de fait* étend la sphère de l'État secret, au détriment de l'espace civique et des droits humains. Mais les exemples de mobilisations collectives et d'innovations institutionnelles ne manquent pas pour tenter de réinventer les pratiques démocratiques de contrôle et de surveillance des pouvoirs.

Dans une deuxième contribution, Mireille Delmas-Marty, juriste et professeure honoraire au Collège de France, part du constat dressé par Stéphanie Hennette Vauchez pour lancer un appel à refonder nos manières de penser l'ordre international et la défense des libertés. Il est urgent, nous dit-elle, de « changer de boussole » pour agir efficacement dans le monde des crises globales et permanentes. Le grand récit de l'après-guerre, qui entendait relier État de droit, démocratie et droits de l'homme en un cercle vertueux, a été ébranlé par la globalisation des quarante dernières années. Invoquer le souvenir de cette époque ne suffit plus, face à la dérive autoritaire des pouvoirs, au recul des libertés et à la crise climatique. Il est en revanche indispensable de réveiller l'imagination juridique, pour inventer une nouvelle boussole des possibles. Cela passe par trois impératifs : repenser la démocratie sans créer un État mondial, responsabiliser les acteurs sans imposer un ordre mondial unifié, reconnaître des valeurs communes et authentiquement universelles. C'est à ces trois conditions que pourra s'esquisser, pas à pas, une « spirale des humanismes » capable de relier les générations présentes aux générations futures, et les humains à l'ensemble du monde vivant.

Pour se projeter vers l'avenir, encore faut-il connaître son passé. Le troisième et dernier texte, rédigé par l'historien du droit Thibaud Lanfranchi, invite à redécouvrir une institution classique de la République romaine. Fonction temporaire, utilisée pour parer à des situations extraordinaires liées à des guerres, à la piraterie ou à des affaires civiles et religieuses, la dictature confie les pleins pouvoirs à un magistrat non élu, pour une période de temps déterminée. Si, au XXᵉ siècle, le terme de « dictature » en est venu à désigner des régimes politiques autoritaires et violents, tel n'était pas le cas sous la République romaine, où cette institution était strictement codifiée et finalement assez routinière. Ce qui n'empêcha pas qu'elle dérive vers une forme de dictature perpétuelle avec Jules César, au Iᵉʳ siècle avant notre ère. Quoique lointain, cet exemple romain est très instructif pour réfléchir à la tension, centrale dans le droit romain tout comme dans le droit contemporain, entre la norme et l'exception. Il montre aussi comment, à force de répéter les expériences de commandements extraordinaires, les esprits ont tendance à s'accoutumer à des formes de pouvoir personnel, rendant finalement l'institution superflue sous l'empire d'Auguste.

Avec la multiplication des crises globales, l'état d'urgence permanent est là pour durer. Il est grand temps de le penser et d'en débattre. C'est ce à quoi ces « Rebonds et explorations », en complément de l'essai de Stéphanie Hennette Vauchez, entendent contribuer.

« LA LUTTE CONTRE LES ABUS DE L'EXCEPTION EST UN COMBAT AUSSI ANCIEN QUE LE DROIT LUI-MÊME »

Conversation entre Fionnuala Ní Aoláin et Stéphanie Hennette Vauchez

Juriste internationale spécialiste de l'exception, professeure à l'université du Minnesota et à la Queen's University de Belfast, Fionnuala Ní Aoláin est Rapporteuse spéciale des Nations unies sur la promotion et la protection des droits de l'homme et des libertés fondamentales dans la lutte antiterroriste depuis 2017. À ce titre, elle enquête sur l'impact des législations antiterroristes sur les droits humains dans différents pays et remet des rapports réguliers au Conseil des droits de l'homme des Nations unies.

Elle s'entretient ici avec Stéphanie Hennette Vauchez sur l'histoire et les transformations des pouvoirs d'urgence à l'échelle internationale, sur leur utilisation dans la lutte antiterroriste et dans les réponses apportées à la pandémie de Covid-19, et réfléchit avec elle aux outils théoriques et pratiques à mobiliser pour résister à la normalisation de l'exception.

La production internationale des pouvoirs d'urgence

STÉPHANIE HENNETTE VAUCHEZ : Comment, en votre qualité de Rapporteuse spéciale des Nations unies [1], appréhendez-vous la notion d'état d'urgence d'un point de vue historique ?

FIONNUALA NÍ AOLÁIN : Je suis devenue Rapporteuse spéciale en 2017 et je suis la troisième titulaire de ce mandat créé en 2005-2006. Il est évident que les pouvoirs d'urgence existent depuis des millénaires.

1. Voir la page officielle du mandat : https://www.ohchr.org/en/issues/terrorism/pages/srterrorismindex.aspx.

Si on remonte à la dictature romaine, on observe l'exercice du pouvoir dans différents systèmes juridiques : l'état de siège, la situation de crise en droit civil, les pouvoirs martiaux de la *common law* et le recours à la prérogative en *common law* sont toutes des formes d'exceptionnalité anciennes et très spécifiques. Historiquement, les législations d'urgence se situaient toujours dans des cadres nationaux. Elles ont été fondées et rendues possibles par les systèmes juridiques nationaux, qui les ont limitées ou facilitées. L'urgence était ainsi un type de situation particulier, défini, spécifique et de courte durée. Cette idée d'exceptionnalité a dominé les systèmes juridiques nationaux pendant des siècles.

À mon sens, les choses ont changé de deux manières au début du XXIe siècle. Tout d'abord, dans le domaine de la lutte contre le terrorisme, l'année 2001 a marqué une rupture nette, au sens où le Conseil de sécurité des Nations unies a été habilité par la résolution 1373[2] à devenir, pour l'essentiel, un législateur mondial dans le domaine de la lutte contre le terrorisme. Bien que cette résolution et la réglementation antiterroriste ne soient pas décrites comme exceptionnelles, les vingt années qui se sont écoulées depuis ont créé un nouveau paradigme d'exceptionnalité, qui présente à la fois des aspects nationaux et internationaux. Pour la première fois, un organe supranational a exigé la mise en place par les États d'une réglementation pénale concernant un défi particulier, sécuritaire, à savoir le terrorisme. L'influence qui s'exerce est donc externe, et non plus seulement interne : c'est un phénomène à la fois inédit et universel. La deuxième différence est que, en parallèle, il y a une architecture de l'exceptionnalité, à la fois à l'intérieur et à l'extérieur du système des Nations unies. Cette distinction normative et cette distinction institutionnelle, qui sont toutes deux à la fois mondiales et nationales, expliquent ce qui a vraiment changé au cours des vingt dernières années. Mon rapport au Conseil des droits de l'homme de 2017 sur la lutte contre le terrorisme comme relevant du droit d'urgence[3] tentait de refléter cette évolution normative et institutionnelle depuis 2001.

---

2. Résolution 1373, adoptée par le Conseil de sécurité à sa 4385e séance, le 28 septembre 2001 (http://unscr.com/en/resolutions/1373).
3. Disponible en ligne : https://documents-dds-ny.un.org/doc/UNDOC/GEN/G18/054/37/PDF/G1805437.pdf?OpenElement.

S. H. V. : Sous quelle forme se manifeste l'architecture que vous évoquiez au niveau national ? Bien que les urgences et la nécessité d'avoir un cadre juridique pour y faire face existent depuis très longtemps, il me semble que les États, y compris ceux qui disposent d'un corpus constitutionnel relatif aux pouvoirs d'urgence, contournent de plus en plus ces cadres juridiques pour s'appuyer sur des « législations d'exception ». Cela leur permet à la fois d'éviter un certain nombre de contre-pouvoirs (*checks and balances*) qui vont de pair avec le recours au corpus constitutionnel, mais aussi de réduire la dimension politique qui pourrait prévaloir. Êtes-vous d'accord avec cette analyse ?

F. N. A. : Oui, et à mon avis cette architecture a pour caractéristique de ne pas être visible au niveau national. Je pense que les nouvelles architectures de la lutte contre le terrorisme sont vraiment visibles au niveau multilatéral, et ont créé de nouvelles voies institutionnelles à l'échelle nationale. Dans l'architecture des Nations unies, par exemple, des obligations particulières ont été créées à destination des États, qui doivent notamment rendre des comptes au Comité contre le terrorisme (CCT) des Nations unies. Il existe pour cela un organe spécialisé, la Direction exécutive du Comité contre le terrorisme (DECT), qui collabore avec les États. Le Groupe d'action financière (GAFI) dispose également d'un rôle accru en tant qu'il supervise la réglementation relative au financement de la lutte contre le terrorisme. Le GAFI a participé à la création de nouvelles formes de surveillance et de responsabilisation des banques et des systèmes bancaires de nombreux États, afin de « coréguler » le financement du terrorisme. Mon collègue Alejandro Rodiles a écrit un merveilleux ouvrage intitulé *Coalitions of the Willing and International Law*[4], qui décrit l'émergence de ces nouvelles régulations informelles, ainsi que des formes institutionnelles « souples » d'architectures de lutte contre le terrorisme, qui intègrent véritablement cette cocréation entre l'international et le national, d'une manière qui n'est pas visible ni susceptible de faire l'objet d'un contrôle par les Parlements nationaux. C'est ce que je désigne lorsque je parle d'architectures qui se produisent au-dessus des Parlements. Il existe des architectures de l'informalité et du nouvel institutionnalisme, que l'on aurait

4. Alejandra Rodiles, *Coalitions of the Willing and International Law : The Interplay Between Formality and Informality*, Cambridge, Cambridge University Press, 2018.

traditionnellement pu appeler « droit administratif global », mais qui sont spécifiques au domaine de la lutte contre le terrorisme.

Au niveau national, je pense comme vous que nous sommes les témoins de quelque chose de différent. Le premier élément concerne l'admissibilité de l'exception. Quand le Conseil de sécurité a déclaré en 2001 que chaque État devait se pourvoir d'une législation en matière de lutte contre le terrorisme, cela signifiait que les États qui n'avaient aucune expérience réelle du terrorisme devaient s'en doter, qu'ils en aient besoin ou non. Je pense à ce dialogue étonnant rapporté par un État qui avait déclaré, en substance, au CCT en 2004 : « Nous n'avons pas de problème de terrorisme, donc nous n'avons pas besoin de cette législation. » Le Comité lui avait répondu : « Peu importe que vous ayez un problème de terrorisme ou non, vous avez l'obligation d'adopter cette législation en vertu du chapitre VII de la Charte des Nations unies. » C'est pourquoi ces normes, omniprésentes, se sont imposées au niveau mondial.

Le second élément concerne le fait que, au cours des vingt dernières années, il y a eu de multiples résolutions du Conseil de sécurité sur de nombreux enjeux relatifs à la lutte contre le terrorisme, qui ont entraîné une normalisation de l'exception au niveau national. Je partage l'idée selon laquelle – et nous le voyons de différentes manières – c'est précisément parce que cette admissibilité mondiale existe que les États ont pu passer de cet « état d'exception » à la réglementation normalisée de l'urgence, à travers le paradigme de la sécurité. Ils ne le font pas de façon isolée, mais dans un contexte mondial qui le leur permet, qui les y incite voire les « oblige » à le faire. Cette coconstruction qui s'opère entre le national et l'international est souvent invisible au niveau national, même pour celles et ceux qui font campagne contre la normalisation de l'exception par le biais du « droit commun ».

S. H. V. : Dans ce contexte, quel est votre rôle en tant que Rapporteuse spéciale ? Quelles sont vos marges de manœuvre pour promouvoir et protéger les droits humains, tout en luttant contre le terrorisme ?

F. N. A. : Tout d'abord, il faut partir du constat que le terrorisme n'a pas de définition précise. Nous devons donc promouvoir et protéger les droits humains au regard d'un concept sur lequel les États ne se sont toujours pas mis d'accord. Il existe ainsi une contradiction dans l'intitulé même de ce mandat. En deuxième lieu, cette absence de définition permet aux États de définir le terrorisme comme ils le souhaitent. Or, comme mes prédécesseurs et moi-même n'avons cessé de le souligner, les définitions du terrorisme par les États sont tellement larges et vagues qu'elles s'étendent souvent à des droits et des libertés protégés par le droit international, comme la liberté d'expression, la liberté de réunion, le droit de participer aux affaires publiques et le droit de pratiquer sa religion ou ses croyances comme on le souhaite. Par ailleurs, nous intervenons dans un certain nombre de situations complexes, notamment auprès d'États fragiles et touchés par des conflits, dans lesquels il y a une superposition de problèmes, et où l'utilisation du terrorisme comme cadre de référence éclipse souvent la complexité des situations et nous empêche d'aborder les conditions qui génèrent de la violence. Je pense donc que mes prédécesseurs et moi-même avons vécu avec le paradoxe de devoir promouvoir et protéger les droits humains dans un contexte mal défini et massivement soumis à des abus de la part des États.

S. H. V. : Cependant, vous est-il arrivé, à vos prédécesseurs ou à vous, de dialoguer avec des États réellement réceptifs et d'avoir des interactions positives avec ceux auxquels vous signaliez des problèmes ou des abus ? Ou bien ce mandat n'est-il qu'une sorte d'outil de surveillance que les États voient comme un rappel pénible à leurs obligations ?

F. N. A. : Je pense que c'est un peu les deux. J'ai toujours pensé que si l'on se contente de critiquer les États, on se retrouve dans une situation où la portée de notre action envers eux est très limitée. Si, en tant que parents, on se contente de punir ses enfants, ils ne seront plus vraiment réceptifs aux appels plus larges à devenir meilleurs… Je pense donc qu'un des défis consiste à comprendre que de nombreux États font l'expérience d'une profonde violence. Lorsqu'on regarde l'Afghanistan (j'entretenais une relation privilégiée avec le dernier gouvernement élu, renversé en août 2021 par les talibans), on ne peut que reconnaître l'horreur du ciblage sans distinction des défenseurs des droits humains, des acteurs de la société civile, des femmes, des filles, des maternités, des hôpitaux et des écoles. À cet égard, il faut se mettre à la place de ce gouvernement qui a essayé de protéger le premier des droits de ses citoyens, à savoir le droit à la vie, le droit à la sécurité. Je commence toujours par m'engager sur le fait que je considère la sécurité comme un droit humain, et non un droit distinct. Je pense que c'est très important, et cela vient aussi du fait que j'ai moi-même vécu en Irlande, dans une société violente et conflictuelle. Ce n'est pas un exercice académique abstrait pour moi, ça ne l'a jamais été, parce que j'ai grandi dans une société où c'était la réalité de la vie quotidienne à laquelle j'étais confrontée.

On peut aussi prendre l'exemple du gouvernement belge, qui a fait l'objet d'un rapport public que j'ai diligenté[5]. J'ai visité la Belgique après les attentats de Molenbeek (en mars 2016), juste après ma visite en France. La Belgique était une société traumatisée, qui avait du mal à vivre avec ce qui lui était arrivé. Les victimes, avec lesquelles nous avons passé beaucoup de temps, étaient également confrontées à des défis énormes. Mais la Belgique a fait le choix de ne pas avoir recours aux pouvoirs d'urgence, et j'ai eu avec le ministre de la Justice de ce pays de longues conversations sur les raisons de ce choix et sur l'importance de conserver le système ordinaire. Les changements adoptés dans ce pays ont tous été conformes à la Convention européenne des droits de l'homme. C'était extraordinaire de dialoguer avec un gouvernement qui percevait les dangers d'une réaction excessive, et qui essayait réellement, dans ces circonstances difficiles, d'adapter sa réaction.

Ensuite, lorsqu'on se rend dans des pays où les droits de l'homme sont gravement bafoués par les gouvernements, le dialogue est évidemment différent. Il faut essayer de défendre la valeur des droits humains, non pas seulement parce que c'est ce qu'il faut faire d'un point de vue moral et éthique, mais aussi parce que ces valeurs servent l'intérêt à long terme de l'État avec lequel on discute.

Les nouveaux usages de l'urgence face au Covid-19

S. H. V. : Pour en revenir à des questions plus actuelles, comment interprétez-vous, de votre point de vue d'universitaire spécialiste

5. Disponible en ligne : https://www.ohchr.org/FR/NewsEvents/Pages/DisplayNews.aspx?NewsID=23164&LangID=F.

de droit international, le fait qu'autant d'États aient déclenché l'état d'urgence ou eu recours à des pouvoirs d'urgence pour faire face à la pandémie ? Comment comprenez-vous par ailleurs le fait que ce type de réponses perdure, la France n'étant pas le seul pays à avoir vécu plus d'un an et demi en état d'urgence sanitaire ?

F. N. A. : Dans le cadre de mon mandat de Rapporteuse spéciale, mes équipes et moi avons mis en place un outil de suivi de l'utilisation des pouvoirs d'urgence par les États[6]. Mon intérêt intellectuel pour les pouvoirs d'urgence et notre travail dans le cadre du mandat coïncident ici. Quatre phénomènes me paraissent significatifs des différents niveaux de réponse des gouvernements face à l'épidémie de Covid-19.

Le premier est l'utilisation traditionnelle des pouvoirs d'urgence, par la désignation d'une urgence et la proclamation d'un état d'urgence, qui a été assez rare en réalité. Les États n'ont pas recouru à l'utilisation traditionnelle, classique, des pouvoirs d'urgence par le biais de « l'état d'exception ». Dans un deuxième cas, celui de l'« urgence *de facto* », les États exercent un pouvoir exceptionnel, mais souvent sans aucune base légale. Il s'agit simplement de l'exercice de l'exception sans fondement légal. Nous l'avons beaucoup observé. Cette deuxième catégorie est souvent liée à l'utilisation de pouvoirs d'urgence par le biais de la santé, à travers une approche sécuritaire des mesures sanitaires, qu'il s'agisse de lois ou de régulations de tout genre… C'est en cela que des « urgences *de facto* » sont apparues pendant la pandémie. La troisième configuration est celle de l'utilisation extensive du pouvoir exécutif. Nous avons constaté un recours extraordinaire au pouvoir exécutif dans de nombreux pays. La Hongrie de Viktor Orbán en est un bon exemple, de même que les États-Unis, où le président, qui dispose du pouvoir exécutif, a fait une grosse partie du « travail ». Le contournement des institutions démocratiques, en particulier des Parlements, est une caractéristique centrale de cette évolution, même dans des pays où il est évident que certaines innovations auraient permis d'intégrer le processus démocratique dans la gestion de l'exception. Le

6. Voir le Covid-19 Civic Freedom Tracker sur le site de l'International Center for Not-For-Profit Law (ICNL) : https://www.icnl.org/covid19tracker/?location=105&issue=&date=&type=.

dernier modèle est celui de la reconversion des pouvoirs sécuritaires et antiterroristes pour faire face à l'épidémie de Covid-19. Ainsi, dans un certain nombre de pays, il n'a pas été nécessaire d'utiliser des pouvoirs sanitaires ou d'autres types de pouvoirs exceptionnels. Le Sri Lanka en est un bon exemple. Les autorités ont simplement utilisé les pouvoirs de sécurité, qui sont très étendus, pour gérer la pandémie.

Ces quatre types de réponse que j'identifie à l'échelle mondiale se rejoignent en deux points essentiels. Le premier est que l'une des caractéristiques de la pandémie est d'avoir provoqué la superposition de ces quatre niveaux d'intervention, si bien qu'il est rare de n'en trouver qu'un seul dans chaque pays. Le pouvoir exécutif est exercé en même temps que le pouvoir d'urgence « *de facto* », les pouvoirs sécuritaires et antiterroristes s'appliquent en complément du pouvoir exécutif, etc. La deuxième caractéristique par laquelle ces quatre modèles d'action se rejoignent est que, traditionnellement, les pouvoirs d'urgence étaient concentrés dans les mains d'un gouvernement central. La pandémie est inhabituelle parce que l'exercice de l'exception s'est aussi produit à l'échelle locale et régionale : dans les municipalités, dans les villes, dans les régions... Ainsi, si vous regardez uniquement le pouvoir central, et que vous vous demandez quels sont les pouvoirs d'urgence que les États ont exercés pendant l'épidémie de Covid-19, vous ne verrez pas où se situe la majeure partie de l'action publique. Le recours à l'exception est majoritairement local en période de Covid-19. Je pense que c'est un phénomène entièrement nouveau.

Ces deux caractéristiques nous indiquent que l'intensité et l'échelle du recours à l'exception, dans le cadre de l'épidémie de Covid-19, sont assez uniques, parce qu'elles se situent à la fois au niveau « micro » et au niveau « macro ». Elles concernent les acteurs de la sécurité et de la santé ; elles ne se limitent pas à l'État sécuritaire mais s'étendent aussi à l'État administratif ; et, fait significatif, elles semblent avoir été accueillies favorablement par la plupart des personnes, à des degrés divers.

S. H. V. : La France fait parfaitement écho à la dimension « micro » que vous constatez. Avec plusieurs étudiants du master de droits humains de l'université Paris-Nanterre, nous avons recensé toutes les mesures locales qui avaient été prises au printemps 2020[7]. Les résultats sont assez stupéfiants. Alors même que le pays entier était soumis à un confinement généralisé imposé par l'État central, un grand nombre d'autorités ont ajouté des interdictions au niveau local, qui étaient totalement inutiles, et qui s'inscrivaient dans une forme de surenchère hystérique de normes.

F. N. A. : Oui, je pense que c'est l'une des caractéristiques les plus intéressantes de la situation récente, et je l'ai observée dans le monde entier.

L'urgence en actes

S. H. V. : Je voudrais revenir sur ce que vous avez écrit, dans vos diverses fonctions, sur les « urgences *de facto* » que vous évoquiez. Une grande partie de la littérature relative à la manière dont le droit répond à l'urgence s'inscrit à l'intérieur du paradigme de l'état d'exception. Cela est bien sûr contradictoire avec l'idée même du droit, car comme le dirait Carl Schmitt, l'état d'exception se définit comme la suspension de l'ordre juridique[8]. Nous reviendrons par la suite sur les différentes idées que je développe dans l'essai, mais j'observe qu'il n'y a pas aujourd'hui de suspension de l'ordre juridique, bien au contraire. Peut-on clarifier ce concept d'« urgence *de facto* » au regard de ces observations ?

F. N. A. : Dans la littérature académique, nous retrouvons ce concept dans le rapport Questiaux[9] et dans l'ouvrage de Jaime Oraa sur les pouvoirs d'urgence[10]. Ces premiers travaux, antérieurs au 11 septembre 2001, étaient centrés sur l'idée de non-déclaration de l'état d'urgence. Je pense que Carl Schmitt a répondu à cela lorsqu'il a

7. Mileva Boulestreau, Valentin Caro, Estelle Dantan, Yasmin Fernandez, Shirley Gasse, Célia Gourzones, Fanny Lange, Vincent Louis, Aurèle Pawlotsky et Laurène Pezron, « Les mesures locales d'aggravation de l'état d'urgence sanitaire », *La Revue des droits de l'homme*, *Actualités Droits-Libertés*, mis en ligne le 29 avril 2020 (http://journals.openedition.org/revdh/9189).
8. Carl Schmitt, *Théologie politique*, *op. cit.*
9. Nicole Questiaux (Rapporteuse spéciale sur les états de siège ou d'urgence), « Study of the Implications for Human Rights of Recent Developments Concerning Situations Known as States of Siege or Emergency : Progress Report », 28 août 1981 (https://digitallibrary.un.org/record/25287?ln=en).
10. Jaime Oraa, *Human Rights in States of Emergency in International Law*, Oxford, Oxford University Press, 1992.

dit que les mécanismes internationaux des droits humains étaient structurés autour de la performance de l'urgence. C'est l'idée selon laquelle lorsqu'on recourt à un état d'urgence, on doit le proclamer. Par exemple, au titre de l'article 15 de la Convention européenne des droits de l'homme, il faut notifier les organes des traités, dire exactement ce que l'on fait, idéalement la date de fin de l'urgence et les différentes mesures prises. Il s'agit ici donc d'une compréhension hautement performative de ce qu'est l'urgence. Je pense que cela était inspiré par les pratiques des droits nationaux relatives à la manière de déclarer un état d'exception ou de déclarer la loi martiale. Quand j'ai écrit, avec Oren Gross, l'ouvrage *Law in Times of Crisis*[11], nous commencions à observer certaines tendances qui nous éloignaient vraiment de la compréhension de ce qu'est l'« urgence *de facto* ». Cela incluait ainsi le défaut de notification, parce qu'il est clair que le droit international exige une déclaration pour dire qu'il y a une urgence, et pour y faire face. Mais, de plus en plus, l'« urgence *de facto* » se taille une place dans la pratique du droit commun qui devient, dès lors, exceptionnel. La difficulté est que les États ont été très intelligents et ont compris qu'ils n'avaient qu'à insérer une exception dans la loi, qui n'est dès lors pas exceptionnelle car elle est réputée être de droit commun.

L'une des choses intéressantes écrites par Carl Schmitt est l'idée selon laquelle celui qui déclare l'urgence est le souverain. Mais je pense que nous assistons à une forme de prise de conscience du fait que la déclaration n'est même pas nécessaire. Il est possible d'agir dans l'état d'exception sans déclaration, et ce sont les actes qui le déterminent. Cette idée est au cœur de ma réflexion : ce qui est crucial, ce n'est pas la déclaration de l'exception, mais la mise au jour des actes d'exception. Ce faisant, nous luttons également contre la contre-déclaration des États qui affirment qu'ils ne se comportent pas de manière exceptionnelle. C'est notamment le cas de la France à qui j'ai rétorqué, lorsque ses autorités me disaient « nous ne sommes plus dans l'état d'exception », qu'elles y étaient bel et bien. L'essentiel n'est pas de s'arrêter sur la déclaration de l'exception, mais sur les actes d'exceptionnalité.

---

11. Oren Gross, Fionnuala Ní Aoláin, *Law in Times of Crisis : Emergency Powers in Theory and Practice*, Cambridge, Cambridge University Press, 2006.

S. H. V. : J'aimerais revenir sur certaines des idées que je développe dans le livre, car elles font vraiment écho à ce que vous venez de dire. Mon raisonnement se fonde principalement sur les expériences françaises de 2015-2017 et sur la période en cours depuis mars 2020. L'objectif est d'essayer de déconstruire l'état d'exception permanent, d'abord pour affirmer que le fait que nous ayons été gouvernés sous le régime de l'état d'exception la moitié du temps depuis 2015 n'est pas sans importance ni conséquence. L'ancien cadre normatif des états d'urgence renvoyait à la notion d'« état d'exception », et les interprétait comme une déclaration de suspension de l'ordre juridique. La réalité que j'essaie de documenter dans le livre est tout autre : il n'y a pas du tout, en pratique, de suspension du droit, mais au contraire de plus en plus de droit, davantage même qu'en temps normal. J'aimerais savoir comment vous voyez cela, étant donné la distinction que vous venez de faire entre les déclarations d'urgence et les actes d'urgence. Ce que j'observe ici, c'est que le gouvernement a manifesté un souci intense et scrupuleux du droit. Il fait extrêmement attention à ce que ses décisions aient une base légale, à ce que non seulement la déclaration, mais aussi la prolongation et la mise en œuvre de l'état d'urgence respectent les formes juridiques. Et comme j'ai essayé de le démontrer dans le livre, cela permet au gouvernement et à un certain nombre d'acteurs juridiques d'articuler, de manière constante, un discours très puissant selon lequel l'état d'urgence ne s'opposerait pas à l'État de droit, mais ferait au contraire partie intégrante de lui, et lui serait même nécessaire. Par conséquent, j'ai essayé de documenter à la fois les formes et les discours juridiques de l'État de droit, qui sont utilisés dans ces expériences répétées de l'état d'exception.

La question à laquelle j'ai tenté de répondre est la suivante : ce nouveau régime n'est-il pas pire, finalement, que l'ancien état d'exception dans lequel il était admis qu'il s'agissait d'une forme de suspension provisoire du droit ? Il s'agirait, en quelque sorte, d'un détournement de la signification même de tous les principes fondamentaux de l'État de droit. Je trouve certaines citations restituées dans le livre très frappantes à cet égard, notamment celle du président de la section du contentieux du Conseil d'État, que vous avez d'ailleurs eu l'occasion de rencontrer à plusieurs reprises, et qui disait en substance que l'état d'urgence était un « ami » des droits humains, ou celles de différents premiers ministres, qui ont assimilé l'état d'urgence à l'État de droit.

F. N. A. : Dans la littérature, il existe un débat qui consiste à se demander si nous n'aurions pas intérêt à agir « comme si de rien n'était », dès lors que reconnaître l'exception reviendrait soit à renoncer au pouvoir, soit à s'exposer à une limitation des droits. À mon avis, la structure internationale des droits humains et le mécanisme de surveillance dont nous disposons se sont tous les deux construits sur la promesse que l'État devait se déclarer, et se soumettre ainsi à un examen minutieux, en reconnaissant qu'il ne réussissait pas à faire ce qui devait être fait en temps normal. Et je pense que les États – je ne parle pas seulement de la France, mais particulièrement du Royaume-Uni au cours de ses trente années de conflit en Irlande du Nord – ont très vite compris que déclarer un état d'urgence n'était pas dans leur intérêt pour plusieurs raisons. La première est qu'à la minute où vous déclarez l'état d'urgence, la condition *sine qua non* est que vous deveniez l'objet d'un examen minutieux du simple fait que vous l'avez déclaré. Je me rappelle certaines conversations que j'ai eues en France, durant lesquelles j'ai admis le bien-fondé de la préoccupation politique liée à la reconnaissance ou à la déclaration d'un état d'exception et aux contrôles qui en découlent. Je pense donc que les gouvernements ont compris que ce n'était pas un bon espace, au sens le plus littéral : ce n'est pas un bon espace au niveau national, et ce n'est pas non plus un bon espace au niveau international. Par conséquent, la normalisation de l'exception est à la fois intéressée et protectrice pour l'État. Mais ce que vous décrivez, et sur ce point je suis totalement d'accord avec vous, c'est la normalisation de l'exception par le droit, en une sorte de « corruption » du droit. Cette normalisation n'a en théorie pas de fin, car il n'y a pas de délimitation claire entre l'exception et la norme. Et ce n'est pas seulement vrai d'un point de vue normatif, mais aussi pour les organismes de l'État habilités à agir en vertu de ce type de normes, qu'on les nomme « exceptions » ou pas. L'urgence n'offre pas les mêmes opportunités à tous ; elle donne du pouvoir à certaines parties de l'État seulement. Par nature, elle donne du pouvoir à ce que j'ai appelé l'« État secret », au détriment de l'« État ouvert » (*open state*) ou transparent.

Ce n'est pas uniquement ce que vous avez décrit comme la corruption ou l'érosion du droit. L'urgence corrompt également les institutions, notamment le système judiciaire, parce que l'illusion du droit qui l'accompagne est très séduisante. Cette illusion est également très puissante pour les États non démocratiques et autoritaires. Il existe à ce propos une merveilleuse étude de Tom Ginsburg sur l'utilisation du droit par les États autoritaires [12]. Je pense que nous devons comprendre que la répression n'est pas fondée sur l'absence de droit : elle marque plutôt son triomphe, mais pas de la manière dont nous le connaissons. Un autre élément important est qu'il y a toujours une part d'« État secret », même dans les démocraties. Le point d'équilibre entre l'« État secret » et l'« État ouvert » se déplace lorsqu'on normalise l'exception, et tous les autres aspects relatifs à la transparence, à la responsabilité et à la connaissance de « ce que fait l'État » deviennent beaucoup plus difficiles à percevoir.

L'avenir d'un combat ancien

S. H. V. : Vous avez mentionné que la plupart des mesures adoptées pour endiguer l'épidémie avaient été accueillies plutôt favorablement par les populations, et que les États avaient utilisé ces pouvoirs d'urgence non déclarés pour contourner certains contrôles démocratiques de surveillance. Quel rôle jouent alors la société civile et l'évolution des normes sociales ? Peut-on dire, après les vingt années de transformation que vous venez de décrire, que l'importance que nous attachons aux libertés et à l'État de droit s'est érodée ? Ou pensez-vous qu'il existe encore des différences notables selon les pays, et des possibilités, pour les acteurs de la société civile, d'inverser cette tendance ?

F. N. A. : Statistiquement, nous savons que l'espace civique se rétracte dans le monde entier. Il existe sur ce point de très bonnes données produites par Civicus [13], l'association qui mesure l'évolution du périmètre de l'espace civique. Leurs derniers chiffres montraient que l'espace civique avait été restreint ou limité dans plus de cent

12. Tom Ginsburg, « How Authoritarians Use International Law », *Journal of Democracy*, 31-4, 2020, p. 44-58 (https://chicagounbound.uchicago.edu/journal_articles/10089/).
13. Voir le site de Civicus : https://civicus.org/index.php/fr.

onze pays à travers le monde, parmi lesquels figuraient un grand nombre de démocraties. L'exception a notamment visé les acteurs de la société civile. Elle permet d'étouffer les dissidences, de limiter la capacité des individus à remettre en cause l'exception. Nous pouvons également tout à fait mesurer l'impact des mesures relatives au Covid-19 sur l'espace civique, notamment sur la liberté de réunion, la liberté d'expression et la vie privée [14].

Mais nous observons également de grandes innovations de la part de la société civile. Il y a certes une tension entre ces mouvements et l'accueil favorable des mesures de restriction des libertés par les personnes qui ont peur pour leur santé et leur vie – nous l'avons vu dans tous les pays –, et qui sont enclines à télécharger sur leurs téléphones des applications qui transmettent leurs données de santé les plus intimes à une personne ou à une entité qui n'en prendra peut-être pas soin. C'est la peur qui bien souvent conduit les personnes à céder non seulement leurs informations personnelles, mais aussi leurs propres libertés. Mais je trouve aussi extraordinaire qu'en cette période de pandémie nous ayons assisté à des protestations d'une si grande ampleur à travers le monde. Ce n'est pas un hasard si cela se produit maintenant. Le réveil des questions raciales aux États-Unis (avec le mouvement Black Lives Matter) a eu lieu au plus fort de la crise sanitaire, notamment parce que les communautés les plus affectées par la pandémie et les mesures mises en œuvre sont les communautés historiquement et structurellement les plus discriminées. Cette poussée des mobilisations est très forte. Nous la voyons à l'œuvre en Colombie, au Nigeria, un peu moins en Europe ou dans d'autres pays. Je dirais que la tendance lourde est à la répression et à la fermeture des espaces civiques, mais qu'on trouve aussi des témoignages d'ingéniosité et d'innovation, qui marquent la reconnaissance de ce qui a été perdu par la société civile et par les acteurs des droits humains. Malgré des circonstances de plus en plus difficiles, ces derniers continuent à faire pression en faveur des droits les plus fondamentaux.

S. H. V. : Y a-t-il des innovations ou des expériences dont vous avez été témoin, et qui vous semblent particulièrement intéressantes

14. Voir le Covid-19 Civic Freedom Tracker déjà cité *supra*, note 6, p. 167.

us avons encore du chemin à parcourir dans la pandémie actuelle,
parce que le rééquilibrage dans l'arène de la santé sera une étape
ciale du rééquilibrage de ces autres espaces. L'autre domaine que
s devons surveiller de près est l'espace environnemental interna-
al, parce que dans de nombreux pays, y compris les États-Unis
France, certains appellent de leurs vœux la proclamation d'un
at d'urgence environnemental ».

V. : Le secrétaire général des Nations unies, António Guterres,
-même fait une déclaration en ce sens en décembre 2020…

A. : Oui, il a en effet utilisé l'expression d'« urgence clima-
». En tant qu'universitaires et praticiens de l'exception, nous
fions bien ce langage et l'attrait qu'il peut représenter pour les
nts écologistes préoccupés par l'avenir de notre planète. Mais
important que nous ouvrions un dialogue plus large avec la
unauté des défenseurs de l'environnement sur ce point. Pour
elles et ceux qui se préoccupent, comme nous, des effets
es de l'exception sur les libertés ne doivent pas seulement
ce combat dans le monde d'aujourd'hui : il nous faut aussi
r les prochains combats dans lesquels l'exception pourrait
er. Nous sommes au milieu de l'un d'eux, avec la pandé-
is nous en avons un juste devant nous, en matière clima-
environnementale. Les solutions ne sont pas si dures que
ouver : elles consistent à revivifier la démocratie, à renfor-
rticipation des citoyens, à consolider l'espace civique et
re l'idée que la dignité de la personne humaine est fonda-
Ce ne sont pas des idées neuves : elles ont animé les dis-
sur les droits depuis la *Magna Carta* anglaise (1215), en
ar la Déclaration des droits de l'homme et du citoyen de
'expérience de la révolution américaine. Nous cherchons
es idées toutes neuves et brillantes, mais il est aussi cru-
ffirmer la valeur de ces idées anciennes. La lutte contre
e l'exception est un combat très ancien, aussi ancien que
-même. Nous avons passé des siècles à empêcher l'abat-
rbres et à en planter de nouveaux, pour reprendre une
employée autrefois par Thomas More. C'est exactement
s faisons pour l'exception. Je pense d'ailleurs que cela
vancer de savoir que nous poursuivons un combat très

pour contrecarrer les problèmes normatifs et institutionnels soulevés par la normalisation de l'état d'urgence ? Sur le plan normatif, comment la société civile, les universitaires ou les militants des droits de l'homme, peuvent-ils répliquer à cette dévalorisation des droits de l'homme par les logiques d'urgence ? Y a-t-il, sur le plan institutionnel, des innovations ou des moyens susceptibles de contrebalancer l'excès de pouvoir dans ce contexte d'urgence normalisée ?

F. N. A. : Oui tout à fait, quelques exemples frappants me viennent à l'esprit. Dans les pays où il y a eu des restrictions de la liberté de manifester, nous avons observé ce qu'on peut appeler des « protestations en chaîne » : un individu se tient debout pendant une heure, remplacé pendant une heure par un autre individu, lui-même remplacé par un autre individu, et ainsi de suite. L'interdiction de se rassembler augmente le pouvoir de la protestation symbolique, qui emprunte des voies très innovantes. C'est ce que l'on a pu voir, par exemple, lorsque les premières mesures d'urgence ont été prises au Botswana pendant la pandémie de Covid-19. Les avocats ne faisaient pas partie de la liste des travailleurs exemptés de restrictions de déplacement, n'étant pas considérés comme travailleurs essentiels. L'association locale du Barreau est alors allée devant le tribunal, faisant valoir que les avocats étaient bien des travailleurs essentiels, puisque l'État de droit ne pouvait pas fonctionner sans avocats présents dans les tribunaux. Cette revendication d'ordre procédural, selon laquelle l'avocat est une personne essentielle dans le cadre d'une pandémie, s'articule selon moi de manière très étroite avec l'État de droit, car cela signifie que l'État ne peut pas fonctionner sans la présence de l'avocat, qui doit pouvoir se déplacer et protester.

S. H. V. : Cet argument a-t-il convaincu la Cour ?

F. N. A. : Oui, les avocats botswanais ont gagné. Il y a d'autres pays dans lesquels la définition du « travailleur essentiel » a été contestée, précisément pour y inclure les avocats.

Un autre exemple de résistance innovante est offert par la décision de la Cour suprême israélienne sur l'utilisation des applications mobiles[15]. J'ai été très impressionnée par la ténacité de certains tribunaux concernant la portée de l'utilisation des technologies en l'absence de sécurité adéquate, notamment en ce qui concerne le droit à la vie privée. L'autre domaine dans lequel nous avons constaté une certaine « robustesse » du contrôle judiciaire est celui de la liberté de religion et de croyance. Certes, on peut trouver complexe le positionnement de la Cour suprême des États-Unis sur la question de la croyance religieuse. Mais je trouve en réalité rassurant qu'une cour déclare que s'il est possible de faire entrer vingt personnes dans un supermarché pour acheter de la nourriture, on peut certainement réunir vingt personnes dans une église, dans des conditions adaptées, afin d'exercer le droit fondamental de la liberté de religion et de croyance, qui est un droit absolu.

La deuxième chose qui a été vraiment encourageante est l'émergence de réseaux d'organisations de la société civile. Je pense qu'il y a une prise de conscience croissante du fait que, pour repousser cette offensive mondiale contre les libertés, les organisations ne peuvent pas obtenir de résultats en travaillant seules dans leur coin. D'où la formation d'importants réseaux d'associations et de mobilisations. Un grand nombre d'entre eux sont informels, mais ils sont réels et puissants, grâce à l'échange d'informations à travers les territoires, ou à l'émergence d'une solidarité significative entre diverses régions du monde. Il n'existe pas de site internet qui répertorie toutes les organisations qui sont en contact les unes avec les autres et qui travaillent en coopération, mais je constate que la société civile mondiale prend de plus en plus conscience qu'elle doit être connectée pour contrecarrer de manière efficace le phénomène dont nous parlons.

S. H. V. : Peut-on imaginer des moyens institutionnels capables de faire reculer le pouvoir de ce que vous appelez l'« État secret » ? La France est un exemple emblématique de ce phénomène d'inflation du pouvoir exécutif. Quels types de freins et de contre-pouvoirs peut-on lui opposer, alors même qu'il est si difficile d'obtenir des informations sur son fonctionnement, sur les mécanismes de la prise de décision, etc. ?

---

15. Maayan Lubell « Israeli Supreme Court Bans Unlimited COVID-19 Mobile Phone Tracking », *Reuters*, 1er mars 2021 : https://www.reuters.com/article/us-health-coronavirus-israel-surveillanc-idUSKCN2AT279.

ancien, vieux de plusieurs siècles. C'est le combat dans lequel nous sommes engagés, et je pense que s'inscrire dans cette longue durée nous donne un peu de courage pour tenir notre rôle, qui sans cela deviendrait accablant.

Cette conversation, qui s'est tenue par visioconférence
le 3 juin 2021, a été retranscrite
et traduite de l'anglais par Aurèle Pawlotsky.

CHANGER DE BOUSSOLE

Mireille Delmas-Marty

Nous n'avons plus le choix. La multiplication des urgences est un révélateur du malaise de sociétés qui n'hésitent plus à se dire elles-mêmes « déboussolées ». À mesure que la globalisation s'étend à tous les domaines de la vie en société, la crise sécuritaire mondiale, symbolisée par les attentats du 11 septembre 2001, ressemble de plus en plus à une « polycrise », à la fois globale et permanente, qui bouscule nos certitudes et brouille nos repères. Face aux interdépendances nées de la mondialisation, les défis se multiplient à une vitesse croissante. Terrorisme global, crise économique et financière, crise sociale, désastre humanitaire des migrations, crise climatique et, pour couronner le tout, si l'on ose dire, la crise sanitaire du Covid-19. Il est grand temps de considérer cette polycrise comme un ensemble unique. Ni l'indignation citoyenne face aux dérives sécuritaires, ni la colère des Gilets jaunes face aux inégalités sociales, ni la révolte des jeunes générations et l'appel des scientifiques face au changement climatique n'ont suffi. Et voici qu'un minuscule virus fait trembler le monde, comme s'il était venu en messager pour défier notre humanité mondialisée et révéler son impuissance, lui offrant une chance (la dernière ?) pour prendre conscience de la communauté mondiale de destin et changer résolument de cap.

Encore faut-il changer de boussole. Pendant longtemps, chaque communauté avait son Nord symbolique, imposé par les dispositifs juridiques, les rites, voire les commandements religieux. Selon la manière dont la mémoire et l'oubli avaient structuré son histoire, chacune s'était organisée autour de ce pôle d'attraction, sa boussole en quelque sorte. Aujourd'hui, la mondialisation se déploie en toutes directions. « Déboussolés » au sens littéral, nous errons dans la nostalgie d'une mémoire qui n'existe guère à l'échelle planétaire, ni même d'une région déjà structurée comme l'Europe. À la différence des communautés nationales, unies par leur histoire, la communauté mondiale ne pourra s'unir qu'en ajoutant l'anticipation à la mémoire. À défaut d'une histoire commune, les récits d'anticipation esquissent les destins possibles. Le récit de l'après-guerre, celui des vainqueurs de la Seconde Guerre mondiale, était un récit optimiste et prometteur, qui reposait sur ce que l'on pourrait nommer « le triptyque de la bonne gouvernance » : État de droit, démocratie et droits de l'homme. L'État de droit devait assurer la prévisibilité des normes juridiques et leur cohérence ; la démocratie devait garantir l'effectivité et l'efficacité des pouvoirs politiques ; les droits de l'homme, enfin, devaient consacrer la légitimité d'un humanisme hérité des philosophes des Lumières, celui de l'individu émancipé.

Paradoxalement, ce beau récit-promesse a d'abord été invoqué à l'appui de la décolonisation, tout en étant freiné par la résistance des colonisateurs. Il a finalement été perturbé par la globalisation dans tous les domaines qu'elle atteint. Il y a déjà longtemps que nous observons le désordre créé par les tourbillons de vents contraires (sécurité/liberté, compétition/coopération, innovation/conservation, exclusion/intégration) [1]. Mais les attentats du 11 septembre 2001 puis les crises qui ont suivi, enfin la pandémie du Covid-19 ont eu un effet accélérateur et déstabilisateur sans précédent. En transformant les états d'urgence en une urgence unique, à la fois globale et permanente, la polycrise a en quelque sorte désactivé les promesses de l'après-guerre. Une fois ce constat posé, je lancerai ensuite le pari, pour changer de boussole, d'imaginer une nouvelle « boussole des possibles ».

L'état d'urgence, ou la fin des promesses de l'après-guerre

Le triptyque de l'après-guerre reste présent, comme une référence que l'on continue d'invoquer, mais qu'on se contente de répéter, comme on répète un mantra « désactivé » qui aurait perdu sa signification. Selon Stéphanie Hennette Vauchez, « on ne gouverne pas impunément par l'état d'urgence » [2]. Cette permanence inédite du gouvernement par l'état d'urgence, ajoute-t-elle, « pose la

---

1. Mireille Delmas-Marty, *Liberté et sûreté dans un monde dangereux*, Paris, Seuil, 2009 ; *Aux quatre vents du monde*, Paris, Seuil, 2016 ; *Sortir du pot au noir. L'humanisme juridique comme boussole*, Paris, Buchet-Chastel, 2019 ; *Une boussole des possibles*, Paris, Collège de France éditions, 2020.
2. Voir *supra*, p. 119. Selon l'auteure, au 15 novembre 2021, la France avait vécu quarante-quatre des soixante-douze mois écoulés depuis le 13 novembre 2015 sous état d'urgence.

question de l'adéquation, pour y faire face, d'un régime censé permettre de répondre à des circonstances exceptionnelles ».

De quelque côté du triptyque que l'on se tourne, la situation se dégrade en effet. Au lieu de continuer à judiciariser les droits et libertés en élargissant la compétence des cours régionales des droits de l'homme et en renforçant les pouvoirs des organisations et des juridictions internationales, les droits humains ont été fragilisés, tournés en dérision, voire « relégués » comme un vestige de temps révolus. Au lieu de « raisonner la raison d'État », en la confrontant à des principes tels que la légalité ou la proportionnalité des mesures au but poursuivi, nos sociétés ont « retourné l'État de droit » en intégrant au droit commun (celui qui s'applique dans l'ordinaire des jours) des dispositifs dérogatoires que l'on croyait propres à l'état d'urgence, car ils favorisent le pouvoir exécutif et les procédures simplifiées. Enfin – et ce dernier constat résume tout l'ensemble –, la démocratie, au lieu d'être consolidée pour répondre à la polycrise, est « esquivée ». Empruntant cette formule à Stéphanie Hennette Vauchez, je commencerai par cette étrange « esquive ».

L'esquive de la démocratie

Au lendemain de la Seconde Guerre mondiale, un rééquilibrage des pouvoirs politiques avait été amorcé selon un double processus : d'une part la constitutionnalisation du droit (création de cours constitutionnelles plus ou moins inspirées du modèle des États-Unis) ; d'autre part l'internationalisation. Encore limité pour l'essentiel au niveau régional, mais déjà effectif et efficace en Europe à travers les deux pôles du marché (Cour de justice de l'Union européenne) et des droits de l'homme (Cour européenne des droits de l'homme – CEDH – pour les membres du Conseil de l'Europe), le processus s'est étendu par la suite à l'échelle américaine (Cour interaméricaine des droits de l'homme – CIADH) et africaine (Commission africaine des droits de l'homme et des peuples), puis au Moyen-Orient et en Asie, sans exclure les avancées d'un droit mondial des droits de l'homme placé sous l'égide de l'ONU.

Et voici qu'au lieu de consolider la démocratie en renforçant ce double processus, les États l'ont esquivée au profit d'une raison d'État omniprésente (raisons sécuritaire, économique, sanitaire, écologique, voire technologique). Qu'elle se traduise par « l'hyper-présidentialisation du régime, », la « minoration du Parlement » ou la « paralysie des contrôles juridictionnels », également constatées par le rapport de la Commission européenne sur l'État de droit, l'esquive de la démocratie s'accompagne, en France, de critiques de plus en plus virulentes à l'encontre d'institutions indépendantes comme la CNCDH, le Défenseur des droits, ou, plus prudemment la Commission nationale de l'informatique et des libertés. C'est un véritable transfert de pouvoirs à l'exécutif qui est en train de se réaliser : alors qu'au début des années 2000, 80 % de la législation était composée de lois votées par le Parlement, en 2020 ce chiffre est inférieur à 50 % (51 % de la législation découle d'ordonnances prises par le gouvernement)[3]. Un événement récent renforce le malaise : avant même le vote de la loi du 5 août 2021 sur la gestion de la crise sanitaire instaurant le « passe sanitaire », le président Emmanuel Macron avait annoncé des mesures de grande ampleur au cours d'une intervention télévisée, le 12 juillet, suivie par trente millions de personnes. Même les juges, si prudents soient-ils, sont l'objet de critiques récurrentes de la part des gouvernants, y compris les juges internationaux, critiqués au nom d'une souveraineté nationale qui entend rester « solitaire », au mépris de la souveraineté « solidaire », seule conception qui serait logiquement compatible avec les interdépendances croissantes (entre États, entre humains, présents et à venir, voire entre humains et non-humains) qui structurent désormais notre monde. Et la France n'est pas isolée. Selon une étude récente sur l'année 2020, près de la moitié des démocraties ont adopté des mesures réduisant les libertés et droits fondamentaux[4], suggérant ce que Stéphanie Hennette Vauchez appelle, d'une façon imagée, le « retournement » de l'État de droit.

Le retournement de l'État de droit

Évoquant les dérives vers une justice anticipatrice et guerrière[5], j'ai rappelé récemment les leçons prononcées par Michel Foucault au Collège de France en 1971-1972. D'une étonnante actualité, en ces

3. Mariama Darame et Laura Motet, « Face à la multiplication des ordonnances sous Macron, le Parlement cherche la parade », *Le Monde*, 28 juillet 2021.
4. « Global Democracy Has a Very Bad Year », *The Economist*, 2 février 2021 : https://www.economist.com/graphic-detail/2021/02/02/global-democracy-has-a-very-bad-year.
5. Mireille Delmas-Marty, « Justice », Didier Fassin (dir.), *La Société qui vient*, Paris, Seuil, 2022, p. 509-523.

temps où le brouillage atteint non seulement les institutions étatiques mais aussi les acteurs non étatiques, ces leçons pourraient annoncer le retour vers un droit sans État. Partant des structures pré-étatiques médiévales, Foucault montrait que les institutions pénales avaient d'abord confondu le crime et la guerre, comme l'armée et la police, selon deux processus d'assujettissement et de pacification, liés au pouvoir. Il a fallu la montée en puissance des appareils d'État, puis leur basculement lorsqu'ils ont supplanté ces structures, pour qu'apparaisse, avec les institutions pénales, la distinction entre le crime et la guerre.

Qu'en est-il aujourd'hui, dans ce monde « post-étatique » qui se dessine sous nos yeux ? Tout se passe comme si la mondialisation et son cortège d'interdépendances déstabilisaient l'État de droit, au risque de le faire éclater en affaiblissant la distinction entre institutions étatiques et non étatiques. Mon hypothèse est que l'« effet 11 Septembre » a accélré un basculement inverse, vers la fusion des deux catégories. Politiquement, ce basculement se traduit d'abord par l'extension de la notion d'ennemi au combattant illégal : véritable hors-la-loi, car n'étant ni criminel ni guerrier, il ne bénéficie juridiquement ni des garanties de la procédure pénale ordinaire, ni de celles attachées au droit de la guerre. Politiquement, ce basculement élargit la notion de légitime défense (de réactive, elle devient préventive), tout en étendant la notion d'agression (qui peut viser non seulement un État, mais aussi un groupe criminel armé, comme Al-Qaïda, ou Daech).

C'est ainsi qu'on en arrive à ce phénomène de « retournement de l'État de droit », l'urgence de la situation légitimant en quelque sorte le durcissement du contrôle social, quelle que soit la nature de la menace (sécuritaire, climatique, sanitaire, etc.). Quant aux nouveaux dispositifs de pacification, ils se font toujours attendre. Dès aujourd'hui, avec les programmes dits de « déradicalisation » puis de lutte contre la radicalisation, on retrouve en matière de terrorisme la question de savoir à qui profitera la paix ; qui aura le droit d'interdire telles armes ou telle forme d'attaque ? À quel moment ? Comme au Moyen Âge, ces « luttes entre les paix » s'inscrivent dans les structures de la (nouvelle) féodalité[6], mais à l'échelle mondiale. Il est d'autant plus urgent de clarifier ces questions que le retournement de l'État de droit, transposant le régime dérogatoire

6. Michel Foucault, *Théories et Institutions pénales. Cours au Collège de France (1971-1972)*, Paris, EHESS-Gallimard-Seuil, 2015.

de l'urgence permanente en droit commun, aboutit à la « relégation des droits et libertés ».

La relégation des droits et des libertés

Comme son nom l'indique, la Déclaration universelle des droits de l'homme de 1948 n'était qu'une simple « déclaration ». Outre de nombreuses recommandations, elle a été suivie par tout un ensemble de textes opposables aux États, et parfois dotés de force contraignante, comme les conventions régionales. Ce vaste réseau constitue un « droit des droits de l'homme », ou un « droit international des droits humains », qui devrait amorcer un processus d'humanisation dans nos sociétés mondialisées. Toutefois, à mesure qu'ils entrent dans le droit positif, les droits de l'homme révèlent aussi leurs faiblesses.

La première faiblesse est formelle car les droits humains, souvent imprécis dans leur formulation, sont imprévisibles dans leur mise en œuvre, que l'on pense à des notions comme la « vie privée », la « liberté d'expression », ou même le droit au respect de la « dignité ». Du coup, la preuve des transgressions étant difficile à établir, apparaît une deuxième faiblesse, déjà évoquée, celle de l'ineffectivité : d'une part la montée en puissance du droit régional reste limitée à certaines parties du monde, d'autre part le droit mondial des droits humains s'applique peu aux États en raison de l'absence de juridiction mondiale équivalente aux cours régionales. En toute hypothèse, ces dispositifs de droit international restent inopposables aux entreprises transnationales, car les acteurs privés ne sont pas directement sujets de droit international en cas de transgression. On en arrive à cette absurdité qu'une entreprise peut porter plainte devant la CEDH comme victime (par exemple au nom de son droit à un procès équitable), mais ne peut être poursuivie pour ses propres transgressions des droits humains, même graves (par exemple faire travailler des enfants, tolérer des conditions d'hygiène et de sécurité déplorables, ou se faire complices de crimes de guerre, de crimes contre l'humanité, ou demain d'écocides).

Enfin, une troisième faiblesse, de nature axiologique, tient à l'antagonisme entre des valeurs apparemment contraires, comme la sécurité et la liberté. Des principes, conciliateurs ou réconciliateurs, sont nécessaires pour les faire fonctionner de façon complémentaire. Réconcilier la sécurité et la liberté était d'ailleurs l'ambition affichée par la loi Peyrefitte, dite « sécurité et liberté », en février 1981. Mais il aurait fallu s'en donner les moyens, en rappelant l'importance du principe de l'égale dignité (article 1er de la Déclaration universelle des droits de l'homme). Bien qu'il soit qualifié d'« indérogeable », par la CEDH et les instruments qui ont suivi (CIADH et à l'échelle mondiale, pacte ONU, sur les droits civils et politiques), ce principe reste, aujourd'hui encore, largement inappliqué, notamment dans les lieux de privation de liberté. Les contrôleurs de ces lieux (Jean-Marie Delarue, Adeline Hazan puis Dominique Simonnot), ainsi que les défenseurs des droits (Jacques Toubon, puis Claire Hédon), ont eu souvent l'occasion de dénoncer ces excès sécuritaires, interdisant à la fois la torture et l'usage de traitements inhumains ou dégradants.

On pense plus particulièrement à deux situations à première vue très différentes : celle des prisonniers de Guantánamo soupçonnés de terrorisme, et plus récemment celle des personnes en fin de vie, placées dans les EHPAD, que la pandémie a privées de contact avec leurs proches et parfois même de funérailles. Ces deux exemples donnent à voir le basculement des sociétés de citoyens responsables vers des sociétés de la peur. Pour éviter que notre État démocratique, qui se donnait pour objectif l'émancipation de l'individu, ne se transforme sous nos yeux en un État autoritaire qui asservirait les individus pour assurer la survie collective, il faut donc prendre le pari d'imaginer une boussole à l'échelle planétaire, une « boussole des possibles ».

Le pari : imaginer une boussole des possibles

On se souvient du constat désabusé de Pascal au XVIIe siècle : « Ne pouvant fortifier la justice, on a justifié la force, afin que la justice et la force fussent ensemble et que la paix fût, qui est le souverain bien. » En 2021, nous répondons par un nouveau pari : fortifier la justice, au lieu de justifier la force, tel doit être précisément le rôle du droit. Le philosophe Michel Serres avait décrit de façon prémonitoire l'engagement des humains dans une symbiose au sein du monde vivant (humain et non humain) en vue de (ré)apprendre à habiter la Terre[7]. Au-delà de l'engagement philosophique, j'y vois un appel à revisiter le triptyque de l'après-guerre à l'échelle du monde,

7. Michel Serres, *Habiter*, Paris, Le Pommier, 2011, p. 192.

afin de redonner un sens à nos comportements : un sens politique (repenser la démocratie sans créer un État mondial), un sens juridique (responsabiliser les acteurs sans imposer un ordre mondial unifié), éthique (repérer des valeurs communes sans imposer un pôle Nord fixe). Encore faut-il impérativement changer de boussole.

Repenser la démocratie sans État mondial

Il faut non seulement repenser la répartition entre organisations étatiques et interétatiques (OIT, ONU, OMC, OMS, etc.), mais aussi plus largement mettre en place des contre-pouvoirs, étatiques et non étatiques. Du côté des États, les juges (nationaux, européens ou à vocation mondiale) restent un rempart contre les dérives sécuritaires, un rempart d'autant plus nécessaire que la banalisation de l'état d'urgence légitime un transfert du pouvoir législatif à l'exécutif. Mais le rempart est affaibli par la crainte d'un « gouvernement des juges », synonyme de « déficit démocratique ». Or la démocratie ne consiste pas seulement dans la majorité des suffrages, qui peut conduire à des despotismes « légaux ». Elle suppose la résistance des droits de l'homme et de l'État de droit, et le juge est alors indispensable.

À défaut d'une réelle séparation des pouvoirs étatiques, l'esprit démocratique doit aussi prendre la forme de contre-pouvoirs non étatiques qui émergent au cœur d'une « gouvernance SVP » (savoir, vouloir, pouvoir). Le croisement des savoirs (les savants et les sachants, la science et l'expérience) éclairerait les vouloirs des citoyens et des ONG (de la cité à l'État-nation, à l'Europe, puis jusqu'au « Tout-Monde »). Dans un monde idéal, savoir et vouloir encadreraient les pouvoirs (politico-militaires avec les États, socio-économiques avec les entreprises transnationales, culturels…). Encore faut-il renforcer la responsabilité des acteurs les plus puissants et éviter l'asservissement des plus vulnérables. Si le récit-aventure est le plus adapté à l'esprit démocratique, la confiance qu'il postule implique que le droit renforce les responsabilités des acteurs globaux, et que des juges impartiaux et indépendants apportent une véritable garantie normative[8], contribuant à renouveler l'État de droit en réorganisant les solidarités et les

8. Emeric Nicolas observe « l'érosion de plus en plus rapide de la garantie normative des droits au profit de la montée en puissance de la garantie normative du vivant », dans Catherine Thibierge (dir.), *La Garantie normative*, Paris, Mare & Martin, 2021. Sur le « Tout-Monde », voir Édouard Glissant, *La Cohée du Lamentin*, Paris, Gallimard, 2005.

interactions entre acteurs aux divers niveaux normatifs. Il faut mentionner ici un phénomène récent qui pourrait devenir un levier pour faire respecter le droit mondial par les acteurs globaux : l'émancipation des juges nationaux par applicabilité directe du droit international.

Responsabiliser les acteurs globaux sans ordre mondial

On peut revenir à ce propos sur l'étonnante apparition d'une « justice climatique ». Depuis 2015 – date du premier jugement dans l'affaire *Urgenda*, qui aboutit en 2017 à la condamnation définitive de l'État néerlandais prononcée par des juges nationaux pour transgression d'engagements internationaux –, les « procès climatiques » se multiplient, contre les États, voire contre les entreprises transnationales.

S'agissant des États, la décision rendue le 24 mars 2021 par le Tribunal fédéral constitutionnel d'Allemagne, qualifiée « d'historique » par la juriste Émilie Gaillard, mérite en effet attention car elle invalide partiellement la loi Climat votée en 2019, dont l'objectif était pourtant de lutter contre le changement climatique en réduisant les émissions de gaz à effet de serre, dans les proportions imposées en 2015 par les accords de Paris. Le Tribunal reconnaît « que le climat et le réchauffement de la planète constituent des phénomènes mondiaux et que, dès lors, les problèmes causés par le changement climatique ne pourront être résolus par l'action d'un seul État ». Mais il précise que ce constat ne fait pas obstacle à l'obligation de lutter contre le changement climatique et que cette obligation « comporte une dimension internationale particulière ». En somme, le Tribunal reconnaît que les interdépendances entre États sont devenues un fait, mais il suggère que la solidarité qui devrait en résulter présente plusieurs visages, selon qu'il s'agit de solidarité dans l'espace (du territoire national à l'espace planétaire), dans le temps (des humains présents aux générations futures), voire dans ses fondements philosophiques si la solidarité s'étend aux autres espèces vivantes.

S'agissant des entreprises transnationales, le phénomène ne se limite pas à la justice climatique. Mentionnons par exemple la loi française sur le devoir de vigilance[9], adoptée en 2017 à la suite de l'incendie de l'atelier de textile du Rana Plaza au Bangladesh, et les

9. Loi nº 2017-399 du 27 mars 2017 relative au devoir de vigilance des sociétés mères et des entreprises donneuses d'ordre. Et loi du 22 mai 2019 relative à la croissance et la transformation des entreprises (« PACTE ») créant notamment le statut des sociétés à mission.

projets d'étendre ce devoir de vigilance au niveau européen [10]. Tout cet ensemble contribue au processus de « responsabilisation », invitant à repenser la relation entre les acteurs économiques privés et les droits de l'homme. Alors que les droits de l'homme étaient essentiellement opposés jusqu'alors aux États, le devoir de vigilance durcit la *soft law* en imposant aux entreprises de vérifier ce qui se passe tout au long de la chaîne de valeur, dans les filiales et chez les sous-traitants. Il nourrit ainsi, dans de nombreux pays européens, du Royaume-Uni [11] aux Pays-Bas en passant par la Norvège, des dispositifs jurisprudentiels ou législatifs de la *hard law*. Encore embryonnaires, ces dispositifs développent la *compliance* (obligation de mise en conformité) et ont permis par exemple, pour revenir à la justice climatique, la condamnation de l'entreprise Shell (26 mai 2021) par un tribunal néerlandais qui engage l'entreprise à réduire ses émissions de gaz à effet de serre de 45 % d'ici à 2030 [12].

C'est ainsi que, par un effet paradoxal de la mondialisation, les juges nationaux pourraient devenir, à défaut de juridictions internationales dotées de moyens d'action suffisants, les « gardiens des promesses », selon la formule d'Antoine Garapon, transposée à l'échelle planétaire. Au risque d'ouvrir la voie à de nouveaux conflits de valeurs que le Tribunal constitutionnel fédéral d'Allemagne donne à voir : « L'objectif de la lutte contre le changement climatique ne bénéficie pas d'une primauté absolue par rapport à tous les autres intérêts en jeu. » En cas de conflit, il doit être concilié avec d'autres droits protégés par la Constitution. Mais comment résoudre les conflits ?

Résoudre les conflits de valeurs sans pôle Nord

Dans notre monde « fait de rapports de force politiques, militaires, économiques, mais aussi médiatiques et culturels », Olivier Abel observe « la montée massive des ressentiments » et dénonce « les formes mafieuses que prennent les puissances militaires, financières ou même religieuses ». Selon lui, le droit risque d'être instrumentalisé,

---

10. Résolution du Parlement européen du 10 mars 2021 contenant des recommandations à la Commission sur le devoir de vigilance et la responsabilité des entreprises [2020/2129(INL)]).
11. *Lungowe c. Vedanta Resources* plc [2019] UKSC 20.
12. Hugo Miller et Laura Hurst, « Shell on Trial as Court Weighs Its Climate Responsibility », *Bloomberg*, 25 mai 2021, Mathilde Hautereau-Boutonnet, « Première condamnation d'une entreprise pétrolière en matière de contentieux climatique », *Blog du Club des juristes*, 7 juin 2021.

soit pour justifier le système (fonction « instituante »), soit pour protester et résister au système (fonction « protestante »)[13].

Pour préciser ma réponse, je reviendrai aux « forces imaginantes du droit » que j'ai déjà analysées dans plusieurs ouvrages[14]. Il reste une chance si ces forces se mettent au travail, les unes en creusant dans la profondeur des histoires nationales (histoire et droit comparé), les autres en accueillant le surgissement de l'imprévisible et de l'inattendu (droit international et anthropologie juridique). Les conflits se réduiraient alors par l'harmonisation des droits : soit par ouverture au droit international des droits nationaux ainsi « internationalisés », soit par incorporation du contexte national à un droit international « contextualisé ». Qu'il s'agisse, par exemple, de l'appropriation des biens ou de la représentation des personnes, il faut intégrer les générations futures et le vivant non humain à la communauté mondiale en gestation. La notion de bien non appropriable, qui remonte aux anciens « communs », peut s'élargir à de nouveaux « biens communs mondiaux » aussi différents que la santé et les vaccins, l'information et sa fiabilité, ou encore l'écosystème Terre et son équilibre. En revanche, si la notion de personne s'étend à des êtres non humains, donc irresponsables, tels que la forêt amazonienne ou un fleuve en Inde, elle crée une dissymétrie qui brouille la recherche d'une éthique commune.

Quels que soient les résultats, encore incertains, de ces « procès climatiques », et de ceux qui suivront, ils montrent en tout cas que l'imagination, quand elle est éclairée par les savoirs et stimulée par « l'émerveillement de faire partie de l'extraordinaire aventure d'être vivant[15] », est un puissant moteur de rapprochement. Mais ils montrent aussi la difficulté, car l'humanisme – la représentation des êtres humains dans leurs relations, entre eux et au sein du monde vivant – varie selon les peuples. La « spirale des humanismes » (Olivier Abel), en symbolisant la permanence de l'Être dans son évolution, nous invite pourtant à penser simultanément l'un et le multiple, la permanence de l'humanité et la pluralité des mondes possibles, dans l'enroulement sans fin des diverses représentations[16]. Mais en sommes-nous vraiment conscients ?

---

13. « Dans la spirale des humanismes, une conversation entre Mireille Delmas-Marty et Olivier Abel », *Le Grand Continent*, 16 janvier 2021 (https://legrandcontinent.eu/fr/2021/01/16/dans-la-spirale-des-humanismes-une-conversation-entre-mireille-delmas-marty-et-olivier-abel/).
14. Mireille Delmas-Marty, *Les Forces imaginantes du droit*, Paris, Seuil, 2004-2011,4 vol.
15. Baptiste Morizot, « Il faut politiser l'émerveillement », *Le Monde*, 6 août 2020.
16. « Dans la spirale des humanismes », art. cité.

La représentation la plus ancienne, l'humanisme *de la relation*, reliant chaque humain aux communautés de proximité, famille, village, tribu, inspire encore certaines visions traditionnelles comme l'*Ubuntu* (faire humanité ensemble, en ce sens que « je suis ce que je suis grâce à ce que nous sommes tous ») en Afrique du Sud. Nous la redécouvrons, en ces temps de confinement, dans les pratiques d'entraide au niveau local. Un humanisme de *l'émancipation* s'est ensuite affirmé en Occident, de la Renaissance au siècle des Lumières. Réservé d'abord aux individus mâles et nantis appartenant aux nations dites « civilisées », il a donné naissance aux droits « de l'homme » (reconnus à tout être humain), inscrits dans la Déclaration « universelle » de 1948 et mis en œuvre par les dispositifs qui ont suivi. Consacrer l'égale dignité de tout être humain (article 1er) est nécessaire pour réguler certains conflits, mais c'est insuffisant. La mondialisation appelle aussi un humanisme des *interdépendances* qui s'étend des humains présents aux générations futures, et même à l'ensemble du monde vivant. Une extension qui pourrait paradoxalement aboutir à une déshumanisation. Au nom du droit à la vie, les politiques sécuritaires substituent à l'individu émancipé des Lumières les « populations dangereuses » que l'on suit par « traçage » comme n'importe quel produit dangereux. Des criminels aux suspects, des étrangers sans papiers aux pauvres sans domicile fixe, des malades contagieux aux groupes étiquetés dangereux, croît ainsi le double risque des sociétés de la peur : infantiliser les peuples par des ordres contradictoires auxquels la plupart se soumettent, comme inhibés par la peur ; voire les « robotiser », les nouvelles technologies (numériques et biologiques) facilitant le formatage de l'espèce humaine. Pour éviter (ou freiner) de telles dérives, un humanisme de la *non-détermination* doit être élaboré d'urgence pour préserver la créativité et la responsabilité.

Quelques pistes pour changer de boussole

La piste la plus concrète vient d'un climatologue allemand qui s'est dit « choqué et ému » par les dramatiques inondations qui ont frappé son pays et des pays voisins en juillet 2021. L'alerte étant lancée depuis plusieurs décennies, il revient maintenant aux décideurs, écrivait-il, de réaliser « une révolution sociétale qui touche à tous les domaines[17] ». Il préconise un triple changement des pratiques : lire les rapports, réunir tous les acteurs (publics et privés, mais aussi économiques, scientifiques, civiques, qui doivent l'être) et « voir comment s'adapter et transformer notre économie et notre société ». Valorisation des contre-pouvoirs et adaptation de la société doivent encore être précisées afin de s'étendre à l'ensemble de la polycrise.

Une deuxième piste, plus théorique, vient de l'auteure de ces lignes, juriste française attachée aux méthodes. Pour résister aux pulsions de notre vieux cortex cervical (paléocortex) – hérité de nos ancêtres reptiliens, mais dont la puissance a pris des proportions inouïes grâce aux nouvelles technologies –, le concept d'« ordre mondial » est trop statique. L'accélération est si rapide que, pour s'adapter, nos sociétés doivent être extrêmement réactives. Il faut donc passer du concept au processus, de l'ordre statique à l'équilibre dynamique (interactif et évolutif).

Mais alors, comment rester ouverts à la diversité des mondes possibles sans succomber au grand désordre qui aurait vite fait de diluer l'histoire humaine dans un vaste chaos cosmique ? À défaut d'un pôle Nord, je suggère – cette troisième piste est essentielle à mes yeux – une « boussole des possibles » avec un centre d'attraction où peuvent se rencontrer les principes régulateurs inspirés des diverses visions de l'humanisme. Un centre, ou plutôt un lieu, pour un rééquilibrage toujours recommencé autour des valeurs portées par la « spirale des humanismes » et inspirées par les principes de « bonne gouvernance » qui s'opposent aux déséquilibres nés de la mondialisation.

On l'aura compris : changer de boussole ne peut être qu'un pari car les ressources terrestres s'épuisent et le temps nous est compté. Pour gagner un tel pari, une formidable « insurrection de nos imaginaires », comme en rêvent les écrivains et les artistes, est nécessaire. Nécessaire dès aujourd'hui, car demain sera trop tard. Nécessaire absolument, car c'est la seule réponse capable d'éviter, ou d'atténuer, les catastrophes déjà annoncées, du Grand Effondrement et/ou du Grand Asservissement. C'est aussi la seule réponse capable de résister à la puissance des nouvelles technologies qui, d'un même mouvement, nous libèrent et nous enchaînent. Si nous ne voulons devenir ni un troupeau d'animaux peureux, ni une armée de robots automatisés, nous n'avons, en effet, plus d'autre choix.

---

17. Jean-Pascal van Ypersele, « Réduire nos émissions est une urgence absolue », *Le Monde*, 18-19 juillet 2021.

DICTATURE ET ÉTAT D'EXCEPTION SOUS LA RÉPUBLIQUE ROMAINE

Thibaud Lanfranchi

> Dictateur. Devant luy les loix etoient dans le silence, et le souverain baissoit la tête, il auroit èté un tiran s'il n'avoit eté choisi pour un tems court, et si sa puisance n'avoit eté bornée a l'objet pour lequel il avoit eté choisi.
> Dictateur. Remede extreme dans les maux extremes. C'etoit une divinité qui descendoit du ciel pour le denoument des choses embrouillées.
>
> Montesquieu, *Pensées*, 1712.

Encore aujourd'hui, la notion de dictature évoque les pires des régimes politiques : la dictature, c'est la tyrannie. Pour un Romain de la République classique[1], c'était pourtant une fonction parfaitement légitime et considérée comme utile car elle avait été conçue comme un instrument – parmi d'autres – pour faire face à tout un panel de situations extraordinaires. Confrontés à une situation d'urgence, les Romains pouvaient se tourner vers cet expédient institutionnel qui n'avait pas du tout – au départ – la connotation péjorative qu'on lui associe désormais couramment.

L'existence de magistratures extraordinaires est bien attestée dans toutes les présentations générales du système politique de Rome, à travers le fameux *cursus honorum* qui regroupe l'ensemble des étapes de la carrière politique type. On y distingue en effet les magistratures dites *ordinaires* (qui existaient en permanence) de celles dites *extraordinaires*, reconduites à intervalles plus longs ou

1. Rappelons que le régime républicain romain dura de 509 à 31 avant J.-C. Il fut précédé par une période monarchique, tandis que la crise politique finale de la République (au Ier siècle avant J.-C.) céda la place à un régime de type impérial créé par Auguste. Dans la suite du texte, et sauf mention contraire, toutes les dates s'entendent avant J.-C.

de façon irrégulière. Les principales magistratures extraordinaires étaient au nombre de trois, en mettant à part la censure qui, sans être à proprement parler une magistrature ordinaire annuelle, possédait une certaine régularité (tous les cinq ans en principe). Les deux censeurs, élus pour dix-huit mois, s'occupaient du recensement (le *census*), de la constitution de la liste des sénateurs et des chevaliers, ainsi que des procédures de gestion du domaine public. Existaient sinon des interrois, nommés en cas de vacance des consuls pour procéder à de nouvelles élections (l'interroi change tous les cinq jours), mais aussi des triumvirs, choisis pour des missions variées, dont les principales étaient la fondation de colonies ou les questions agraires. Enfin, un dictateur, assisté d'un maître de cavalerie, était parfois nommé pour faire face à une menace – intérieure ou extérieure – sortant de l'ordinaire. La dictature était ainsi une charge temporaire, bien délimitée dans ses modes de fonctionnement et, en réalité, assez routinière.

À quiconque souhaite réfléchir à l'histoire des formes exceptionnelles de gouvernement sur la longue durée, le cas romain offre un contrepoint historique passionnant. Il l'est, d'une part, en raison de la diversité des formes de gouvernement exceptionnel qu'il a connue, mais aussi parce que l'on peut se demander si la tension entre exception et norme, entre extrême et ordinaire, n'est pas en réalité constitutive de ce système politique, en ce que l'exception y fut dès le départ prévue et, en quelque sorte, acclimatée par une série de dispositifs politiques[2]. C'est aussi un cas remarquable car, par comparaison avec la démocratie athénienne, véritable mythe des origines de l'Occident politique, le modèle institutionnel romain est sans doute celui qui a le plus influé sur les formes du politique en Occident, quoique de façon plus souterraine. Qu'il suffise de penser ici à la notion de lèse-majesté qui trouve ses racines dans la *lex de maiestate* inventée sous la République (à la fin du IIe siècle), avant d'être réutilisée par le prince sous l'Empire.

Le cas romain pose enfin des questions similaires à celles soulevées par l'essai de Stéphanie Hennette Vauchez, à commencer par le fait de savoir comment des régimes différents choisirent de faire face aux situations extraordinaires. Cela passait-il par une suspension du droit et des institutions régulières, ou au contraire

2. C'est en tous les cas l'hypothèse directrice d'un travail en cours.

par la mobilisation d'une fonction prévue par des règles écrites ou non écrites ? L'exercice d'un commandement unifié et personnel peut-il être vraiment temporaire, ou a-t-il des effets de plus longue portée sur les institutions et les pratiques politiques ? Comment, à Rome, encadrait-on le périmètre de ces magistratures extraordinaires pour en conjurer les abus ? Les expérimentations autour des commandements extraordinaires, qui finirent par se multiplier à la fin de la République, non seulement posent la question des relations de pouvoir entre les magistrats réguliers et ces commandements investis de nouvelles formes de pouvoir, mais soulèvent aussi le problème des dynamiques historiques et politiques engendrées par la banalisation puis la normalisation de l'état d'exception. Cette contribution entend ainsi revenir sur certaines formes exceptionnelles de gouvernement à Rome (à commencer par la dictature) et réfléchir à l'influence que put avoir le recours prolongé à ces formes de gouvernement.

La dictature : un commandement unifié et temporaire

La naissance de la dictature conserve une part de mystère. Même si l'hypothèse d'une création purement romaine a été défendue, la fonction tire sans doute son origine d'une magistrature militaire que l'on retrouve chez d'autres peuples italiens : on peut penser au chef militaire de la Ligue latine nommé *dicator latinus*, ou à un fragment de l'historien Licinius Macer qui attribue à la dictature une origine albaine[3]. Son nom originel était celui de *magister populi*, ce qui signifie le maître du peuple. Ce nom, différent de celui plus canonique de *magistratus*, renvoie à une réalité très ancienne qui remonte au moins à la fin de l'époque royale (VIe siècle) et à une fonction militaire, peut-être liée au commandement de l'infanterie, ce qui expliquerait d'ailleurs son association, *in fine*, à un maître de cavalerie. L'historien italien Giuseppe Valditara a proposé d'y voir un type de commandement militaire datant de l'époque royale, auxiliaire militaire du roi, correspondant au chef de l'infanterie de type hoplitique. De façon originale, Valditara suggère que ces auxiliaires militaires des rois auraient donné naissance, sous la République, aussi bien aux

3. Macer, frgt 15, éd. Cornell.

magistratures ordinaires qu'à la dictature[4]. Ces questions sont encore disputées à l'heure actuelle et les récits sur la création de la fonction sont d'historicité douteuse. Claudia Moatti a ainsi souligné que Denys d'Halicarnasse, en rendant compte de l'histoire de la dictature, relie sa création à la volonté du Sénat de mettre fin à des troubles internes. D'après elle, « Denys interprète ainsi l'origine de la dictature à la lumière des événements dont il a été contemporain » et à l'aune de la dictature tardo-républicaine[5]. À suivre l'historien grec, la décision du Sénat fut notamment motivée par la volonté d'affaiblir les lois sur la *prouocatio ad populum* (le droit d'appel au peuple d'une sentence du magistrat), quand Tite-Live insiste plus sur un contexte militaire difficile pour Rome. Si l'absence de sources remontant à l'époque de cette création empêche de se faire une idée claire des conditions qui présidèrent à l'invention de cette fonction, nous disposons de plus d'informations sur son fonctionnement.

Le dictateur était le seul magistrat à ne pas être élu. Il était choisi par les consuls, sur proposition du Sénat[6]. Les consuls procédaient alors à la nomination (l'expression technique est *dictatorem dicere*), dans le silence de la nuit[7]. Ce mode de désignation, *a priori* surprenant, n'est sans doute qu'un résidu de l'époque archaïque. Les institutions de la République classique se construisirent en réalité sur un temps long durant les Vᵉ et IVᵉ siècles[8]. Or, au départ, l'élection des magistrats prenait la forme d'une désignation de son successeur par le magistrat en exercice. L'idée d'une élection par le peuple en bonne et due forme, symbole de sa souveraineté, fut formalisée progressivement et ne s'appliqua jamais au dictateur, peut-être en raison de la spécificité temporelle et symbolique de la charge : elle rappelait l'unicité du pouvoir royal tout en devant être bien limitée dans le temps. Mieux valait l'extraire du processus électoral (source de légitimité éventuelle). L'élection de nuit renvoie,

4. Giuseppe Valditara, *Studi sul magister populi. Dagli ausiliari militari del rex ai primi magistrati repubblicani*, Milan, A. Giuffrè, 1989, p. 279.
5. Claudia Moatti, *Res publica. Histoire romaine de la chose publique*, Paris, Fayard, 2018, p. 136, note 3.
6. Le seul cas de dictateur élu par le peuple, toujours sur invitation du Sénat, est attesté en 217, à la suite de la défaite du lac Trasimène (Tite-Live, 22, 8, 6).
7. *Nocte deinde silentio, ut mos est*, nous dit Tite-Live, 9, 38, 14.
8. La temporalité de la construction des institutions classiques, en particulier du moment final, est difficile à donner avec précision. Trois dates clés sont à mentionner : 367 et le compromis politique qui ouvrit l'exercice du consulat à la plèbe ; 312 et la censure d'Appius Claudius Caecus marquée par d'importantes réformes politiques ; 287 et la loi Hortensia qui conféra la même normativité aux plébiscites et aux lois.

pour contrecarrer les problèmes normatifs et institutionnels soulevés par la normalisation de l'état d'urgence ? Sur le plan normatif, comment la société civile, les universitaires ou les militants des droits de l'homme, peuvent-ils répliquer à cette dévalorisation des droits de l'homme par les logiques d'urgence ? Y a-t-il, sur le plan institutionnel, des innovations ou des moyens susceptibles de contrebalancer l'excès de pouvoir dans ce contexte d'urgence normalisée ?

F. N. A. : Oui tout à fait, quelques exemples frappants me viennent à l'esprit. Dans les pays où il y a eu des restrictions de la liberté de manifester, nous avons observé ce qu'on peut appeler des « protestations en chaîne » : un individu se tient debout pendant une heure, remplacé pendant une heure par un autre individu, lui-même remplacé par un autre individu, et ainsi de suite. L'interdiction de se rassembler augmente le pouvoir de la protestation symbolique, qui emprunte des voies très innovantes. C'est ce que l'on a pu voir, par exemple, lorsque les premières mesures d'urgence ont été prises au Botswana pendant la pandémie de Covid-19. Les avocats ne faisaient pas partie de la liste des travailleurs exemptés de restrictions de déplacement, n'étant pas considérés comme travailleurs essentiels. L'association locale du Barreau est alors allée devant le tribunal, faisant valoir que les avocats étaient bien des travailleurs essentiels, puisque l'État de droit ne pouvait pas fonctionner sans avocats présents dans les tribunaux. Cette revendication d'ordre procédural, selon laquelle l'avocat est une personne essentielle dans le cadre d'une pandémie, s'articule selon moi de manière très étroite avec l'État de droit, car cela signifie que l'État ne peut pas fonctionner sans la présence de l'avocat, qui doit pouvoir se déplacer et protester.

S. H. V. : Cet argument a-t-il convaincu la Cour ?

F. N. A. : Oui, les avocats botswanais ont gagné. Il y a d'autres pays dans lesquels la définition du « travailleur essentiel » a été contestée, précisément pour y inclure les avocats.

Un autre exemple de résistance innovante est offert par la décision de la Cour suprême israélienne sur l'utilisation des applications mobiles[15]. J'ai été très impressionnée par la ténacité de certains tribunaux concernant la portée de l'utilisation des technologies en l'absence de sécurité adéquate, notamment en ce qui concerne le droit à la vie privée. L'autre domaine dans lequel nous avons constaté une certaine « robustesse » du contrôle judiciaire est celui de la liberté de religion et de croyance. Certes, on peut trouver complexe le positionnement de la Cour suprême des États-Unis sur la question de la croyance religieuse. Mais je trouve en réalité rassurant qu'une cour déclare que s'il est possible de faire entrer vingt personnes dans un supermarché pour acheter de la nourriture, on peut certainement réunir vingt personnes dans une église, dans des conditions adaptées, afin d'exercer le droit fondamental de la liberté de religion et de croyance, qui est un droit absolu.

La deuxième chose qui a été vraiment encourageante est l'émergence de réseaux d'organisations de la société civile. Je pense qu'il y a une prise de conscience croissante du fait que, pour repousser cette offensive mondiale contre les libertés, les organisations ne peuvent pas obtenir de résultats en travaillant seules dans leur coin. D'où la formation d'importants réseaux d'associations et de mobilisations. Un grand nombre d'entre eux sont informels, mais ils sont réels et puissants, grâce à l'échange d'informations à travers les territoires, ou à l'émergence d'une solidarité significative entre diverses régions du monde. Il n'existe pas de site internet qui répertorie toutes les organisations qui sont en contact les unes avec les autres et qui travaillent en coopération, mais je constate que la société civile mondiale prend de plus en plus conscience qu'elle doit être connectée pour contrecarrer de manière efficace le phénomène dont nous parlons.

S. H. V. : Peut-on imaginer des moyens institutionnels capables de faire reculer le pouvoir de ce que vous appelez l'« État secret » ? La France est un exemple emblématique de ce phénomène d'inflation du pouvoir exécutif. Quels types de freins et de contre-pouvoirs peut-on lui opposer, alors même qu'il est si difficile d'obtenir des informations sur son fonctionnement, sur les mécanismes de la prise de décision, etc. ?

---

15. Maayan Lubell « Israeli Supreme Court Bans Unlimited COVID-19 Mobile Phone Tracking », *Reuters*, 1er mars 2021 : https://www.reuters.com/article/us-health-coronavirus-israel-surveillanc-idUSKCN2AT279.

F. N. A. : Il y a plusieurs domaines sur lesquels nous allons devoir travailler. Nous constatons tous la montée en puissance de l'autoritarisme et du populisme, et l'affaiblissement de certaines institutions multilatérales, comme l'Union européenne. Les tensions entre les États sont énormes, avec des désaccords de fond sur la manière de protéger les espaces publics. Je pense que se fait jour une prise de conscience mondiale des coûts de la pandémie, pas uniquement en termes de santé, de pertes de vies humaines et de traumatismes, mais aussi pour l'État de droit. Ces débats s'ouvrent en de multiples endroits.

Les mécanismes institutionnels que nous employons pour faire face aux urgences sont inadéquats. Le mécanisme qui exige des États qu'ils notifient une dérogation temporaire aux traités et au Pacte international relatif aux droits civils et politiques s'apparente au projet de vider la mer avec une cuillère : ce n'est pas suffisant. Une discussion est en train de s'engager sur le type de surveillance post-Covid qui sera nécessaire pour réduire l'ampleur des violations commises par les États. Ce débat a notamment lieu au Conseil des droits de l'homme. C'est bien sûr un terrain difficile pour mettre en place un mécanisme de surveillance, mais on pourrait imaginer, par exemple, qu'une solution technique comme l'Examen périodique universel (EPU), qui permet un examen périodique des réalisations de tous les États en matière de droits humains, puisse avoir un rôle spécifique et ciblé. Et les rapports des États aux organes des traités sur les droits de l'homme ont en réalité été revitalisés et affirmés. Je crois fermement que le détail de la procédure peut souvent offrir beaucoup plus que de grands discours.

Je dirais également que nos efforts, en tant que défenseurs des droits de l'homme, doivent porter sur deux domaines. Le premier est celui de la protection de la santé. Nous devons prêter attention à ce qui se passe dans la mise en œuvre des réglementations sanitaires mondiales, à l'Organisation mondiale de la santé (OMS) en particulier. Les discussions sur l'émergence d'un nouveau traité international relatif aux pandémies semblent être déjà bien engagées, mais les droits humains et les juristes de l'exception n'ont pour l'instant que peu de place dans ces discussions sur la santé mondiale. Nous devons nous immiscer dans ces conversations, dans les discussions devant les organes en charge du respect des traités ; il nous faut nous y impliquer parce que ce ne sera pas la dernière pandémie, parce que nous avons encore du chemin à parcourir dans la pandémie actuelle, et parce que le rééquilibrage dans l'arène de la santé sera une étape cruciale du rééquilibrage de ces autres espaces. L'autre domaine que nous devons surveiller de près est l'espace environnemental international, parce que dans de nombreux pays, y compris les États-Unis et la France, certains appellent de leurs vœux la proclamation d'un « état d'urgence environnemental ».

S. H. V. : Le secrétaire général des Nations unies, António Guterres, a lui-même fait une déclaration en ce sens en décembre 2020…

F. N. A. : Oui, il a en effet utilisé l'expression d'« urgence climatique ». En tant qu'universitaires et praticiens de l'exception, nous identifions bien ce langage et l'attrait qu'il peut représenter pour les militants écologistes préoccupés par l'avenir de notre planète. Mais il est important que nous ouvrions un dialogue plus large avec la communauté des défenseurs de l'environnement sur ce point. Pour moi, celles et ceux qui se préoccupent, comme nous, des effets délétères de l'exception sur les libertés ne doivent pas seulement mener ce combat dans le monde d'aujourd'hui : il nous faut aussi anticiper les prochains combats dans lesquels l'exception pourrait prospérer. Nous sommes au milieu de l'un d'eux, avec la pandémie, mais nous en avons un juste devant nous, en matière climatique et environnementale. Les solutions ne sont pas si dures que cela à trouver : elles consistent à revivifier la démocratie, à renforcer la participation des citoyens, à consolider l'espace civique et à défendre l'idée que la dignité de la personne humaine est fondamentale. Ce ne sont pas des idées neuves : elles ont animé les discussions sur les droits depuis la *Magna Carta* anglaise (1215), en passant par la Déclaration des droits de l'homme et du citoyen de 1789 ou l'expérience de la révolution américaine. Nous cherchons souvent des idées toutes neuves et brillantes, mais il est aussi crucial de réaffirmer la valeur de ces idées anciennes. La lutte contre les abus de l'exception est un combat très ancien, aussi ancien que le droit lui-même. Nous avons passé des siècles à empêcher l'abattage des arbres et à en planter de nouveaux, pour reprendre une métaphore employée autrefois par Thomas More. C'est exactement ce que nous faisons pour l'exception. Je pense d'ailleurs que cela m'aide à avancer de savoir que nous poursuivons un combat très

elle, à une double symbolique : celle du *silentium* (un moment où aucune voix autre que celles nécessaires n'est entendue) mais aussi celle du temps augural de la nuit, le moment prévu pour la prise des auspices[9]. Le dictateur se choisissait un adjoint (le maître de cavalerie) et (surtout au début de la République) pouvait aussi choisir un préfet de la ville pour le remplacer à Rome durant son absence en campagne[10]. Le dictateur disposait des pleins pouvoirs : il possédait les *auspicia maxima* (ceux permettant de présider les comices ou d'exercer un commandement militaire) et un *imperium* (pouvoir de commander) plein et entier, qui n'était limité ni par le droit de *prouocatio* auquel les consuls étaient soumis, ni par la collégialité qui était la règle pour l'ensemble des magistratures. Cet *imperium* était même supérieur à celui des consuls (qui demeuraient en fonction durant la dictature), et le dictateur possédait vingt-quatre licteurs, contre douze pour les consuls[11].

On retrouvait avec lui, d'une certaine façon, l'unicité totale de l'*imperium* d'époque royale. Cette spécificité avait conduit Theodor Mommsen à suggérer que la dictature aurait été inventée comme un remède à l'instauration de la collégialité des magistratures sous la République[12]. En effet, le passage de la monarchie à la république peut se résumer en la scission des pouvoirs des rois et leur répartition sur différents magistrats, d'égal pouvoir, élus pour un an seulement. Pendant longtemps, en accord avec le récit des sources romaines, on a pensé que ce passage se réalisa très vite et que le système du consulat classique fut quasi immédiatement mis en place au début du ve siècle. C'est dans ce cadre que Theodor Mommsen conceptualisa le but de la dictature. On sait toutefois aujourd'hui que la construction des institutions républicaines fut plus lente, et cette idée d'une dictature comme remède ne tient pas. La fonction s'explique sans doute mieux par la recherche d'un commandement unifié pour faire face à des difficultés d'ordre varié, mais aussi sans doute pour suppléer les consuls à une époque où la prorogation des

9. La prise des auspices est un moyen de vérifier l'assentiment des dieux par l'observation et l'interprétation des signes célestes donnés par les oiseaux avec l'aide de prêtres spécifiques : les augures.

10. Cette fonction de préfet de la ville, extraordinaire elle aussi, disparut très vite durant le ve siècle et ne fut recréée de façon permanente qu'à l'époque d'Auguste.

11. Les licteurs étaient des appariteurs des magistrats supérieurs, qui les accompagnaient partout en public. Ils portaient les faisceaux (*fasces*), véritables symboles du pouvoir des magistrats.

12. Theodor Mommsen, *Le Droit public romain*, 3, Paris, Thorin et fils, 1893, p. 169.

magistratures n'existait pas. Celle-ci n'avait pas été inventée parce que le territoire contrôlé par les Romains était encore de taille limitée aux ve et ive siècles, si bien que les magistrats ordinaires suffisaient normalement pour en assurer la gestion.

Des usages diversifiés

Il exista à Rome des dictatures, plutôt qu'une dictature, car on avait recours à la fonction soit pour des problèmes généraux (le plus souvent d'ordre militaire), soit dans un but précis (le plus souvent lié à des problèmes intérieurs). L'image militaire que l'on se fait de la dictature quand on pense à la dictature romaine ne correspond ainsi qu'à un aspect de cette réalité. Il faut en outre insister sur le fait que, si l'on connaît beaucoup de dictateurs durant la République, leur distribution chronologique est loin d'être homogène : quinze années à dictatures durant le ve siècle, quarante-cinq durant le ive siècle, puis vingt durant le iiie siècle. La fonction disparaît ensuite jusqu'à la dictature de Sylla en 82 et à celle de César, le dernier à l'avoir revêtue. Plus encore, la dictature pour raisons militaires (appelée en latin *rei gerundae causa*) est celle qui disparaît le plus tôt, puisqu'on n'en compte que cinq durant le iiie siècle. La fonction fut donc très utilisée durant la période de formation de la République (v^e-ive siècle) puis cessa graduellement d'être employée au point de disparaître de l'usage durant la République dite classique (iiie-iie siècle).

Les dictatures pour un but précis étaient de natures très variées, mais relevaient essentiellement de deux principaux domaines : les affaires religieuses et la vie politique (en particulier la tenue des élections). Pour ce qui concerne les affaires religieuses, il s'agit en général d'accomplir une cérémonie ou un rite particuliers. Un des cas les plus célèbres concerne la clavifixion propitiatoire (le fait de faire planter un clou rituel dans le mur d'un temple pour conjurer un prodige), pour laquelle on peut citer ce passage de Tite-Live à propos de l'année 331 :

> C'est pourquoi, la consultation des annales ayant révélé qu'autrefois, au cours des sécessions de la plèbe, un clou était planté par le dictateur et que ce procédé expiatoire rendait aux esprits égarés par la discorde la

> maîtrise d'eux-mêmes, l'on décida de nommer un dictateur pour planter le clou[13].

Pour la tenue des élections, on parle de dictature *comitiorum habendorum causa*. La nécessité de confier l'élection à des dictateurs pouvait s'expliquer parce que les consuls étaient retenus en campagne et ne pouvaient revenir à Rome présider les élections. Ce fut le cas durant la deuxième guerre punique par exemple (en 217, 210 ou 208[14]). Le problème se posait aussi en cas de décès des deux consuls (avec recours à l'interrègne) ou bien pour des motifs politiques moins avouables. Ce dernier cas de figure se produisit en particulier au IVe siècle, après le compromis politique de 367 qui ouvrit les magistratures supérieures aux plébéiens. Ce conflit était né du monopole exercé par le patriciat sur les fonctions politiques et religieuses. Après d'intenses luttes, le patriciat céda, ce qui ouvrit la voie à la formation de l'aristocratie patricio-plébéienne qui domina la République classique (ce qu'on appelle la *nobilitas*). Toutefois, le collège consulaire de 355 vit un retour de collèges uniquement patriciens, à l'encontre de l'esprit du compromis de 367. Des collèges entièrement patriciens sont ensuite attestés en 354, 353, 351, 349, 345 et 343 avant que, en 342, une nouvelle mesure ne vienne obliger à l'élection d'au moins un consul plébéien. L'époque fut alors marquée par un certain nombre d'interrègnes et de dictatures pour la tenue d'élections (en 352, 351, 350, 349 et 343 par exemple), signes d'une tension certaine autour de la question de l'élection des magistrats supérieurs. Interrègnes et dictatures électives furent utilisés par le Sénat pour essayer de contourner le compromis licinio-sextien de 367, et des travaux sur l'influence du magistrat en charge de l'élection ont bien montré l'utilisation politique de ces fonctions par les titulaires patriciens de charges publiques durant la fin du IVe siècle pour influencer le résultat de l'élection[15].

Le dictateur pouvait aussi servir à ramener l'ordre à Rome, comme lors de la troisième sécession de la plèbe en 287 (dont les conditions du lotissement de la Sabine furent le point de départ). En 216, on connaît également un cas unique de dictature pour

13. Tite-Live, 8, 18, 12.
14. Cf. Tite-Live, 22, 33, 11 ; 27, 5, 14 ; 27, 33, 6 et 35, 1.
15. Rolf Rilinger, *Der Einfluß des Wahlleiters bei den römischen Konsulwahlen von 366 bis 50 v. Chr.*, Munich, Beck, 1976.

reconstituer le Sénat, mais dans le contexte particulier du début catastrophique de la deuxième guerre punique. Enfin, soulignons que des nominations pour des motifs plus circonscrits existent, comme en 203 où un dictateur fut désigné afin de forcer un consul à l'obéissance [16].

Les trois premiers siècles de la République furent donc marqués par un grand nombre de dictatures, avant que le recours à la fonction baisse à partir du IIIe siècle, puis qu'elle disparaisse après 202, ce qui est sans doute à mettre en rapport avec l'invention du principe de la prorogation des magistrats, couplé à l'éloignement des théâtres d'opérations. On voit que l'invention de la dictature, par réutilisation sans doute d'une forme plus archaïque de magistrature, correspond à une volonté de se doter d'une fonction permettant la gestion de l'extraordinaire, tout en l'encadrant précisément, notamment par le fait que les dictateurs n'étaient nommés que pour la durée précise de leur mission (le rite religieux ou la tenue de l'élection) ou bien, pour les dictateurs dont la mission était plus générale, pour une durée limitée à six mois. Les consuls restaient durant ce temps en charge avec leurs compétences propres, même s'ils étaient soumis au dictateur pour les questions relevant de sa mission.

Les Romains disposaient aussi, dès cette époque, d'autres moyens d'action en cas de situations extraordinaires, en particulier du *iustitium* qui a fait l'objet de réflexions récentes de la part de Giorgio Agamben [17]. Dans le cadre de sa réflexion sur la notion d'état d'exception, ce dernier a cherché à voir dans le *iustitium* une forme paradigmatique d'état d'exception, parce qu'il aurait entraîné la production d'un vide juridique, en accord avec sa lecture schmittienne de l'état d'exception. Cette lecture extrême déforme ce qu'était le *iustitium* à Rome : il s'agissait plus simplement d'une suspension des activités judiciaires, ordonnée par le magistrat à l'invitation du Sénat, le temps de se concentrer sur la résolution d'une crise. Le *iustitium* pouvait être associé à un *tumultus* (un type particulier de levée générale en cas de conflit). En réalité, une définition plus exacte du *iustitium* est fournie par une scholie au *Pro Plancio* de Cicéron qui indique que la proclamation du *iustitium* revenait à

16. Tite-Live 30, 24, 3.
17. Giorgio Agamben, *Homo sacer, II*. 1 : *L'État d'exception*, *op. cit.* Agamben reprend les hypothèses formulées par Adolph Nissen, un historien allemand du XIXe siècle, dans *Das Justitium. Eine Studie aus der römischen Rechtsgeschichte*, Leipzig, J. M. Gebhardt, 1877.

interdire toute affaire civile ou commerciale dans la *res publica*[18]. On peinerait donc à trouver ici une sorte de confirmation antique aux théories de Carl Schmitt. C'est l'ensemble de ces différents dispositifs – toujours encadrés – qui permettait aux Romains de gérer d'éventuelles situations de crise.

La banalisation de l'extraordinaire et son contexte

Il y eut renaissance de la dictature à Rome au Ier siècle, avec les cas de Sylla et de César, très différents l'un de l'autre. On se trouve ici face à un changement total de paradigme qui doit être remis dans le contexte de l'époque, celui de la multiplication des commandements extraordinaires. Le IIe siècle vit une accélération et une extension de plus en plus grandes de la domination romaine en Méditerranée, particulièrement en Orient, tandis que le Ier siècle vit l'achèvement de la conquête romaine de la Méditerranée. Dans ce cadre, les armées romaines s'engagèrent sur des fronts de plus en plus nombreux et de plus en plus éloignés de Rome. Cette présence accrue dans le monde méditerranéen mit en évidence le hiatus entre des institutions pensées et construites pour une cité-État classique et la nécessité de conquérir et de maîtriser un empire territorial de plus en plus vaste. Même le système de la prorogation trouvait ses limites, parce qu'il nécessitait d'abord des magistrats ordinaires en nombre suffisant, ce qui n'était plus le cas. En outre, les dernières grandes guerres romaines furent le résultat d'intenses compétitions entre aristocrates, tandis que des menaces nouvelles s'affirmèrent (piraterie ou révoltes serviles par exemple). Ces deux dimensions, qui se complètent plus qu'elles ne s'opposent, entraînèrent de la part des ambitieux le recours à un précédent pour habiller un pouvoir personnel.

Avant même les dictatures anormales du Ier siècle, une tentation des Romains fut le recours aux commandements extraordinaires. On peut mentionner les sept consulats de Marius, dont cinq consécutifs de 104 à 100, mais les plus célèbres de ces commandements extraordinaires sont sans doute ceux de Pompée le Grand

18. *Edicto iustitio id est praedicto in re p. tempore quo nihil ageretur ciuilium negotiorum*, Scholiaste de Bobbio, p. 158, éd. Stangl.

en 67 et 66. Ce ne furent pas les premiers, comme le montre le cas de la piraterie. La disparition des grands royaumes hellénistiques face à la puissance romaine, sans que Rome assume dans la foulée les fonctions de police des mers qu'ils avaient assurées, laissa en effet le champ libre aux activités des pirates qui se multiplièrent à la charnière des IIe et Ier siècles. Or, si les Romains purent y trouver intérêt dans un premier temps (car les pirates alimentaient les marchés aux esclaves), les expéditions de pirates finirent par constituer un danger pour le commerce méditerranéen, notamment celui du blé. Dès 102, une campagne militaire de M. Antonius s'avéra infructueuse. Les campagnes romaines successives, notamment celles de P. Servilius Vatia Isauricus entre 78 et 75, ne changèrent rien à la situation. En 74, de guerre lasse, le Sénat créa un commandement maritime général pourvu d'un *imperium* donnant autorité sur toutes les régions littorales de toutes les provinces : il fut confié à M. Antonius (fils de celui de 102), pour un résultat toujours décevant. Finalement, en 67, la *lex Gabinia* confia des pouvoirs exceptionnels à Pompée. Il reçut un commandement de trois ans sur la totalité de la mer Méditerranée et des mers adjacentes ainsi que jusqu'à 75 kilomètres à l'intérieur des terres, le tout dans le but de mettre fin à la piraterie. Il recevait de la sorte un pouvoir égal à celui des magistrats régulièrement en fonction dans ces régions, ce qui lui permettait d'y agir sans leur autorisation. Pour cela, il était aussi aidé d'un certain nombre de légats et se vit confier de multiples moyens dont l'importance varie selon les sources. L'année suivante, en 66, la *lex Manilia* enrichit encore ses pouvoirs en y ajoutant la lutte contre le roi du Pont Mithridate VI. En 55, le même Pompée devint proconsul d'Hispanie pour cinq ans et exerça son pouvoir depuis Rome, usant de légats pour gouverner en son nom sur place, ce qui contrevenait à la pratique républicaine.

À la suite de son consulat en 59, César reçut aussi un proconsulat de cinq ans qui lui permit de lancer ses campagnes en Gaule. On pourrait enfin ajouter le commandement contre les esclaves révoltés de Spartacus confié à Crassus en 73. Cette succession d'accrocs aux règles classiques de fonctionnement de Rome se produisit dans un temps assez court et au profit d'un groupe réduit d'hommes politiques. Un texte ultérieur de Dion Cassius, qui reconstitue le discours de Q. Lutatius Catulus contre les pouvoirs de Pompée, résume bien le regard qui put être porté sur ces pouvoirs :

> Eh bien, pour ma part, j'affirme tout d'abord et instamment qu'il ne faut jamais attribuer à un même homme autant de commandements sans discontinuer. Les lois l'interdisent et l'expérience démontre de manière flagrante que c'est très dangereux. Si Marius, en effet, est devenu ce qu'il fut, cela est dû, à dire vrai, au seul fait qu'on lui ait confié autant de campagnes en un laps de temps aussi bref, et qu'il ait été consul six fois en si peu de temps ; de même pour Sylla, le fait qu'il soit resté à la tête des armées pendant tant d'années consécutives, avant d'être désigné comme dictateur et ensuite comme consul[19].
>
> Si toutefois il est nécessaire de choisir une magistrature en plus des magistratures annuelles, il existe un précédent ancien, je veux dire la dictature. Mais, en raison de l'étendue de son pouvoir, nos pères n'ont jamais désigné un dictateur pour toutes les affaires, ni pour plus d'un semestre[20].

Sylla nomothète

La réactivation de la dictature et sa modification s'inscrivaient dans ce contexte. Sylla fut le plus novateur en la matière. Il s'empara du pouvoir à la suite de la guerre civile qui l'opposa à Marius en 83-82. Il n'hésita pas à marcher sur Rome et à violer une nouvelle fois, avec ses armées, la frontière sacrée de Rome à l'intérieur de laquelle les hommes en armes n'étaient pas autorisés à pénétrer (le *pomerium*). Il l'avait déjà fait cinq ans plus tôt. Sylla s'empara donc du pouvoir par la violence et se fit nommer dictateur en décembre 82. Il y avait alors vacance du pouvoir puisque les deux consuls étaient morts. Le pouvoir revint au Sénat, qui nomma un interroi suivant la procédure normale. L'interroi choisi fut L. Valerius Flaccus et là encore, la légalité était respectée : en effet, pour être interroi, il fallait être patricien et faire partie du Sénat. L. Valerius Flaccus remplissait ces deux conditions et était même prince du Sénat (premier inscrit sur la liste des sénateurs). Sylla le prévint toutefois qu'il désirait être investi dictateur. L'interroi présenta alors au peuple une loi proposant l'établissement d'une dictature et nomma Sylla dans la foulée. Si l'on met de côté la violence initiale, on constate que Sylla s'efforça

---

19. Dion Cassius, *Histoire romaine*, 36, 31, 3-4.
20. *Ibid.*, 36, 34, 1.

de préserver les règles traditionnelles, même s'il s'agissait en réalité d'un coup d'État. Sylla utilisa la dictature pour accomplir un ambitieux programme de réformes dans tous les domaines : remise à plat de la gestion de la carrière politique, affaiblissement drastique du tribunat de la plèbe, réorganisation du Sénat et réorganisation judiciaire. Après avoir accompli son œuvre, il abdiqua, à une date disputée mais probablement à la fin de l'année 81. Sylla ne chercha pas à établir un régime politique de type monarchique, bien au contraire. Son œuvre fut toute de refondation, comme le montrent plusieurs éléments : son légalisme (particulièrement dans la mise en place et l'exercice de la dictature), son traditionalisme, ou encore sa volonté de rendre aux institutions romaines leur capacité de fonctionnement. L'ambition des réformes syllaniennes était non seulement de rétablir la république aristocratique, mais aussi de rétablir une certaine égalité dans la compétition entre aristocrates. Le problème est qu'il le fit en recourant à la violence la plus débridée (avec les proscriptions) et que le système romain avait déjà passé un cap qui interdisait semblable retour en arrière. Pire encore, il avait créé un précédent que tous les ambitieux après lui aspirèrent à imiter.

L'intérêt de la dictature de Sylla réside aussi dans son titre : *dictator rei publicae constituendae* à en croire les fastes, ou *dictator legibus scribundis et rei publicae constituendae*, suivant le texte grec d'Appien[21]. Ce titre est une originalité. On peut le comprendre en ayant en tête le programme de réformes de Sylla, mais pas uniquement. Comme l'a souligné l'historien Jean-Michel David, cette titulature renvoie à la figure du nomothète grec (celui qui donne des lois à une cité). Et ce d'autant plus que la formule d'Appien est très proche de celle employée par Aristote pour définir l'action de Solon dans sa *Constitution d'Athènes*. Or on sait que Sylla s'empara de la bibliothèque d'Aristote en prenant Athènes en 86. Sans aller jusqu'à penser que Solon ait forcément inspiré Sylla dans la définition de son pouvoir, Jean-Michel David a montré comment le choix de ce titre s'inscrit dans des débats politiques vivants (c'est peut-être à cette époque que la légende du voyage en Grèce pour la rédaction des Lois des Douze Tables

21. Appien, *Guerres civiles*, 1, 99, 462 : δικτάτωρ ἐπὶ θέσει νόμων, ὧν αὐτὸς ἐφ᾽ ἑαυτοῦ δοκιμάσειε, καὶ καταστάσει τῆς πολιτείας.

prit forme) et combien le choix syllanien modifia en profondeur la portée de la dictature, ce qui explique aussi qu'on ne recourut pas à la fonction dans les années suivantes[22], même si on ne se priva pas de créer des commandements exceptionnels, on l'a vu. Confrontée à des situations difficiles, la réponse romaine fut, au Ier siècle, d'accentuer le recours aux pouvoirs extraordinaires, au risque de leur banalisation.

César ou la dictature perpétuelle

L'ultime étape fut la dictature césarienne, très différente de celle de Sylla. César reçut une première fois la dictature en 49, pour organiser les élections (suivant le vieux modèle de la dictature *comitiorum habendorum causa* donc). Fin 48, alors qu'il était en Égypte, il reçut une deuxième dictature, très anormale puisqu'elle devait durer toute l'année 47 et qu'elle semble avoir eu des pouvoirs constituants, à l'instar de celle de Sylla. En 46, César fut de nouveau consul, mais le peuple lui confia le droit de gérer cette magistrature cinq années de suite, comme l'avait fait Marius de 104 à 100. Il reçut de nouveau la dictature la même année, renouvelable chaque année pour dix ans. Enfin, début 44, peu avant son assassinat, sa dictature devint perpétuelle. En quelques années, César mit sur pied une conjonction hors norme du consulat et de la dictature, qui lui permit de se doter d'un *imperium* illimité dans le temps, et supérieur à tous les autres pouvoirs. Le maître de cavalerie était également nommé à vie, mais avec la possibilité d'être remplacé pour pouvoir quitter Rome. César cumulait en outre d'autres pouvoirs : il était grand pontife depuis 63 ; après la bataille de Thapsus en 46, il avait reçu pour trois ans une préfecture des mœurs (*praefectura morum*) qui lui donnait tous les pouvoirs des deux censeurs traditionnels, sans avoir pour autant la charge de censeur ; et il reçut certains honneurs des tribuns de la plèbe (droit de siéger sur leur banc et sacro-sainteté). La dénaturation de la fonction de dictateur était désormais totale et c'en était fini de la *libera res publica*.

L'histoire de Rome offre de la sorte un intéressant exemple de régime politique qui s'est efforcé de prévoir des formes encadrées

22. Jean-Michel David, « Sylla nomothète », dans Maria Teresa Schettino et Giuseppe Zecchini (dir.), *L'età di Silla*, Rome, Istituto italiano per la storia antica, 2018, p. 91-103.

et limitées de gestion des situations extraordinaires dans l'Antiquité, le tout dans un contexte de constitution non écrite. On ne doit en effet jamais oublier que la notion de constitution était totalement étrangère aux Romains. Cela n'empêchait pas ce régime d'être régi par un ensemble de règles précises qui relevaient à la fois de la tradition (avec le *mos maiorum*), et parfois de lois (comme la loi *Villia annalis* réglementant le *cursus honorum* en 186). Cet ensemble de règles ne cessa jamais d'évoluer alors même que les Romains prétendirent toujours inscrire ces évolutions dans le respect de la tradition. La dictature est emblématique de ce mode de fonctionnement. Présente dès le début de la République, cette magistrature connut une profonde évolution au Ier siècle avant notre ère, dans le contexte de la crise politique que Rome traversa alors, laquelle poussa les hommes politiques romains, et en particulier les plus ambitieux parmi eux, à chercher des formes institutionnelles nouvelles. Les besoins étaient réels : les dangers auxquels Rome faisait face, les nécessités de gestion d'un immense empire territorial, les problèmes soulevés par la diversité de statut des habitants de l'Empire qui ne relevaient pas tous du droit romain, etc. Pour réels qu'ils fussent, ils fournissaient aussi des raisons d'obtenir de nouveaux pouvoirs dans le contexte d'un jeu politique de type agonistique, c'est-à-dire marqué par une intense compétition pour le pouvoir entre les familles de l'aristocratie.

Sans céder à une vision téléologique de l'histoire, on peut alors affirmer que le recours multiplié à ces commandements et pouvoirs extraordinaires – parfois pour d'excellentes raisons – prépara sans aucun doute les esprits, les habitua à des formes de pouvoir personnel qui finirent par s'imposer avec le principat augustéen. Auguste tira d'ailleurs les enseignements de ces expériences passées, tout d'abord en n'utilisant jamais la dictature. La fonction fut désormais abandonnée, sans doute parce que les dictatures syllanienne et césarienne l'avaient marquée d'une indélébile macule. Ces différentes expérimentations politiques dans le contexte de la crise du Ier siècle servirent cependant à conceptualiser la notion d'*imperium maius*, un pouvoir supérieur à tous les autres, qu'Auguste finit par se faire attribuer et qui lui permit, sans être consul, d'en avoir le pouvoir et un pouvoir reconnu comme supérieur aux autres titulaires de l'*imperium*.

« On ne gouverne pas impunément par l'état d'urgence » écrit Stéphanie Hennette Vauchez, car les dispositifs institutionnels produisent des effets difficilement réversibles ; leur banalisation conduit aussi à leur normalisation. L'histoire de Rome en offre une bonne illustration jusque dans la disparition de la République. Stéphanie Hennette Vauchez fait en effet l'hypothèse que « l'état d'urgence permanent cherche à dissimuler la logique de l'exception en revêtant les habits de l'État de droit » et que cet état d'urgence permanent, ancré dans le droit est bien plus nocif que celui théorisé par Carl Schmitt et Giorgio Agamben. On peut alors remarquer qu'Auguste, de son côté, prétendit avoir restauré la *res publica* (ce qui n'était pas complètement une fiction). Il la vida pourtant de sa substance en réutilisant toute une série de dispositifs de pouvoir classiques (politiques, religieux et militaires) qu'il concentra sur sa propre personne, fondant ainsi l'Empire en se positionnant au cœur et à la croisée des institutions traditionnelles.

Pour aller plus loin

Jérôme France et Frédéric Hurlet, *Institutions romaines. Des origines aux Sévères*, Paris, Armand Colin, 2019.

Luigi Garofalo (dir.), *La dittatura romana*, 2 vol., Naples, Jovene, 2017 et 2018.

Adalberto Giovannini, *Les Institutions de la République romaine des origines à la mort d'Auguste*, Bâle, Schwabe, 2015.

Wolfgang Kunkel et Roland Wittmann, *Staatsordnung und Staatspraxis der römischen Republik, II. Die Magistratur*, Munich, C. H. Beck, 1995.

TABLE

LA DÉMOCRATIE EN ÉTAT D'URGENCE

Stéphanie Hennette Vauchez

INTRODUCTION. LE JOUR SANS FIN DE L'ÉTAT D'URGENCE 9

L'âge de l'urgence 11

Le gouvernement par l'urgence 13

L'État de droit contaminé par l'état d'urgence permanent 16

CHAPITRE 1. L'ÉTAT DE DROIT OU LA DOMESTICATION DE L'EXCEPTION 19

L'état d'exception : la suspension du droit ? 21

L'État de droit : la fin de l'exception ? 25

CHAPITRE 2. QUAND L'ÉTAT D'URGENCE REVÊT LES HABITS DE L'ÉTAT DE DROIT 29

Déclarations de l'état d'urgence 29

Prorogations 32

Applications 35

Normalisation 39

CHAPITRE 3. QUAND L'ÉTAT D'URGENCE JOUE AVEC LES MOTS DU DROIT 43

Le souci du droit 43

Le retournement de l'État de droit 50

Requalifications 50

Redéfinitions 55

CHAPITRE 4. LA RELÉGATION DES DROITS ET LIBERTÉS 59

Restrictions 59

Inversions 64

Contaminations 68

L'état d'urgence détourné de ses finalités premières 68

Une fuite en avant 71

CHAPITRE 5. L'ESQUIVE DE LA DÉMOCRATIE 75

Vers l'hyper-présidentialisation du régime 77

Le Parlement minoré 79

Accompagner sans entraver 79

Travailler sous injonctions 80

La paralysie des contrôles par le juge 82

L'exception et le jugement 83
La neutralisation des décisions du Conseil constitutionnel 86
La mansuétude du juge administratif 87

CHAPITRE 6. CIRCONSCRIRE L'ÉTAT D'URGENCE : UN ENJEU DÉMOCRATIQUE 93
Réarmer la défense des droits et libertés 97
Droits humains et démocratie : interdépendances 99
Retrouver la culture des libertés 101
Réarmer la responsabilité 106
Élargir les formes du contrôle politique 106
Faire entrer les savoirs dans l'arène démocratique 111

CONCLUSION. GOUVERNER DÉMOCRATIQUEMENT LES CRISES DE DEMAIN 119

ANNEXES HISTORIQUES ET JURIDIQUES 125
Chronique du jour sans fin de l'état d'urgence (2015-... ?) 127
État de siège, article 16, état d'urgence... : les régimes d'exception en droit français 131
Les applications historiques de l'état d'urgence 134
États d'urgence et restrictions aux libertés (1) : la prolongation automatique des délais de détention provisoire 140
États d'urgence et restrictions aux libertés (2) : les assauts répétés sur la liberté de manifestation 142
Le faisceau des alertes internationales 148
Les votes parlementaires relatifs aux états d'urgence 151

REMERCIEMENTS 153

*
* *

REBONDS ET EXPLORATIONS

« LA LUTTE CONTRE LES ABUS DE L'EXCEPTION EST UN COMBAT AUSSI ANCIEN QUE LE DROIT LUI-MÊME » 161
Conversation entre Fionnuala Ní Aoláin et Stéphanie Hennette Vauchez
La production internationale des pouvoirs d'urgence 161
Les nouveaux usages de l'urgence face au Covid-19 166
L'urgence en actes 169
L'avenir d'un combat ancien 173

« CHANGER DE BOUSSOLE » 181
par Mireille Delmas-Marty

L'état d'urgence, ou la fin des promesses de l'après-guerre 182

L'esquive de la démocratie 183
Le retournement de l'État de droit 184
La relégation des droits et des libertés 186

Le pari : imaginer une boussole des possibles 187
Repenser la démocratie sans État mondial 188
Responsabiliser les acteurs globaux sans ordre mondial 189
Résoudre les conflits de valeurs sans pôle Nord 190

Quelques pistes pour changer de boussole 192

DICTATURE ET ÉTAT D'EXCEPTION SOUS LA RÉPUBLIQUE ROMAINE 195
par Thibaud Lanfranchi

La dictature : un commandement unifié et temporaire 197

Des usages diversifiés 200

La banalisation de l'extraordinaire et son contexte 203

Sylla nomothète 205

César ou la dictature perpétuelle 207

RÉALISATION : NORD COMPO À VILLENEUVE-D'ASCQ
IMPRIMERIE NORMANDIE ROTO
DÉPÔT LÉGAL : JANVIER 2022. N° 149551 (2106191)
IMPRIMÉ EN FRANCE